わが体験的コリア論

覚悟と家族愛がウソを暴く

西岡　力
NISHIOKA Tsutomu

公益財団法人
モラロジー道徳教育財団

はじめに

コリア（韓国と北朝鮮）について研究し始めて約五十年になる。その中で、いつも研究と道徳、あるいは価値観は切り離せないと思ってきた。

私にとって道徳とは何か。コリア研究をしながら体験的につかんだのは、道徳とは命よりも大切なもの、あるいは命をかけても実現すべきこと、だということである。

今から二十五年ほど前、いじめなどを理由にした中学生の自殺事件が多発していたとき、テレビで識者と言われる人々が次々出て、自殺をするなと呼びかけていた。異口同音で命は大切だ、命を粗末にするな、命を捨てるくらいなら全てを捨てて逃げなさい、などと語っていた。命がいちばん大切だという主張だ。

それを見ながら私は、命より大切なものがこの世にあるはずだ。大人の役割は若い世代に命をかけてなすべき価値がこの世界にあるということを教えることではないかと、思っていた。

命至上主義はある意味で戦後の日本の象徴かもしれない。そして、実は私も高校生の頃、髪を肩まで伸ばしジーンズをはいてベトナム反戦デモに参加しながら、命こそが大切だという「反戦フォークソング」を聴いていた命至上主義者だった。
加川良《かがわりょう》という歌手が自作自演していた「教訓1」という歌だ。その歌詞の一部を紹介したい。

命はひとつ　人生は一回
だから命をすてないようにネ
あわてるとついフラフラと
御国のためなのと言われるとネ
青くなって　しりごみなさい
にげなさい　かくれなさい

御国は俺達死んだとて
ずっと後まで残りますよネ
失礼しましたで終わるだけ
命のスペアはありませんよ

青くなって　しりごみなさい
にげなさい　かくれなさい

JASRAC 出 2108516—101

戦前のわが国の歴史を否定して、国のために命を捧げることは馬鹿らしいと歌うのだ。このような反日自虐史観を持っていた私は、大学三年時に交換留学で一年間、韓国の延世大学で学ぶ中で強いカルチャーショックを受けた。いや、より正確に言うと思想的転換を迫られた。

当時の韓国では軍人はたいへん尊敬されていた。ソウルの街では休暇で部隊を離れている軍服姿の兵士らが多数、目についた。屋台のおばさんらは兵士が店に来ると、国のために苦労していると言ってねぎらいの言葉をかけ、盛りをよくしたり無料で料理を追加したりしていた。

親しくなった韓国人の友人は、私の家に日の丸がないことを知ってこう語った。

「今の日本人は愛国心がないな。祝日に国旗を掲げるのは国を愛する国民が当たり前にすることだ。最近の新聞記事によると、日本の若者の大多数が戦争になったら逃げると世論調査に答えていた。嘆かわしいな。韓国の若者は違う。俺はもし、日本が独島（竹島のこと）に自衛隊を送ってきたら、志願してでも戦うぞ。お前ももっと愛国心を持って、日本に帰って自宅に日の丸を掲げろ」

考えてみれば、韓国は日本の統治時代に当然ながら自国の軍隊を持てなかった。だから、独立後、韓国軍を持ったことが誇りなのだ。また、朝鮮戦争で北朝鮮が奇襲南侵をしてきて、国を失う直前まで追い込まれたから余計、軍の必要性を切実に感じていた。

命をかけて国を守らないと国が亡くなる。だから、世界中の国が自衛のために軍隊を持っている。戦後の日本も自衛隊を持っている。国という共同体を守るために命をかけることは世界の常識だった。そのことに私は韓国に留学して気づいた。

その後もコリア研究を続ける中で、北朝鮮による拉致《らち》問題に直面した。本書でも書いたが、私は平成三年（一九九一）［本書では原則として日本国内の出来事には元号を外国の出来事には西暦を使う］、学者として初めて日本人が拉致されているという論文を書いた。そのとき、まわりから「身の危険はないですか」という質問を何回も受けた。

少し大げさに言うと、当時の日本社会では、日本人の学者が自国民が北朝鮮に拉致されているると日本の雑誌に論文を書くだけで、危険にさらされるかもしれないという大きなタブーがあった。

しかし、私は命より大切なものがあるという信念で拉致に関する論文を書いた。それから六年して横田めぐみさんが十三歳で拉致されたという衝撃的な事実が明らかになった。やはり本書で詳しく書いたが、そのとき、めぐみさんのご両親はたいへん悩まれた。

実名を出して訴えたら証拠隠滅のために被害者に危害が加えられるかもしれないという政府関係者や専門家のアドバイスがあったからだ。しかし、このままではわが国は拉致被害者救出に真剣に取り組まないと考えた横田滋さんが、一定のリスクはあるが世論に訴えようという重い決断をされ、実名公表に踏み切った。

横田さんご夫妻は、娘のために命を捨てることはいとわない、それくらいめぐみさんを愛していた。しかし、あのときは、愛する娘を危険にさらすかもしれないという決断を迫られたのだ。自分たちの命だけでなく娘の命さえもかけた、決断だった。それを横で見ていて私は家族を支える国民運動をする決意をして救う会の結成に加わり、今まで二十五年近く共に闘ってきた。

命よりも大切なものはある。それは家族への愛だった。しかし、その愛は自分の家族だけにとどまらない。家族会ができ、助ける対象が自分の家族だけでなく、すべての拉致被害者に広がった。その後、日本人だけでなく世界中に拉致被害者がいることを私たちは運動の中で突き止め、世界の家族とも手を取り合っている。

愛する家族の一員を暴力で奪い取る拉致は許しがたい悪であり、それと戦うことは、命をかける価値があると私は体験的に思っている。

私はコリア研究を続ける中で慰安婦問題にも直面した。私の韓国研究の師匠は、田中明先生だ。田中先生は朝日新聞記者出身だが、自社の報道の偏向ぶりにあきれて一九七〇年代、韓国に留学し、その後、拓殖大学に移って韓国研究を続けた。

一九七〇年代後半から九〇年代にかけて、日本の韓国研究者、韓国専門のジャーナリストの多くは田中先生から多くの影響を受けた。私も昭和五十三年（一九七八）、交換留学から帰ってきた頃からずっと、田中先生の著書を読み多くのことを学び、その後、直接お会いしてたくさんのことを教わった。

田中先生はよく「コリア研究は頭でするものではなく肚《はら》でするものだ」と語っていた。いくら頭が良くても肚がすわっていなければ、つまり勇気がなければコリア研究はできないという意味だ。

平成四年（一九九二）はじめ、前年に朝日新聞が社を挙げて行ったキャンペーンの結果、突然、慰安婦問題が日韓の外交懸案に浮上し、宮澤喜一首相が訪韓して盧泰愚《ノテウ》大統領に八回も謝罪することになった。そのとき、田中先生は、私の北朝鮮研究の師匠でもある佐藤勝巳現代コリア研究所所長と二人で「『謝罪』するほど悪くなる日韓関係――実りなき宮沢訪韓を叱る」という論争的な対談を月刊『文藝春秋』平成四年三月号誌上で行った。そこで、慰安婦強制連行説について疑問を呈した。その対談に対して日本と韓国で激しい非難の声が上がった。

文藝春秋編集部はその対談を受けて、慰安婦問題の裏にあるウソについて徹底的に調べるという調査報道を企画し、私にその執筆者にならないかという依頼があった。そのとき、田中先生は、「これをやると君が今後学者として生きていくときに負担になるかもしれない」と積極的には勧めなかった。

　しかし、ここで引き受けなければ肚でやるコリア研究は一生できなくなると感じた私は、慰安婦問題についてその時点で分かる事実を徹底的に調べて論文を書いた。そのとき、編集長から「西岡さんと私が世の中から人非人《にんぴにん》と呼ばれてもやりましょう」と言われたことを今でも覚えている。

　わが国と先人たちが、まったく事実無根の誹謗中傷を受けていることを、放置することはできなかった。このウソと戦うことは私の学者生命よりも大切なことだと思ったのだ。やはり命より大切なものがあるということだ。それはわが祖国日本だった。

　慰安婦問題に取り組む中で、私はわが国をおとしめているのは実は日本人だという事実を知った。それで平成四年（一九九二）に出した最初の単行本『日韓誤解の深淵』（亜紀書房）で「反日日本人」という言葉を造語した。

　私の考える反日とは、日本と日本民族が他の国や他の民族に比べて著しく悪い性質を持っていると考える立場のことだ。言い換えると日本民族性悪説と言える。

　私は昭和五十七年（一九八二）から五十九年まで、在韓日本大使館で専門調査員として勤務していたとき、韓国にある約二十校の大学を訪問して、日本文学、日本語学、日本学などを専攻する学生と懇談する機会を持った。そのとき、いつも話の冒頭でこう話した。

「日本や日本人に対する率直な批判をぜひ聞かせて欲しい。ただし、日本と日本人は生まれつき悪だという批判は困る。生まれつき悪だと日本人である私が認めるなら、悪を亡ぼすためには日本人が集団自殺するしかない、という結論になるからだ。根拠を示した具体的な批判をしてくれれば、私の方でそれが正しいと思えば改善する努力をするし、批判が間違っていると思えば根拠を示して反論する。しかし、日本民族性悪説に立つなら健全な議論は成り立たない」

ところが、韓国から帰って、日本の中に日本民族性悪説が深く根を張っていることに気づいた。日本国憲法がまさにそのような認識を持っている。

日本国憲法は、敗戦により連合国軍が日本を占領していたとき、すなわち日本に主権がないときに米軍将校らが原文を書いてつくった。彼らは戦前の日本が、自国と自民族が世界でいちばん優れているとする自民族優越説に立って世界征服を狙っていたというとんでもなく歪んだ認識の下で占領政策を展開した。

わが国は戦に敗れた。

そして連合国軍、実質は米軍の占領を七年の長きにわたって受けた。占領下で連合国軍は彼らの歪んだ認識をわが国に強要した。それが総力戦の帰結だった。しかし、昭和天皇を先頭に、わが国も必死で自国を守る銃声無き戦闘を果敢に戦った。

その焦点は、わが国が先の大戦で世界征服を目指していたか否かということだった。ポツダム宣言は、日本は世界征服を目指していたと主張した。

日本国民を欺いて世界征服に乗り出す過ちを犯させた勢力を永久に除去する。無責任な軍国主義が世界から駆逐されるまでは、平和と安全と正義の新秩序も現れ得ないからである。

（「ポツダム宣言」一九四五年七月）

この認識は、占領軍が英語原文を作成した憲法にも敷衍《ふえん》されている。私は、憲法前文の次の部分に、占領軍が当時、本音として持っていた日本民族性悪説がよく現れていると思っている。

政府の行為によって再び戦争の惨禍が起ることのないようにすることを決意し、（resolved that never again shall we be visited with the horrors of war through the action of government）

ここに主権が国民に存することを宣言し、この憲法を確定する。

（「日本国憲法前文」昭和二十一年十一月）

ここで「政府」が英語で「government」と単数形になっていることに注目したい。つまり、再び自国（日本）政府が無謀な戦争を起こして国民に惨禍を与えないように誓っているのだ。他国政府は戦争を起こさない、日本国民を苦しめないという著しく偏った前提があるとしか思えない。

だから、この部分の次の段落に「日本国民は、恒久の平和を念願し、人間相互の関係を支配する崇高《すうこう》な理想を深く自覚するのであって、平和を愛する諸国民の公正と信義に信頼して、われらの安全と生存を保持しようと決意した」とする他国民（複数形）を信頼するお花畑のような文章が置かれているのだ。

つまり、他国への信頼と自国政府への不信がセットなのだ。

ここに自国の政府のみを敵視する歪《ゆが》んだ認識、日本民族性悪説がある。

九条にもその影響はある。

九条一項の国際紛争を解決する手段としての戦争放棄という条文は、実は日本国憲法の特徴ではない。国連憲章にも定められている現在の国際法の規定をそのまま書いたものだ。

比較憲法学の権威である西修氏によると、世界の百八十九の憲法典のうち百五十九（八四パーセント）に九条一項のような平和主義規定がおかれているという。たとえばイタリア憲法第一一条には「イタリアは、他国民の自由に対する攻撃の手段としての、および国際紛争を解決する手段としての戦争を放棄し」とあり、フィリピン憲法第二条は「(二) フィリピンは国家政策の手段としての戦争を放棄し」と規定している。

ただし、「陸海空軍その他の戦力」の不保持を明記している九条二項は日本国憲法だけの特殊な規定だ。

世界の憲法は自衛のための軍の存在を明記している。イタリア憲法は第五二条で「(一) 祖国の防衛は、市民の神聖な義務である。(二) 兵役は、法の定める制限および限度内において、義務的である。(三) 軍隊の編成は、共和国の民主的精神に従う」と定めている。

フィリピン憲法も第二条で「(三) フィリピンの軍隊は人民と国の防御者である。その目標は国家の主権と国家の領域の統合にある」と軍の存在を明記している。

ドイツ基本法や韓国憲法でも侵略戦争禁止規定と軍の保持規定が並存している。

日本国憲法九条二項の裏には、日本民族だけには戦力を持たせてはならないとする、日本民族性悪説が存在する。日本民族は生まれつき暴虐で正義観念を持たないので、戦力を持たせると再び世界征服を夢想して大量虐殺をしでかしかねない、という連合国の歪んだ認識だ。

これに対して昭和天皇は決然とわが国の立場を表明された。

まず、終戦の詔勅《しょうちょく》を見たい。

抑《そもそも》ゝ帝國臣民ノ康寧《こうねい》ヲ圖《はか》リ萬邦共榮ノ樂ヲ偕《とも》ニスルハ皇祖皇宗ノ遺範ニシテ朕ノ拳々措《けんけんお》カサル所曩《さき》ニ米英二國ニ宣戰セル所以《ゆえん》モ亦實ニ帝國ノ自存ト東亞ノ安定トヲ庶幾《しょき》スルニ出テ他國ノ主權ヲ排シ領土ヲ侵スカ如キハ固《もと》ヨリ朕カ志ニアラス

(「終戦の詔勅」昭和二十年八月、傍線:西岡、以下同)

開戦の詔勅で述べていた、帝国の自存と東亜の安定という開戦目的を再確認し、世界征服どころか他国を侵略する意志がなかったことを明言している。

この立場は、占領下でご自身が戦犯として処刑される恐れさえあった昭和二十一年一月にも微動だにしなかった。

昭和二十一年一月に出した「新日本建設に関する詔書」を見よう。

朕ト爾等《なんじら》国民トノ間ノ紐帯《ちゅうたい》ハ、終始相互ノ信頼ト敬愛トニ依リテ結バレ、単ナル神話ト伝説トニ依リテ生ゼルモノニ非ズ。天皇ヲ以テ現御神《あきつみかみ》トシ、且《かつ》日本国民ヲ以テ他ノ民族ニ優越セル民族ニシテ、延《ひ》テ世界ヲ支配スベキ運命ヲ有ストノ架空ナル観念ニ基クモノニモ非ズ。

（「新日本建設に関する詔書」昭和二十一年一月一日）

連合国軍が求めた（あるいは、強要した）天皇の神格化否定の表現の中で、世界支配など考えていなかったという主張をしっかり織り込んでいる。昭和天皇はこのとき、わが国の名誉と国柄を守ることを自分の命よりも重要だとお考えになったのだ。

この連合国とわが国との認識の対立は、冷戦の激化により大きく様相を変えた。米国は、わが国を自由陣営の一員として確保することを最優先として、対日講和条約交渉を進めた。最終的にサンフランシスコ講和条約と日米安保条約で、米国はわが国を対等な同盟国として認めた。

講和条約のどこにも「世界征服」「侵略」などという歪んだ認識は含まれていない。その前文に次のように記されている。

連合国及び日本国は、両者の関係が、今後、共通の福祉を増進し且つ国際の平和及び安全を維持するために主権を有する対等のものとして友好的な連携の下に協力する国家の間の関係でなければならないことを決意し、よつて、両者の間の戦争状態の存在の結果として今なお未決である問題を解決する平和条約を締結することを希望する。

（「サンフランシスコ講和条約」昭和二十七年）

少なくとも、米国をはじめとする旧西側諸国とわが国の先の大戦をめぐる認識上の対立は、ここで外交的に決着をみた。米国が一時強要した、いわゆる東京裁判史観は、サンフランシスコ講和条約の時点で彼らの公式見解ではなくなったとみるべきだ。

問題はわが国の中に、それに拘束され続けている多くの国民、私の言うところの「反日日本人」が存在することだ。それはまさに国内問題なのだ。

私は「反日日本人」らが広めた慰安婦強制連行というウソと戦うことをライフワークの一つとしてきた。命をかけてなすべき仕事としてきたのだ。

新約聖書に次のような言葉がある。

実に、私たちは神の作品であって、良い行いをするためにキリスト・イエスにあって造られたのです。神は、私たちが良い行いに歩むように、その良い行いをあらかじめ備えてくださいました。

（エペソ書二章一〇節、『聖書新改訳二〇一七』新日本聖書刊行会）

私たちがこの地上で命を与えられたのは、その命をかけてなすべきことがあるからだ。命はそのために使うものだ。命より大切なものがある、それが私にとっての道徳だ。これが五十年近くコリア研究をしてきた私の体験からくる結論だ。

そのことを皆さんと共有したくてこのつたない書物をまとめた。

令和三年八月末日　東京の自宅の書斎にて

西岡　力

◎もくじ

はじめに　1

第1部　真実の上に友好がある　体験的日韓関係

第1章　日韓歴史問題で直面した人間の道徳と品性——被害者もウソをつく

対等と思えばこそ　27　「先に謝る」ことの間違い　28
ウソの報道に始まった慰安婦問題　29　『文藝春秋』にて真実を告発　30
道徳上の謝罪は自称被害者の主張に対してするものではない　32
反日運動の道具とされた元慰安婦　34　元慰安婦のウソ——経歴を暴かれ失った説得力　35
付け加えられた経歴　36　家五軒が買えるお金を貯めていた元慰安婦　38
文氏もまた「強制連行」を履歴に加えた　41　ソウル大学教授が感じた証言者のウソ　43
韓国調査班の真実追求への志と信念　46
日本人慰安婦運動家も直面した慰安婦のウソ　49
偶像化される自称被害者　51　ウソも百回続けば本当になる　52

慰安婦像撤去を求める韓国良識派のデモが始まった　54
反日運動家、名誉棄損で著者（西岡）を訴える　60
言論人は言論で応えよ　61
地裁も高裁も「植村記事は捏造」という結論を下した　62
徴用工のウソを暴いた韓国人歴史学者　64
原告の主張を緻密な論証によって捏造と断定　65
目の前で被害者とされる人がウソをつく……　67
日本の〝良心的〟知識人から見えてくる「傲慢な姿勢」　70

第2章　慰安婦問題のウソと戦う日韓の連帯

拙著の韓国語版の翻訳者と出版社代表が日本研究賞特別賞を受賞　73
翻訳者と出版社の勇気を評価すべき　75
日本発「日韓歴史認識問題」は韓国人の反日感情に火をつけた　77
一国の知識人が隣の国に対して犯罪的議論をしている国に未来はない　79
韓国ネットメディアのインタビューに答える　81

第3章　日本の一部保守派の韓国軍ベトナム虐殺キャンペーンの危険性

挺対協は弁解していない　98　日韓両国の愛国者にとって真の敵はだれなのか　100
韓国がベトナム戦争に参戦した背景　105　韓国軍による残虐行為　106
民間人を装って攻撃を仕掛けるベトコンの恐怖　109　韓国の歴史教科書検定　120

第4章　韓国・元慰安婦から名誉毀損罪で訴えられた書

朴裕河『帝国の慰安婦』をあえて批判する　123
吉田清治の評価を百八十度転換させた知的不誠実　124
吉田証言で朝日の誤報を擁護　127　なぜ朴氏は朝日をかばおうとしたのか　130
朴氏が無視した重大な事実　131　朝日の誤報と同じ主張を繰り返す　134
韓国慰安婦が少女と化してしまった理由　136
今さらながらの「民間業者の存在」の指摘　137
日韓の反日活動家がウソを国際社会にまで広げた　140
日本軍と慰安婦の間に同志的連帯はあったのか　142

第5章　在日朝鮮人活動家・辛淑玉氏を批判する

特別永住資格者による過激な反日活動　147
あなたの米軍基地反対活動は無責任ではた迷惑だ　150

外国籍のまま参政権を要求　152
帰化手続きのなし崩し的簡易化の問題　155
責任の伴う帰化のあり方　156
自国である韓国を嫌う無国籍主義　160
在日韓国人・朝鮮人は韓国を代表していない　163

第6章　漸進的文明論で反日論を乗り越えよ

国際法の原則から逸脱した歴史認識問題　167
共産主義イデオロギーを捨て「反日」に転換した中国と北朝鮮　169
経済援助と支持率温存のために反日カードが不可欠な韓国　171
中韓の若い世代に反日感情が強い理由　174
本質を見ず謝罪を繰り返したわが国外交の根本的欠陥　177
一九六〇年代に米国で起きた反米史観　178
日本は再び漸進主義的文明論で危機を乗り越えよ　180

第2部　家族の愛が国際政治を動かす　実践的拉致問題

第7章　拉致問題の底流にある道徳の課題――価値相対主義を覆す家族愛

三十年前、日本で初めて拉致問題を雑誌で発表 185　十六人の拉致を指摘 186
自らの命の危険も顧みず命がけでタブーに挑む 189
金賢姫氏の証言で明かされた北朝鮮による国家的犯罪 190
北朝鮮が工作員に教え込んだ虚構 193　工作員の自白を促した道徳心 194
拉致を暴いた家族の愛 198　世界規模で拉致が明らかに 200
タイ、マカオでの拉致も明るみに 202　家族は一日たりとも忘れず探し続けた 204
政府はいつから拉致を知っていたのか――衝撃の「読売」記事 206
「警察の無線傍受施設」がとらえたもの 208　一部幹部らは事件直後から知っていた 210
隠蔽されたがゆえの悲劇 213
誰が拉致を隠したのか――日本政府が最初に拉致を認めた梶山答弁 216
大物政治家による捜査妨害 217　金丸訪朝のためにつぶされた捜査 222
日朝二国による茶番劇で「なかったこと」に 225
拉致被害者を勇気づけた皇后陛下のお言葉 227
「希望を持ちましょう」とのお言葉に胸熱くなる 229

第8章　横田滋さんの勇気が日本を動かした

タブーを破った横田滋さんの決断 233

実名公開へ踏み切る　234　滋さんへの誓いと「救う会」の結成　235
「拉致など存在しない」というマスコミの姿勢　237　横田滋さん告別式での追悼の辞　239
お別れの会での安倍氏の言葉　247
実名で世論に訴える決断をされた滋さん　249
めぐみさん死亡説の確認を怠った外務省　252
めぐみさんの遺品の再鑑定をめぐって　254
孫のウンギョンさんとの面会をめぐる駆け引き　255
早紀江さんからウンギョンさんに伝えた「希望」　258
約束を破って写真を公開した議員　261

第9章　一九七六年の「金正日拉致指令」

現在まで続く基本方針　265　北朝鮮側主張の問題点　267
拉致の全貌　271　金正日拉致指令　273
工作員の現地化教育　275　金正日指令による世界規模の拉致　288
現地化された工作員六人　290　全員を帰す決断をさせるために　291

第10章　実践的拉致解決運動——米国をどう動かしたか

民間が主導した米国への働きかけ　295
現代コリア研究所が行った朝鮮総連の多額送金の暴露　297
軍事攻撃の前に外貨を断てと米国に呼びかける　300
北朝鮮へ六～七百億円ものカネが流れていた事実発覚　303
警視庁の摘発計画　306
恰好の制裁カードを自国民救出のために使わなかった日本政府　308
「拉致はテロ、テロは全世界の敵」との理論で米国に訴える　311
テロ支援国家に対する米国の措置　313　拉致をテロとして位置づけさせる　315
必死で練った対米働きかけ戦略　317　金正日が五人の拉致被害者を返した背景　318
米政府高官との連携　320　米国が日本人拉致を支援する理由　322
後ろから弾を撃たれたような外相発言　323　ついに米国政府と米国議会を動かす　325
ブッシュ大統領に「就任以来もっとも衝撃的な会見」と言わせた早紀江さん　326
「日本版テロ国家指定」「日本による北朝鮮テロ国家指定」創設　329
北朝鮮への支援と融資の凍結を義務付けた法改正　331

第11章　安倍政権とトランプ政権の拉致解決への取り組み

開戦直前だった二〇一七年秋の米朝関係　335　核八十発発射の可能性も　336

正恩の地下施設も標的に　338　米朝のチキンレース　339
グアム射程に入れた北朝鮮核ミサイル　340　米軍機を捕捉できぬ北の旧式レーダー　342
「米の判断支持」明言した安倍氏　345　トランプ大統領の信頼を勝ち取る　346
安倍首相でよかった　348　安倍政権の対北朝鮮政策は成功だった　349
四つの柱からなる北朝鮮経済　350　マツタケからニセ札まで　351
39号室に制裁の狙い絞り成果を上げる　352
トランプ大統領ほど拉致問題の解決に真剣だった大統領はいない　354

第12章　拉致被害者救出の最後の勝負——内部矛盾高まる北朝鮮と日本がなすべきこと

全拉致被害者の即時一括帰国への道を実現せよ　357
「先圧力、後交渉」という救出戦略　358
日米双方が次々と後交渉を開始　360　金正恩を襲う政権崩壊への六重苦　362
党幹部への支給も止まる史上最悪の事態へ　365　金正恩自らが食糧危機を表明　366
異例ずくめの政治局会議　368　戦争備蓄用の食糧はすでに放出されていた　370
幹部の粛清と降格　373　複数の大学に貼られた「金正恩打倒」の壁新聞　375
金正恩一世一代の政治宣伝ショー　377　金正恩の命を狙う組織　379
地方で続発する暴動　382　大々的に行われた反体制ビラの散布　383

続々と集まる情報　386　金正恩健康不安説の真相　389
悪化する中朝関係　392　金政権唯一の脱出口　393
スモールディール重視のバイデン政権をどう活用するか　395
ブルーリボンをつけて菅首相との会見に臨んだバイデン大統領　397
北朝鮮のウソと欺瞞を打ち破るために　399　最後の勝負の秋はすぐそこに　402

あとがき　406

装丁　レフ・デザイン工房　神田程史

第一部　真実の上に友好がある　体験的日韓関係

第1章　日韓歴史問題で直面した人間の道徳と品性
――被害者もウソをつく

対等と思えばこそ

韓国・北朝鮮問題を研究しつつ、拉致被害者救出運動という実践活動をしてきた私が、日頃何を考えてきたのかを綴っていきたい。

研究も実践も道徳抜きには成り立たない。私は、人間はこの世に生まれてきた以上、自分の命を犠牲にしても実現すべき価値である、正義、善が存在するという立場に立っている。その信念に基づき、これまで研究と実践を続けてきた。言い換えると、その信念があったからこそ、これまで研究と実践を行うことができた。

私は昭和五十二年（一九七七）に初めて韓国に留学する前から、約五十年、韓国・北朝鮮研究を続けてきた。韓国人に会うと「私（西岡）は親韓派ではなく愛韓派だ」と自己紹介している。相手を尊敬しているならば、紛争が起きたら率直にこちら側の言い分を主張して論争するはずだ。

相手を対等と思っていない場合に、先に謝って、つかみガネを渡しその場を取り繕う。話が通じない相手だと考えているから、言うべきことを言わない、言えないのだ。私はそのような関係を対等ではない、差別、蔑視の関係と考えている。一九八〇年代以降の日韓関係は、まさにそうだった。しかし、道徳がある、絶対的善があるという立場に立つなら、そのような、その場しのぎの関係は許してはならないものだ。

「先に謝る」ことの間違い

平成三年（一九九一）、「朝日新聞」がウソの証言を前面に押し出して、日本国が戦前、数十万人の朝鮮女性を国家総動員法に基づく国策として連行して性奴隷として戦場で酷使した、という慰安婦キャンペーンを始めた。

当時『現代コリア』の編集長をしていた私は、名乗り出た元慰安婦の女性が、朝日が書いたような強制連行ではなく貧困の結果、親にキーセン（妓生）として売られて慰安婦になったという事実を知り、それを『文藝春秋』平成四年四月号に寄稿した論文（「『慰安婦問題』とは何だったのか」）に初めて書いた。そのときの同誌編集長から「西岡さんと私が人非人と言われることを覚悟してでもこのことを世に知らせよう」と言われたことを覚えている。

先に謝る――、実は反論をするよりも謝る方が簡単なのだ。

宮沢喜一首相は平成四年一月、韓国大統領に八回謝罪した。しかし、その時点でわが国政府は慰安婦強制連行が有ったか無かったかについて調査をしていなかった。調べもしないで先に謝ったのだ。これは相手を対等と見ていない態度だ。差別、蔑視だった。

慰安婦問題に関する私の言論は韓国にも伝わり、「極右」「歴史修正主義者」「差別主義者」などというレッテルを貼られ、ソウルでの国際会議に反対派が押しかけ、私の予定されていた発表が中止になるという事態もあった。しかし、多数の韓国人の友人らは、「慰安婦に関する考え方には同意ができないが、西岡教授は韓国の貴重な友人だ」として、真摯な討論の伴う友情を維持してきた。

それから二十年以上経った平成二十六年（二〇一四）、「朝日新聞」は慰安婦問題に関する誤報を認めて謝罪した。令和元年（二〇一九）七月には、李榮薫《イヨンフン》・ソウル大学前教授らが「慰安婦は軍が管理した公娼であって性奴隷ではない」という研究成果を、『反日種族主義』という単行本にして出版した。同書は韓国で十一万部売れるベストセラーになっている。

ウソの報道に始まった慰安婦問題

「朝日新聞」は、平成三年（一九九一）八月十一日に韓国で最初に名乗り出た元慰安婦の金学《キムハク》順《スン》氏の存在を韓国メディアを含む全てのメディアより先に伝える「特ダネ」記事を掲載した。その記事（大阪本社版）は次のように書かれていた。

日中戦争や第二次大戦の際、「女子挺身隊」の名で戦場に連行され、日本軍人相手に売春行為を強いられた「朝鮮人従軍慰安婦」のうち、一人がソウル市内に生存していることが分かり、「韓国挺身隊問題対策協議会」（尹貞玉《ユンジョンオク》・共同代表、十六団体約三十万人）が聞き取りを始めた。同協議会は十日、女性の話を録音したテープを朝日新聞記者に公開した。テープの中で女性は「思い出すと今でも身の毛がよだつ」と語っている。体験をひた隠しにしてきた彼女らの重い口が、戦後半世紀近くたって、やっと開き始めた。（傍線：西岡、以下同）

傍線部分に注目して欲しい。これを読むと、「女子挺身隊」という国家総動員法に基づく公的制度によって戦場に連行された元慰安婦が名乗り出た、としか読めない。ところが、彼女は韓国で行った同年八月十四日の最初の記者会見でも、同年十二月に日本の裁判所に提出した訴状でも、慰安婦になった経緯について、公権力による連行ではなく、貧困の結果、母親にキーセンとして身売りされ、買った朝鮮人養父によって中国にある日本軍慰安所に連れられて行ったと語っていたのだ（「身売り」とは親が前渡金を受け取り、娘はそれを売春をして返却するという当時は合法だった契約のこと。奴隷取引きではない）。

『文藝春秋』にて真実を告発

訴状のその部分を紹介しよう。

原告金学順は、一九二二年中国東北地方の吉林省で生まれたが、同人誕生後、父がまもなく死亡したため、母と共に親戚がいる平壌《ピョンヤン》へ戻り、普通学校にも四年生まで通った。母は家政婦などをしていたが、家が貧乏なため、金学順も普通学校を辞め、子守や手伝いなどをしていた。金泰元という人の養女となり、一四歳からキーセン学校に三年間通ったが、一九三九年、一七歳（数え）の春、「そこに行けば金儲けができる」と説得され、（略）養父に連れられて中国に渡った。（略）何度も乗り換えたが、安東《アンドン》と北京を通ったこと、到着したところが「北支」「カッカ県」「鉄壁鎮《チョルピョクチン》」であることしか分からなかった。（略）養父とはそこで別れた。金学順らは中国人の家に将校に案内され、部屋に入れられて鍵をかけられた。

彼女が訪日して裁判を提起した平成三年（一九九一）十二月から、翌四年一月に、宮沢喜一首相が訪韓して盧泰愚《ノテウ》大統領に八回も謝罪した頃、朝日はもちろん、ほとんどの日本メディアが慰安婦は女子挺身隊という公的制度によって強制連行された被害者であり、日本国に責任があると報じていた。その結果、一時期、日本中が元慰安婦らへの同情と旧日本軍への怒りで満ちた。

その頃私は、八月十一日の問題記事を書いた朝日の植村隆記者が韓国の遺族会の幹部の娘と結婚しているということを、ソウルまで行ってその幹部に面会して確認した。私は月刊『文藝春秋』平成四年四月号に「『慰安婦問題』とは何だったのか」という論文を発表し、金学順さんは貧困の結果、慰安婦になったのであって、公権力によって強制連行されたのではない、あたかも強制連行があったかのように書いた朝日記者は、裁判を起こした韓国遺族会の幹部の義理の息子だ、と書いた。

そこで、同社の植村記者が前年八月に名乗り出た元慰安婦金学順さんについて、①本人は貧困の結果、母親にキーセンとして売られ慰安婦になったと繰り返し話していたのにその真実を書かず、②本人が一度も語っていない「女子挺身隊の名で戦場に連行された」とウソを書き、③記者の妻が日本政府を相手に裁判を起こした遺族会の幹部の娘であり、結果として紙面で自分の家族の裁判を有利にするウソの記事を書いた、と批判した。

そのときはまだ、日本全体が権力による慰安婦強制連行があったと信じていたので、以上のようなことを書くにはたいへんな勇気が必要だった。

道徳上の謝罪は自称被害者の主張に対してするものではない

私がまず考えたことは、道行く少女を日本軍が暴力的に連行して性の慰み者にしたことが事実なら、人道に対する罪だから公式謝罪と補償が必要だが、当時、合法だった公娼制度の枠の中で親の借金を返すために慰安婦になったのなら、同情はするが公式謝罪や補償の対象ではないという原則だった。

そして、謝罪について深く考えさせられた。目の前に被害者を自称する者と、それを応援する自称良心的な支援者が現れたとする。私の場合は、慰安婦だった韓国人女性と朝日新聞記者や弁護士らであった。被害者を自称する者と良心的だと自称する支援者らの主張を、そのまま信じて謝罪することが正しいのかという問いだ。

私は、法律上の謝罪はある意味強要されるのだから真の謝罪ではない。道徳上の謝罪、自身が道徳上の罪を認めて行う謝罪こそが真実の謝罪だと考える。そして、道徳上の謝罪は自称被害者、弱者にするものではなく、言い換えると彼や彼女たちの主張に対してするのではない。ただ、自分が道徳的罪を犯したと自覚したとき、自発的に心の底からわいて出てくるものだ。

そこで突き当たるのが自称良心的支援者はもちろん、自称被害者もウソをつくただの人間に過ぎないという真理だ。聖書に「不正な裁判をしてはならない。弱い者を贔屓《ひいき》したり、強い者にへつらってはならない。あなたの同胞を正しく裁かなければならない」（レビ記一九章一五節、『聖書新改訳二〇一七』新日本聖書刊行会）という言葉がある。正しい裁きは、弱い者を贔屓しないという教えだ。

反日運動の道具とされた元慰安婦

自称良心的支援者がウソをついて日本中をだましていると告発した『文藝春秋』論文が出た直後、近現代史学者の泰郁彦《はたいくひこ》先生から電話をいただいた。

先生は、私の論文を読んで、「自分もこれから本格的に慰安婦問題研究に取り組むことにした。名乗り出た元慰安婦は権力による強制連行の被害者ではなかったことが分かったので、軍と一緒に済州島で強制連行を自分が行ったと証言している吉田清治について調べるため済州島へ現地調査に行く」と話された。

そして、泰先生が金学順さんの裁判を起こした高木健一弁護士に電話をすると彼も西岡論文を読んでいて、泰先生が「もう少し説得力のある慰安婦はいないのか」と問いただすと「実は私（高木氏）もそう思って韓国に探しに行ってきた。追加分は良いのばかりですよ」と答えた、と教えてくださった。

私は、そのやりとりを聞いて高木健一弁護士の偽善者ぶりに強く腹が立った。金学順さんの人権を本当に考えているなら、彼女が名乗り出たときに、詳しく慰安婦になった経緯を聞き、あなたは貧困による被害者であって権力による強制連行の被害者ではないから、裁判原告にはふさわしくないと説得すべきだったのだ。ところが、反日運動の道具としか被害者を考えていないから、彼女を前面に出し、その結果として親に身売りされたという、彼女にしたらあまり触れて欲しくない経歴を私（西岡）が論文に書くことになった。そうしたら、彼女をかばわず、使い捨てにしたのだ。

元慰安婦のウソ――経歴を暴かれ失った説得力

私は論文で、最初に名乗り出た元慰安婦の金学順さんについて、「朝日新聞」が書いたような「女子挺身隊として戦場に連行され」慰安婦にさせられた被害者ではなく、親が前借金をしたことによって慰安婦になった貧困による被害者だと書いた。その論文は関係者に静かに、しかし強い衝撃を与えた。高木弁護士ら運動家らは金学順さんを「説得力がない」として表舞台にあまり出さなくなった。それに対して金学順さんは不満だったようだ。

一つのハプニングがあった。時間が経っているので詳細は思い出せないが、たしか、このようなことだった。北朝鮮出身の元慰安婦が初めて日本に来て反日集会が開かれ、金さんは客席に座っていたが、呼ばれもしないのに勝手に舞台に上がって、他の韓国人慰安婦を押しのけて北朝鮮慰安婦と抱き合い、カメラのフラッシュを浴びるということがあった。

また、私が先の論文を書いた直後に、韓国の太平洋戦争遺族会の幹部が訪日し、支援者を通じて私に面会を求めてきた。殴られるのかなとも思ったが、都内の喫茶店でお会いしたところ、「先生の論文は素晴らしい。これはみな事実です。金学順はキーセンであって強制連行の被害者ではありません。私は数日前、彼女に会っておまえはキーセンだから引っ込んでいろと怒鳴ってやりました。慰安婦の強制連行はありません。徴用で強制連行された私が言うのだから間違いありません」と語り、サインが欲しいと言って持参した『文藝春秋』を差し出した。

付け加えられた経歴

韓国では、一九九二年一月の宮沢喜一総理の訪韓の頃から、急に慰安婦問題への関心が高まり、名乗り出る人が増えた。その頃、ソウル大学の安秉直《アンビョンジク》教授（当時）が、反日運動団体の挺対協（一九九〇年に発足した韓国挺身隊問題対策協議会。二〇一八年に「日本軍性奴隷制問題解決のための正義記憶連帯」と改称したが、本書では挺対協という名称を使用）と共同で名乗り出た元慰安婦について学術的な聞き取り調査を行っている。その調査結果の証言集が九三年二月に韓国で出版された。私はその本をすぐ入手した。まだ日本語版は出ていなかった。

まず、金学順さんの聞き取りを読んで、驚いた。訴状に書いていない新しい経歴が付け加わっていたからだ。前述のように、彼女は九一年十二月に日本政府を相手に戦後補償を求める裁判を起こした。そのときの訴状で自身の経歴について、「金泰元《キムテウォン》という人の養女となり、一四歳からキーセン学校に三年間通ったが、一九三九年、一七歳（数え）の春、『そこに行けば金儲けができる』と説得され、（略）養父に連れられて中国に渡った。（略）何度も乗り換えたが、安東と北京を通ったこと、到着したところが「北支」「カッカ県」「鉄壁鎮（の日本軍慰安所だった）」と書いていた。

ところが、証言集では、養父に連れられて中国に行ったという部分まではほぼ訴状と同じだったが、北京で降りたことになっていて、そこで日本軍によって強制連行されたとして、こう話していた。

北京に到着してある食堂で昼食をとり出てくる時、日本の軍人が養父を呼び止めました。数名いた中で階級章に星二つをつけた将校が、養父に「お前たちは朝鮮人だろう」と聞きます。養父は私たちは中国に稼ぎに来た朝鮮人だと話しました。すると将校は、金儲けなら自分の国ですればいいのになぜ中国に来たと言いながら「スパイだろう？　こっちへ来い」と言って養父を連れて行きました。

姉さんと私は別の軍人たちに連行されました。路地一つを過ぎると無蓋《むがい》のトラックが一台止まっていました。それには軍人たちが四十人から五十人ぐらい乗っていました。私たちはそのトラックに乗れと言うので乗らないと言いましたが、両側からさっさとかつぎ上げられて乗せられてしまいました（韓国挺身隊問題対策協議会・挺身隊研究会編『強制で連れて行かれた朝鮮人軍慰安婦たちの証言集1』韓国語・図書出版ハンウル九三年二月、なお、日本語版があるが翻訳に難点が多いのでここでは原版を西岡が翻訳した。以下『証言集1』とする）。

被害者もウソをつく。私は少し大げさに言うと、魂の底から驚いた。私が『文藝春秋』に論文を書いたから金さんは経歴を加えたのだ。私には、そうとしか思えなかった。

このことを発見した私は、テレビの深夜討論や月刊誌、単行本でそのことを明らかにした。貧乏の結果、親に身売りされて慰安婦となり、戦場で日本兵士を相手に売春をし、日本人弁護士らに利用されてあたかも強制連行の被害者だったかのようにふるまって日本政府を糾弾し、その結果私に、隠した方がよいその経歴を暴かれた。強制連行でないと脚光を浴びないと考えて、突然、訴状にも書かなかった北京での強制連行経歴を付け加え、また、その矛盾を私に指摘された。

単純な同情では正しい道徳的な判断を下せない。道徳を守って生きることは容易ではない。

家五軒が買えるお金を貯めていた元慰安婦

もう一人、元慰安婦の文玉珠《ムンオクチュ》さんについても苦い思い出がある。私が金学順さんのことなどを必死で調べて『文藝春秋』に論文を書いていた平成五年（一九九三）三月、金学順さんらに少し遅れて名乗り出た文玉珠さんが支援者の招きで訪日した。

彼女は支援者らと下関郵便局を訪れて、自分は一九四二年から四四年までビルマで日本軍の慰安婦生活を送り、そのとき、六千円から七千円くらいを現地部隊の軍事郵便局に預けたと記憶している、通帳は紛失したが、その金を払い戻して欲しいと求めた。

軍事預金は戦後、郵便貯金に引き継がれており、「朝日新聞」が行った慰安婦強制連行キャンペーンの結果、当時は、日本中で文さんのことを日本軍に強制連行されたかわいそうな女性というイメージが拡散し、そのイメージに乗っかって支援者らが強硬に調査を求めたこともあり、郵便局が真面目に調査をした。

平成四年（一九九二）五月、軍事預金の原簿が見つかった。一九四三年六月から四五年九月まで、文さんは十二回にわたりお金を預けており、残高はなんと二万六千百四十五円だった。そのころ、東京では五千円あれば家が一軒買えたというから、彼女の貯金残高は東京で家五軒を買える高額だった。

ところが、マスコミの扱いは小さかった。記者らがこの事実をどう理解したらよいか当惑したのかもしれない。その頃熱心に慰安婦問題を報じていた「朝日新聞」は残高がいくらだったかを書かなかった。

ちなみに、昭和四十年（一九六五）の日韓国交正常化の際、韓国政府は韓国人個人が持っている日本への経済的権利、すなわち預貯金や未払い賃金、年金などについて個人に支払わずに一括して政府に払って欲しいと日本に要求し、日本はそれを受け入れて請求権資金として三億ドルを支払った。そして、日本では韓国人が持つ経済的権利を消滅させる法律（昭和四十年法律第百四十四号大韓民国等との財産権に対する措置に関する法律）をつくった。韓国政府は通帳など証拠を持つ者には日本からもらった資金を使って補償金を支払った。

文氏は金学順氏らが九一年十二月に日本政府を相手に損害賠償を求める裁判の原告に加わった。しかし、二万六千円もの巨額の貯金ができた慰安婦生活が、どうして強制連行で奴隷のような生活だったというのか、当時、私はあきれるばかりだった。

そこで、文氏の訴状を調べてみたところ、文氏は強制連行の被害者ではなかった。朝鮮人の業者にだまされてビルマの慰安所に連れて行かれたと次のように書いていた。

文玉珠は、一九二四年四月三日に慶尚北道大邱《キョンサンプクトテグ》で生まれた。父と母は働いていたが、決まった仕事はなかった。大邱の大明河《テミョンドン》の借家に住んでいたが、火葬場が隣にあるようなところであった。兄弟は男二人女二人で、文玉珠は上から三番目であった。文玉珠の家族は、いつも食べるものがなくお腹がへっていた。米など食べられなかった。貧しい人だけが行く市立の夜間学校に三年間行ったところで、お金がなく中退せざるを得なかった。その後、朝鮮人や日本人の家の女中にいき、洗濯や掃除をした。五年くらい女中をしてから、家の近くの靴下の家内工場で二～三時間働いた。その後しばらくは家にいた。当時は仕事があまりなく、失業をしていたのである。そんな時に、文玉珠は少し顔を知っていた男から「ちょっと遠いところだが、食堂で働けばお金が儲かる」という話を聞かされた。その男は大邱に住んでいる朝鮮人だが、洋服を着てネクタイをして靴を履いていた。その男の姓は宋《ソン》で、日本名は松本と言った。

どこへ行くのか聞いたら、はっきりとは教えてくれなかったが、「暖かい国だ」と言ったので、外国に行くのだと思った。松本は「故郷に金を送ったら家族が楽に暮らせる」というので、文玉珠は生活が苦しいので、やむなく行くことにした。

二十日後に出発することになった。家族に知られたら叱られて行かせてもらえないので、誰にも知らせないまま家を出た。従って、家からは何も持ち出せなかった。出発前にはお金はもらえず、着いてから必要なものは何でもくれるということをきかされた。

一九四二年七月九日に、今と同じ場所にあった大邱駅から汽車で釜山《プサン》に出発した。松本は文玉珠を含め、十五歳から二十一歳の女を十七人集めていた。その日は釜山の「甲乙旅館」という旅館に泊まり、翌日船に乗った。親に何も言ってこなかったので、釜山港を出る時には、悲しくて泪が出た。

文氏もまた「強制連行」を履歴に加えた

前述のように、平成四年（一九九二）は、私がまず金学順氏は強制連行の被害者ではないという当時からすると衝撃的な論文を書き、そのすぐ後に、秦郁彦教授が済州島で現地調査をして吉田清治の慰安婦狩り証言は根拠がない虚偽だという論文を発表した。

そのような雰囲気の中で、先に見たように金学順氏が北京で日本軍に強制連行されたという話を履歴につけ加えたのだが、同じことを文氏もしていた。

挺対協の『証言集1』では、ビルマの慰安所に行く数年前に、日本の憲兵に捕まり満州の慰安所に強制連行されたという履歴を付け加えているのだ。その部分を引用する。

一九四〇年、私は満十六歳になりました。この年の秋の暮れ頃のある日、私はハルコの家に行って遊びました。日が沈みかけたので、私はハルコの家を出て自分の家に向かった。まだいくらも歩かないうちに、日本の軍服を着て非常に長い刀を差し、左の肩に赤い腕章をした男が私に近寄って来ました。彼は突然、私の腕を引っ張って、日本語で何か言いました。その頃は、巡査という言葉を開くことさえ恐ろしい時代だったので、私は何も言えず彼に引っ張られるまま連れて行かれました。その人は、ひとしきり腕をつかんで行った後、私を先に立てて歩いていきました。連れていかれた先は、憲兵隊だと思われます。そこには、私と同じ年頃の女の子が一人先に来ていました。（略）（中国東北の逃安城で約一年慰安婦生活をした後：西岡補）大邸に帰った私は、他家に住み込んで働いたりしながら一年ばかり過ごしました。

大明洞の近所に、偶然知りあった友人が一人いました。一九四二年七月のはじめ、この友人が「お金をたくさんくれる食堂に行こうと思うんだけど、あんたも行かない？」と聞きました。私はもうだめにされた身体だと思っていたので、どうせのことならお金でもたくさん稼ごうと思って、すぐ承知しました。次の日、私は家族にも黙ってそっと家を出て、その友人と一緒に釜山行きの列車に身を託しました。私は何としてもお金をもうけて、私たちのため苦労している母を助けてあげたかったのです。

なお、日本人ライターの森川万智子氏が文氏から二年数か月聞き取りをして書いた『文玉珠ビルマ戦線盾師団の「慰安婦」だった私』（梨の木舎、一九九六年）によると、文氏も金学順氏と同じく貧困のためキーセンの修業をさせられている。

被害者もウソをつく。これを知ったとき、また私の心は複雑な思いにとらわれた。少なくとも同一人物が自分の履歴について二つの異なる証言をしている場合、その証言は歴史的事実、ここでは慰安婦の強制連行の証拠としては使えない。

ソウル大学教授が感じた証言者のウソ

実は、ここで引用した『証言集1』をまとめた韓国の歴史学者も同じ思いを抱いていたことが分かった。

『証言集1』はソウル大学の安秉直《アンビョンジク》教授がリーダーになって若手の研究者や挺対協の活動家らとまとめたものだ。安秉直教授は韓国経済史の大家で学術書を多数書いていた。安教授は九二年六月に十五人の研究者らで「挺身隊研究会」という研究団体をつくって、七月から十二月末にかけて、そのとき名乗り出た元慰安婦ら四十人あまりを対象として聞き取り調査を行った。

私は平成十八年（二〇〇六）に安秉直教授にお会いして、そのときのことを聞くことができた。研究会に加わった動機について安教授はこう語った。

運動家だけでは事件の真実に迫る聞き取りは困難だと考えた。自分は歴史学の方法論を身につけているから手伝おうと思った。また、慰安婦問題が何なのかを知りたくもあった。当時から、慰安婦と挺身隊が混同されていることに気にかかっていた。歴史学的に検証に耐える緻密な調査をすべきだという私の考えに運動の論理が対立することもあった。そのためもあって、『証言集1』を出したところで自分は研究会から離れた。

九二年六月、安教授が研究会に加わってから、聞き取りの準備作業として、慰安婦と挺身隊の年表をつくり、研究と資料の目録作成などをまず行っている。

その作業と並行して、挺対協に登録していた元慰安婦の聞き取りを本格化した。同年十二月現在で挺対協に登録している元慰安婦は百十名、そのうち生存者が五十五名、死亡者が五十五名だった。生存者のうち約四十名が連絡可能だった。

人間の記憶はあいまいなものだから、繰り返し質問をし、また、当時の制度についてもきちんと調べて聞き取りがそれと矛盾する場合は、もう一度思い出してもらうなど緻密に作業を進めた。分担して一人の元慰安婦と五回も六回も面会して聞き取りを行った。

その記録を持ち寄り、六月から九月まで毎週一回研究会を開いて午前十時から午後六時頃まで聞き取りを検証した。そのような緻密な調査委の結果作られたのが『証言集1』だという。九三年二月二十五日に出版された『証言集1』を私もすぐ入手して熟読した。

安教授が八～十一頁に「調査に参加して」という、前書きにあたる文章を書いていた。それを読んで強い感銘を受けたことを今でも覚えている。その主要部分を拙訳で引用する。

（略）調査を検討するにあたってとても難しかった点は、証言者の陳述が論理的に前と後ろで合わない場合がめずらしくなかったことだ。このような点は、すでに五〇年近く前のことであって記憶の錯誤から来ることもありえたし、証言したくないことを省略したり適当に言いまぎらしたりすることから来ることもありえたし、またその時代の事情がわれわれの想像を超越するものかもしれないという点から来ることもありえた。

この中でも調査者たちをたいへん困難にさせたのは、証言者が意図的に事実を歪曲していると感じられるケースであった。（九頁）

安教授は運動団体が出す証言集の前書きで、自分の名前を出した文章で「証言者が意図的に事実を歪曲していると感じられるケース」があった、と書いているのだ。まさに被害者もウソをつく、である。続けて安教授はこう書いた。

われわれはこのような場合にそなえて、調査者一人ひとりが証言者と人間的に密着することによって、このような困難を克服しようと努力し、大部分の場合に意図した成果を上げはしたが、ある場合には、調査を中断せざるを得ないケースもあった。このような場合は、次の機会に再調査をすることを約束するしかなかった。（九〜一〇頁）

韓国調査班の真実追求への志と信念

安教授らは約四十名を対象に調査を始めたのだが、『証言集1』には十九人の証言しか出ていない。つまり、「証言者が意図的に事実を歪曲していると感じられるケース」などで調査を中断した元慰安婦が半分以上いたということだ。このような調査をリードした安教授の勇気と知的誠実さに心を打たれた。

安教授は次に調査の基本原則について明確に記している。この原則こそ私自身がこれまで一貫して守ろうとしてきたものと完全に一致している。

（略）われわれの間でも調査初期にはお互いに異なる調査態度を持つ場合もあったが、のちには真実をあるがままに明らかにすることを最大の原則に据えることに同意した。特に軍慰安婦問題は植民地時代の恥辱の中の最大の恥辱と関連する問題だから、この問題についてどのように対処するのかということは真に重要な問題だと考えたからである。すなわち、真相の究明以外にこの問題に対処する最も重要な原則はなかった。そのため、われわれは真実をあるがまま把握するために、一人の証言者に対して五、六回以上の面接調査を行った。

このような緻密な調査の結果である『証言集1』に収録された元慰安婦十九人の証言を私は懸命に読んだ。そして、いちばんの関心事である慰安婦になった経緯を調べてみた。その中でわずか四人だけが明確に権力による強制連行をされたと述べていた。

ところが、そのうち一人は富山県、もう一人は釜山の慰安所に強制連行されたと述べていた。その二か所とも戦地ではない。公娼がいるいわゆる遊郭が営業していた。軍がわざわざ朝鮮女性を強制連行することはあり得ない。

そして残りの二人が、金学順氏と文玉珠氏だった。先に見たように、二人とも日本政府に賠償を求めるために起こした裁判の訴状では、貧困の結果、慰安婦になったと証言していたが、『証言集1』では強制連行の履歴を加えていた。

「そして誰もいなくなった」と、私は大きな息を吐きながらつぶやいた。

その後、安教授は韓国のテレビに出演して挺対協の運動を公然と批判している。

二〇〇六年十二月六日、ＭＢＣテレビの「ニュース焦点」で自身が挺対協から離れた理由についてこう語った。

私も最初は強制的動員があったと考え、韓国挺身隊問題対策協議会と共同で調査を行ったが、三年でやめた。この人たち（挺対協）の目的が、慰安婦の本質を把握して、今日の悲惨な慰安婦現象の防止につなげることにあるのではなく、日本と争うことにあると悟ったからだ。

そして、慰安婦の強制連行を明確に否定した。

問題は強制動員だ。強制動員したという一部慰安婦経験者の証言はあるが、韓国・日本の両方ともに客観的な資料は一つもない。

軍隊慰安婦も一般慰安婦もその生活はみじめなことこの上ない。私たちは目をとじてはいけない。韓国にも私娼窟というところに慰安婦が多いが、そのようなことをなくすためにはなぜそのような現象が発生するかについて研究しなければならない。無条件に強制によってそのような現象が起きると見ることはできない。

慰安婦の業者のうち半分が朝鮮人だ。朝鮮人がどのような権力で強制的に動員しただろうか。

これらの発言で安秉直教授は「親日派」だとして激しい非難を受けた。しかし、信念を曲げていない。この安秉直教授の直系の弟子が『反日種族主義』の編著者である李榮薫《イヨンフン》前ソウル大学教授だ。李教授は同書で、慰安婦は性奴隷ではなく軍が管理した公娼だったとさまざまな資料を駆使して言い切っている。

日本人慰安婦運動家も直面した慰安婦のウソ

日本の慰安婦運動家の中でも「被害者もウソをつく」という現実に直面したことを率直に告白している者がいる。「日本の戦後責任をハッキリさせる会」という団体の代表として、韓国の「太平洋戦争犠牲者遺族会」所属の元慰安婦、元軍人、元軍属らが日本政府を相手に賠償を求めて起こした裁判を支援し、その後、最近まで元慰安婦らのケア活動を続けてきた臼杵敬子《うすきけいこ》氏である。彼女は令和二年、フリージャーナリスト赤石晋一郎氏によるロングインタビューに答えた。その中で、元慰安婦のウソに直面した体験を次のように率直に吐露している。

平成九年（一九九七）、臼杵氏らは韓国から七人の元慰安婦を慰労のため日本に招待した。そこで実態調査の聞き取りをも行ったという。そのうち一人と交わした対話の内容を臼杵氏はこう語っている。

「どこの戦地に行かれたんですか？」と聞きました。

彼女はニターと笑い、手帳を見せてきました。

〈昭和十八年南洋群島〉

手帳には日本語のメモ書きが書かれてました。彼女ではない誰かが書いたことは明らかな字でした。

南洋群島というのは漠然とし過ぎています。その土地の慰安所で生活をしている訳ですから、地名や島名を知らないのは不自然です。

例えば姜順愛《カンスネ》さんは、七人の後に償い金を受け取ることになりましたが、南洋群島のパラオと地名を正確に答えています。

その後も調査で、どのような経緯で慰安所に行くことになったのかを聞いても「小さい船で太平洋に向かった。長い時間がかかった」と漠然とした話が続きます。いくら聞いても基本的な事実が出てこないのです。

私が頭を抱えたのは、質問を続け次の言葉を聞いたときでした。

——慰安所では日本名はあったの？

「日本名はない」

——では、ハルモニ（おばあさん）は日本兵からは何と呼ばれていたんですか？

「○○（苗字）ヨサと呼ばれていた」

○○ヨサとは○○女史という意味です。先生を意味する敬称で、慰安所で使われていたとは考えにくい。もちろん彼女は韓国政府の慰安婦認定書を持っています。はたして韓国政府がどのような調査をしたのか、疑問を感じました。

（赤石晋一郎「「挺対協」〝嫌韓〟を作った組織の三〇年＃５」『文春オンライン』二〇二〇年六月二十九日、https://bunshun.jp/articles/-/38627）


しかし、臼杵氏は運動家らしく元慰安婦を責めず、日本政府を責める。その部分も引用する。


日本政府は韓国政府に要求して独自の慰安婦調査をすべきだったのです。結局、慰安婦問題において正しい事実確認が出来ていないことが、後々続く不毛な論議の蒸し返しを招いたのです。

アジア女性基金では国民募金のお金を使った訳ですから、尚更その中身について確認、説明できるようにしておくべきだったと思います。

（同右）

偶像化される自称被害者

一九九一年八月十四日に初めて韓国で名乗り出た元慰安婦、金学順氏に話を戻す。

彼女は強制連行の被害者ではなく、貧困による被害者だった。貧困の結果、母親が朝鮮人業者に前借金して身売りされ、キーセン学校に通った後、朝鮮人業者に連れられて中国に渡り、そこにある日本軍慰安所で働かされたのだ。

「朝日新聞」などが彼女を「女子挺身隊として連行された被害者」だとウソの記事を書き、日本人弁護士と反日運動家らが彼女を原告にして日本政府を訴える裁判を起こし、日本各地で彼女の講演会を開いて、日本と日本人の名誉をおとしめた。平成四年（一九九二）から、私はそのウソに対して事実を一つ一つ指摘して反論してきた。

しかし、日韓の反日運動家らは私の反論をあたかも何事もなかったかのように無視し、金学順氏を偶像化していった。金氏は一九九七年に亡くなった。彼女の胸像が、ナヌムの家と称する金氏ら元慰安婦が集団生活をし、訪れる日韓の若者らにウソを交えた証言を伝える施設の中庭に建てられた。

彼女が亡くなった後、「初めて名乗り出た勇気ある元慰安婦」という彼女への称賛は次第に高まっていった。平成十二年（二〇〇〇）に東京で開かれた「アジア女性法廷」と称する反日茶番劇（法廷と称しながら弁護士がおらず、一方的に昭和天皇を慰安婦強制連行やレイプなどの責任者として「有罪」とした）でも、最初の証言者として名前が出た。

二〇一二年、第十一回「旧日本軍による性奴隷制問題の解決に向けたアジア連帯会議」の決議で、彼女が最初に記者らに会見したとされる八月十四日が「慰安婦メモリアルデー」になった。

ウソも百回続けば本当になる

平成二十六年（二〇一四）、「朝日新聞」が自社の慰安婦報道を検証し、大東亜戦争中に、軍の命令で朝鮮の女性を慰安婦にするために強制連行したと偽証した吉田清治証言については記事を取り消し謝罪した。しかし、金学順氏報道については、最初は、捏造はなかったと開き直り、私をはじめとする多くの専門家に反論されて、女子挺身隊で連行された事実はないと小さく訂正記事を出した。しかし、謝罪はなかった。

二〇一七年、米国にも彼女の銅像が建った。中国系団体によってサンフランシスコ市の市立公園に建てられた慰安婦像は、韓国、中国、フィリピンの少女の像を、金学順氏の銅像が見つめているという構図になっている。最初に名乗り出た勇気ある証言者として中国系団体からも称えられたのだ。

二〇一八年に韓国の文在寅政権は、金学順氏が最初に会見をした八月十四日を国家として公式に「慰安婦メモリアルデー」として指定した。

二〇二一年には、彼女が慰安婦だったと名乗り出てから三十年目だということで、多くの行事や報道が韓国であった。文在寅大統領はメモリアルデー行事に寄せたビデオメッセージで「故金学順さんが被害事実を公に証言してから三十年が過ぎました。三十年前『日本の軍隊に慰安婦として強制連行された金学順です』、この一つの文章の真実が世に出ました」と語った。金学順氏が強制連行の被害者だといまだに話していた。

残念ながら、韓国では金学順氏が強制連行の被害者ではなく貧困の被害者だったという事実は、ごく少数のネットメディア以外ではまったく触れられていない。慰安婦強制連行というジェノサイド（集団殺戮）に匹敵するような罪を犯しながら、日本政府と多くの日本人は真摯な謝罪と反省をしていないという議論ばかりがくり返されてきた。捏造記事を書いた元朝日記者が、韓国のテレビや新聞で「良心的日本人」として大きく取り上げられている。

ウソも百回続けると本当になる、という全体主義の宣伝扇動術が金学順氏を巡る慰安婦扇動でも通ってしまったのか。その結果、どれだけ多くの日本人が韓国に失望し、どれだけ多くの韓国人が日本を憎んだのか。それを喜んでいる政治勢力は誰なのか。私は、絶望的な思いを拭えなかった。

慰安婦像撤去を求める韓国良識派のデモが始まった

しかし、真実は強い。前述のように、二〇一九年、李榮薫・前ソウル大学教授らが、「慰安婦は日本軍の管理下にあった公娼だ。朝鮮王朝時代は両班という支配階層が身分の力でキーセンや奴婢という被支配階層の女性の性を搾取した。日本統治時代に公娼制度が導入され、当初は日本人が日本から連れてきた女性の公娼を利用していたが、朝鮮経済の近代化が進むにつれ朝鮮人が多数利用するようになり、それにつれて朝鮮人公娼も増えた。慰安婦制度は公娼制度を戦地に持ち込んだものだ。韓国独立後も、韓国軍と在韓米軍には慰安婦制度が維持された」という学問的主張を『反日種族主義』という本にまとめて韓国で出版し、十万部を超えるベストセラーになった。日本語訳が日本でも四十万部を超えるベストセラーになっているが、もともと韓国人に歴史の真実を伝えるために書かれた本だ。

そして、ついに、慰安婦像撤去を求める韓国良識派のデモが始まった。

ソウルの日本大使館前では一九九二年以来、毎週水曜日に金学順氏をはじめとする元慰安婦と支援者が「水曜集会」と称する路上反日行動を続けてきた。その集会の千回目を記念して、二〇一一年十二月に大使館前に慰安婦像が建てられた。その後、二〇一九年十二月四日、水曜集会が行われている同じ時間に、そのすぐ近くの路上で「慰安婦像撤去、水曜集会中止」を求めるデモが始まったのだ。その中心人物が『反日種族主義』の共同執筆者の一人である李宇衍《イウヨン》・落星台《ナクソンデ》経済研究所研究委員（当時）だ。李氏らは「慰安婦像と戦時労働者像設置に反対する会」を結成して、さまざまな活動を行ってきた。

十二月四日の慰安婦像撤去デモでは、金学順さんがどのような経緯で慰安婦になったのか、本人の証言が朗読された。「事実を知りましょう。強制連行ではなく貧困の結果、慰安婦になったのです。本人の証言を読み上げます」。李宇衍氏らは落ち着いた語調で金学順さんの証言を繰り返し朗読した。

ただ、李宇衍氏らを囲み「売国奴」「日本の手先」「親日派」「恥を知れ」などと叫ぶ反日運動家らはその朗読に一切耳を傾けない。取材に来ていた韓国の記者らもその朗読を無視した。李氏らは慰安婦像が撤去されるまでどのような妨害があっても抗議行動を続けると宣言した。

十二月十一日には持っていたプラカードが蹴られて破損し、十二月十八日には李宇衍氏が顔面を殴られた。それでも黙々と、李宇衍氏らは真実を掲げてウソと戦い続けている。李宇衍氏らが十二月四日に発表した声明全文を全訳した。

慰安婦像撤去と水曜集会中断を求める声明

慰安婦像は歴史を歪曲して韓日関係を悪化させます。慰安婦像は「強制的に連れて行かれた少女」という歪曲されたイメージをつくって国民にこれを注入・伝播しています。

しかし実際の慰安婦は十代初めの少女ではなく、平均的に二十代半ばの成人でした。そしてほとんどの就職詐欺や人身売買を通じて慰安婦になりました。彼女らを慰安婦にした主役は日本官憲でなく、親戚と近しい朝鮮人の知人たちでした。

水曜集会に参加した幼い小学生の少女がマイクをとって「私のような年齢の少女が日本によって連れて行かれた」と話すのは、慰安婦像がどれくらい我が国民、特に精神的、身体的、情操的に未成熟な幼い生徒たちにまで深刻に歪曲されたイメージを植え付けるのかを見せつける証拠です。

慰安婦像は絵画や映画などの二次創作物と結合し、歪曲された情緒と歴史認識を爆発的に伝染させています。慰安婦が日本官憲によって強制的に戦場に連れて行かれた存在というイメージを形成して、特定の政治集団の不純な政治メッセージを宣伝することに悪用されています。

慰安婦像は韓国人が崇拝する偶像になってしまいました。数多くの公共の場所に展示され無差別な大衆に無理に情緒的共感を強要します。冬ならマフラーと手袋をさせ厚いショールをかけるのも、このような情緒的強要の一環です。さらに慰安婦像をバスにのせて市内を運行しました。

知的に情操的に成熟した大人たちが自分の両親にもしない丁寧なお辞儀を慰安婦像に捧げます。大韓民国は朝鮮時代よりさらに後退した偶像崇拝の神政国家へと後退しています。慰安婦像はそのような退行の最も鮮明な象徴です。

旧日本大使館の前にたてられている慰安婦像は不法造形物です。二〇一一年設置当時に挺対協（現・正義記憶連帯）は管轄区庁の許可を得ないで自分勝手に像を設置しました。政府は反日種族主義に便乗したり、それを助長する大衆追従的で人気迎合的な態度でこの像の設置を追認しています。

市民団体らと大学生が二〇一六年に釜山の日本総領事館の前に奇襲的に設置した慰安婦像も同じことです。これらの像は「外交関係に関するウィーン条約」二二条に規定された「公館の安寧の妨害または、公館の威厳の侵害」に該当する設置物です。

一九九二年から三十年近く開かれている水曜集会も歴史を歪曲して韓日関係を悪化させます。この集会は像を崇拝する霊媒師の厄払いであり、歴史を歪曲する政治集会です。全教組所属などの一部教師たちは「現場学習」という美名の下、父兄の無関心を利用して純真な生徒たちを、歪曲された政治・歴史意識を注入する集会に導いています。中高生だけでなく低学年の小学生の子供さえ動員対象です。

水曜集会は事実上不法集会です。「外交関係に関するウィーン条約」により外交公館から一〇〇メートルの地域のデモは禁止されます。しかし水曜集会は記者会見の形式で毎週開催されています。あらゆる口実を動員して韓日関係を悪化させて大韓民国の安保と国際的地位を墜落・傷つけるのがその本当の意図ではないのかと疑うほかありません。

慰安婦像は撤去されなければならず、水曜集会は中断されるべきです。

私たちは私たちの正当な要求が実現されるその日まで退かないで戦います。

二〇一九年十二月四日

慰安婦と労務動員労働者像設置に反対する会
反日民族主義に反対する会
韓国近現代史研究会
国史教科書研究所

2019年12月11日、慰安婦像に反対するデモをする李宇衍博士らは暴行を受けた。（写真：慰安婦像と戦時労働者像設置に反対する会 Facebook）

12月11日午後、日本大使館前慰安婦像付近で抗議行動をしている李宇衍博士たち。向かって右が李宇衍博士。李宇衍博士が持つ看板には左上から「歴史歪曲、反日助長、慰安婦像、撤去せよ」、右上から「歴史歪曲、反日助長、水曜集会、中断せよ」と書かれている

①～④　何者かが李宇衍博士に暴行を加え看板を蹴り破った
⑤　破られた看板をつないで決然と抗議を続ける李宇衍博士

反日運動家、名誉棄損で著者（西岡）を訴える

話を日本に戻す。

本章の冒頭で、一九九一年八月に韓国で最初に名乗り出た金学順氏について、彼女は貧困の結果、母親によってキーセンとして身売りされて慰安婦になった経歴の持ち主だったのに、「朝日新聞」の植村隆記者（当時）の捏造記事によって、いっとき、日本中がだまされて、あたかも軍による強制連行の被害者であるかのような誤解が広まった経緯について書いた。

そのことを最初に気づいた私は、平成四年から繰り返し雑誌論文や単行本に書き、テレビ討論などでも主張してきた。ところが、金学順氏を韓国から連れてきて日本政府を相手に裁判を起こした弁護士で反日運動家である高木健一氏が平成二十五年（二〇一三）四月突然、名誉毀損で私を訴えた。私が著書で、金学順氏を結果的にさらし者にした高木氏らの運動について「（元慰安婦の）人権を考えていたとは、とうてい思えない」「事実を歪曲しても日本を非難すればよいという姿勢」「反日日本人」などと表現したことが名誉毀損に当たるというのだった。

しかし、東京地裁は平成二十六年（二〇一四）二月、「（西岡の）記述の前提事実の重要な部分が真実であるか、または真実と信じたことに相当な理由がある。公益を図る目的で執筆されており、論評の域を逸脱するものではない」として高木氏の訴えを棄却した。二審の東京高裁も一審を支持した。平成二十七年（二〇一五）一月十四日、最高裁第二小法廷は原告側の上告を棄却し、私の勝訴が決まった。

高木氏との裁判で、私の勝訴が決まる直前の平成二十七年一月十日、今度は植村隆氏が私を名誉毀損で訴えた。なんと百七十人あまりの大弁護団が結成され、左派知識人らが「植村裁判を支える市民の会」なる団体をつくった。植村氏は、私が著書や雑誌論文などで、同氏が平成三年八月と十二月に「朝日新聞」に書いた元慰安婦金学順氏に関する記事について捏造と評論したことを名誉毀損だと訴えた。

言論人は言論で応えよ

私は当初から、言論人である植村氏が言論による論争ではなく、裁判に訴えるという異例の方法をとったことに強い違和感があった。しかし、訴えられた以上、言論の自由を守るためにも裁判での争いに臨まざるを得なかった。そのこと自体遺憾だった。

令和元年（二〇一九）六月二十六日、東京地裁は、植村氏の訴えを棄却した。植村氏はその判決を不服として高裁に控訴した。

令和二年三月三日に高裁判決が出た。地裁に続き私の完全勝訴だった。そして、令和三年三月十一日、最高裁第一小法廷は植村側の上告を棄却し、私の完全勝訴が確定した。

これらを法的に説明する。

名誉毀損の裁判では、訴えた側は自分の社会的評価の低下を証明しなければならず、訴えられた側は訴えは不当だと証明しなければならない。確かに、ある人が一方的に誹謗中傷されている状況を救出するという側面ではこの法理は合理的だと私も考える。誹謗中傷されている人の人権を守るということは必要だ。

しかし、私は植村氏の人格や品性を攻撃したのではない。彼が記者として署名入りで書いた記事の間違いを指摘したのだ。それにより植村氏の社会的評価は低下する。間違ったことを書けば、そうなるのは当然だ。彼には反論を書くという手段がある。それをせずに自分の記事への批判に対して賠償金を払えと裁判を起こすやり方は、言論人として恥ずかしいのではないかと強く思う。

地裁も高裁も「植村記事は捏造」という結論を下した

そのような私の思いは、現在の日本の裁判では考慮されない。

私は裁判で損害賠償請求を棄却させるために、次の二つの要件を証明しなければならなかった。第一に、公共性と公益性、第二に真実性・真実相当性だ。前者は、内容が公共の利益に関することであり、目的が専ら公益であることだ。後者は、本や論文で書いた事実が真実であるか、あるいは真実であると信じるに足る相当性があるか、だ。

公器である新聞の署名記事に対する評論は、公共性と公益性がある。地裁も高裁もこの点は容易に認めた。争点になったのは、私が指摘した次の三つの事実の真実性・真実相当性だ。高裁判決からその部分を引用する。

①「控訴人（植村）は、金学順が経済的困窮のためキーセンに身売りされたという経歴を有していることを知っていたが、このことを記事にすると権力による強制連行という前提にとって都合が悪いため、あえてこれを記事に記載しなかった」

②「控訴人（植村）が、意図的に事実と異なる記事を書いたのは、権力による強制連行という前提を維持し、遺族会の幹部である義母の裁判を有利なものにするためであった」

③「控訴人（植村）が、金学順が『女子挺身隊』の名で戦場に強制連行され、日本人相手に売春行為を強いられたとする事実と異なる記事をあえて書いた」

地裁に続き高裁でも①、②は真実相当性が、③は真実性が認められた。特に③の意味は重大なので、判決からその部分を引用する。

原告〔植村：西岡補以下同〕は、原告記事Ａ〔一九九一年八月十一日記事〕において、意識的に、金学順を日本軍（又は日本の政府関係機関）により戦場に強制連行された従軍慰安婦として紹介したものと認めるのが相当である。すなわち、原告は、意図的に、事実と異なる原告記事Aを書いたことが認められ、裁判所認定摘示事実三〔上記の争点③〕は、その重要な部分について真実性の証明があるといえる。

地裁に続き高裁も、植村氏が「日本軍による強制連行」という認識はなかったのに、あえて事実と異なる記事を書いたと断定したのだ。言い換えると、同記事が捏造であることを地裁に続き高裁も認めたことになる。

私は裁判所にどちらが正しいか決めてもらう必要はない、それは論争の結果、読者が判断することだ、と考えていた。言い換えると私が植村氏の記事を捏造と断定するには十分理由があるという意味で、真実相当性が求められればよいと思って裁判に臨んでいた。しかし、判決は私の主張と同じく、「植村記事は捏造」という結論を下したのだ。それだけ植村記事がひどいものだった証拠だろう。

やはり植村氏から訴えられた櫻井よしこ氏の判決に続き、私の判決も慰安婦について「太平洋戦争終結前の公娼制度の下で戦地において売春に従事していた女性などの呼称の一つ」と明記した。私たちがずっと主張してきたことではあるが、感慨深い。

徴用工のウソを暴いた韓国人歴史学者

前項まで私は、元韓国人慰安婦の女性が自身の経歴についてウソをついていると見なさざるを得ないケースを紹介し、真の日韓友好のためには相手の言い分を鵜呑みにしてはならず、結論を先に決めず、事実に基づき是々非々で議論するしかないと強調してきた。また、その元慰安婦のウソを助長、利用してきたのが日韓の反日勢力であり、特に日本国内のいわゆる「良心派」学者や運動家らこそがウソを意図的に広めて日韓関係を悪化させてきたと書いてきた。

韓国でも李榮薫・前ソウル大学教授らが『反日種族主義』で、慰安婦は「性奴隷ではなく軍が管理した公娼」という説を、さまざまな証拠を列挙して実証した。その『反日種族主義』は韓国で激しい非難と攻撃にさらされた。

歴史学界が沈黙を守る中、左派運動家や職業的反日学者らが、李前教授らを招かず一方的な討論会をくり返すとともに反論本の出版も続いた。それに対して、李前教授らは全面的に反駁《はんばく》するとともに、前著の議論をより深める新著『反日種族主義との闘争』（以下『闘争』）を二〇二〇年五月六日に出した。その日本語版が令和二年九月二十日に出版された。私は、前著に続き、日本語訳文の点検などで編集協力を担当したが、李前教授らの学者としての信念と勇気に心を揺さぶられた。

ここでは『闘争』の中から、被害者がウソをつくことで日韓関係が悪化するという事例として戦時労働者のウソを取り上げている部分と、そのウソの背景には日本の「良心的」知識人の画策があり、そのような日本人は実は韓国を蔑視しているのだ、と厳しく批判している部分を紹介したい。

原告の主張を緻密な論証によって捏造と断定

まず、被害者のウソについてだ。李前教授は日本語版序文でこう書いた。

二〇一八年、韓国の大法院（日本で言う最高裁判所）が新日鉄住金（現・日本製鉄）に対し、戦時期に旧日本製鉄で働いた韓国人四名に慰謝料を支給するよう命じる判決を下したことは、一九六五年に日韓両国が国交を正常化し締結した基本条約（日韓基本関係条約）自体を否定する暴挙、と言うことができます。共著者である朱益鍾《チュイクチョン》、李宇衍《イウヨン》の両氏は、訴訟を起こした四名の原告の「強制連行され虐待を受けた」という主張の大部分が、捏造《ねつぞう》された嘘であることを実証的に明らかにしました。大変残念なことに韓国の大法院は、その嘘を〝基礎的事実〟として裁判の前提にし、両国間の関係を破綻に導く判決を下しました。

（二頁）

ちなみに日本政府は、日韓間の過去の清算は昭和四十年（一九六五）の条約と協定で完全に終わっているという立場から、大法院の判決は、条約は司法をも拘束するという国際法の原則を無視した国際法違反であるとして、文在寅政権にすみやかな国際法違反状態の是正を求めている。しかし、四人の原告が主張する「強制連行され虐待を受けた」という事実関係についてはほとんど反論をしていない。

実は、私は大法院判決の出ることを予想して、安倍晋三首相（当時）の側近に四人の原告は法的強制力のある徴用ではなく、法的強制力のない募集か官斡旋によって渡日した、と伝えた。それを受けて安倍首相は判決直後の国会答弁で、四人を「徴用工」とは呼ばず「旧朝鮮半島出身労働者」と呼び、その後、政府の用語もそのとおりに統一した経緯があった。

しかし、彼らの渡日方法の実態や日本での待遇や暮らしについて、本人たちや日韓の支援者はもちろん日韓のマスコミの多くが「強制連行」「虐待」といった書き方をしていることについて、日本政府として反論を行っていない。その結果、欧米の一部メディアで「奴隷労働」という事実に反する用語が使われてしまっている。私は折に触れて日本政府の対応の不十分さを指摘してきた。

一方、『闘争』では、日本政府がまだ行っていない歴史的事実に基づく反論を韓国の学者らが実証的に行っているのだ。『闘争』第六章、第七章で李宇衍氏と朱益鍾《チュイクチョン》・李承晩学堂理事は、四人の原告が働いた日本製鉄の三か所の工場、すなわち八幡製鉄所、釜石製鉄所、大阪製鉄所の労務記録や日本と韓国での裁判記録などを分析して、「強制動員された」「働いても賃金が貰えなかった」という原告の主張を緻密な論証によってウソだと断定している。ぜひ、日本政府もこの学問的業績を国際広報に積極的に活用して欲しい。

目の前で被害者とされる人がウソをつく……

『闘争』で、読むものの心を最も打つのが、李榮薫・前教授が渾身の力を込めて書いたと感じられる「エピローグ」だ。李前教授は、自身が二〇〇六～〇八年に合計五十七人の韓国人戦時動員出身者に学術的なインタビューを行ったときのことから書き始める。五十七人のうち軍人・軍属が二十名、彼らは比較的学歴があり、記憶にも一貫性があったという。

一方、残りの三十七名の労務者は「たいていの場合、無学で」「記憶には一貫性がなく、時には虚偽や幻影が混じったりし」たという。また「工場で朝鮮人をいじめる日本人監督官を同僚三人でたたき殺した後、川に放り投げた」というあり得ない話をする者もいたという。

正直な人も幾人かいた。ある二名は「大変な時期で辛い労働ではあったが、大いに暮らしの足しになり、以後の人生にも大いに役立った」と話し、役所の職員が補償を前提に申告を勧めても「私が金儲けに行って来たことなのに、（補償の）申告なんて」と断っていたという。

ところが、他の多くの証言は明らかにウソが混じっていた。少し長くなるが、李前教授が自国民被害者のウソを嘆いている部分をそのまま引用する。

（略）彼らは、政府がくれるという補償を鋭く意識しながら、「賃金は、びた一文も貰わなかった」と主張しました。しかし、それに続く回顧では、その主張とは辻褄の合わない内容が必ず登場しました。「日曜日には何をされましたか?」と質問したら、「近くの町に出かけ、あずき粥も食べ、劇場にも行った」と言うのです。「そのお金はどこから出て来ましたか?」と訊くと、そこで初めて「そのくらいの金は貰ったさ」と是認するのでした。

これとは違って、頑強に元の主張を貫徹する人もいました。例えば、蔚州郡のある方は、「二年契約で北海道の炭鉱に行ったが、契約を延長して三年六か月いた」と言い、そのあと、「お金は一銭も貰わなかった」と言いました。それで、横にいた同僚研究者が、「だったら、何のために契約を延長したんですか？」と責めるように問いました。すると、「あー、延長しろと強制するんだから、どうしようもなかったさ。苦労するだけして帰って来た」と答えました。私はその人の、証言に矛盾が生じないよう細心の注意を払っている姿勢に、感服せずにはいられませんでした。

日本に行った経緯に関する記憶にも、矛盾がありました。ある人においては、インタビューの初めのほうでは、涙ながらに「強制的に連れて行かれた」と言っていたのに、後から話す内容は、それとはまったく違っていました。「日本に行きたくて密航船に乗ったところ、詐欺にあって失敗したことがある」と言うのです。ひと言で言って、三十数名の労務者たちが語った日本での経験にまつわる記憶は、今日我々の知る通説とは相当な乖離《かいり》がありました。

（三四八～三四九頁）

ある人は言いました。「朴正熙大統領があの金で高速道路を造らなかったら、あの金は俺たちに来たんだ」「朴正熙があの金を国のために使ったというが、芸は熊がして、金は誰かが取るってことか」。私は事前に未払金供託資料で各人の未払金を把握しており、その人の未払金はゼロであることを知っていました。それで私は訊きました。「おじいさんが貰うお金で高速道路も浦項製鉄もできて、国がこれだけ豊かになったんだから、それで補償されたと考えてもいいんじゃないですか?」とです。そうすると、頑として否定しました。「そりゃできないさ、俺の金は貰わないと」。その言葉を聞いて、私は非常に悲しくなりました。こうやって自分自身と歴史を相手に嘘をついてまでして金銭を追求する民衆の心性は、一体どうして生まれたのだろうかと。そうして、「国ができて六〇年経つのに、未だに国民は未形成なのだ」と嘆息しました。

(三五〇頁)

李前教授は多くの被害者が目の前でウソをつくことに接して、嘆息したと正直に書いている。私も最初に名乗り出た元慰安婦の金学順氏が経歴にウソを交えていることを発見したとき、大きく嘆きの息を吐いた記憶を持つ。

日本の〝良心的〟知識人から見えてくる「傲慢な姿勢」

李榮薫・前教授、李宇衍氏、朱益鍾氏らは現在、元慰安婦や元戦時労働者とその遺族らに名誉毀損などで刑事告訴され、警察の取り調べを受けている。『闘争』では、李前教授は、自身がインタビューした数十人の元労働者のうち多数がウソをついていると明言し、四人の原告についてては実名を挙げてウソをついていると断定した。ウソをついているとされた当事者とその支援者らから必ず攻撃があるはずだ。日本語版序文で李前教授は「身に危険が及ぶかも知れない状況下にありながら、この本の刊行に加わった八名の共著者は、種族主義の野蛮性を告発することがこの国の発展に役立つ、という確信を共有しています」とその覚悟を書いている。その覚悟に心を打たれる。

『闘争』ではなぜ、このようなウソが大きく広がって日韓関係をここまで悪化させたのかについて、一部日本人の責任があることを明確に書いている。

(略)当初彼らが起こした日本での訴訟は、日本のいわゆる〝良心的〟知識人によって企画され、支援されました。今日両国の関係がこれほど険悪になっているのにも、彼らの〝良心〟が大きな役割を果たしました。彼らの〝良心〟は、結局は韓国人の〝非良心〟を助長しました。彼らの〝良心〟を引っくり返せば、そこには、二等民族韓国人をいつまでも世話しないといけない、という傲慢な姿勢が根を張っていることが分かります。

(三五五頁)

日本のいわゆる〝良心的〟知識人こそが、韓国人を「二等民族」として蔑視しているというのだ。本質を突いた鋭い指摘だ。

第2章　慰安婦問題のウソと闘う日韓の連帯

拙著の韓国語版の翻訳者と出版社代表が日本研究賞特別賞を受賞

拙著『でっちあげの徴用工問題』（草思社）が韓国語に全訳され、二〇二〇年十二月、韓国で出版された。その翻訳と出版を公益財団法人国家基本問題研究所が「勇気ある行動」だと高く評価し、翻訳を行った李宇衍氏と、出版をした黄意元《ファンウイウォン》メディア・ウォッチ代表に、第八回日本研究賞の特別賞を授与したのだ。

令和三年七月十三日に授賞式が行われた。残念ながら、中国武漢発コロナウイルスのためにリモートでの授賞式になった。

まず、日本研究賞事業がどのような趣旨で行われているのか、国家基本問題研究所の櫻井よしこ理事長の言葉を紹介したい。

　私たちは日本国の基本をゆるぎなく立て直し、本来の日本らしい姿を取り戻したいとの思いで二〇〇七年に国家基本問題研究所を創立した。（略）志を実現するには国際社会の日本理解を深め、諸国との相互尊重を確立することが欠かせない。だが、現実は私たちの願いから程遠く、多くの点で日本は誤解されている。とりわけ歴史問題に関する誤解は根深く、その誤解の壁は現在も私たちの前に立ちはだかる。日本と価値観を同じくする西側諸国でさえも、必ずしも例外ではない。

誤解を解くのに一番よいのは、外国の人々に日本を知ってもらうことであり、なんとか日本研究の人材を育てたいと考えて（略）創設したのが日本研究賞である。

同賞に托す私たちの願いは、日本の姿、歴史、文化、文明、政治、戦争、価値観のすべてを、二十一世紀を担う国際社会の研究者に究めてもらうことだ。日本研究賞が自由かつ誠実な日本研究を進める一助となれば、それは私たちにとっての大いなる喜びである。

成功も失敗も含めて日本のありのままを研究してもらえれば、そこから生まれる評価は肯定的否定的とを問わず、自ずと偏見の壁を打ち破るはずだ。学問的誠実さに裏づけられた研究は、その全てが私たちにとっても貴重な学びとなるはずだ。

ここで櫻井理事長が「とりわけ歴史問題に関する誤解は根深く……」と言っていることに注目した。歴史認識問題における国際社会の誤解を解くには、外国人にありのままの日本を研究してもらうことだ、という信念が、日本研究賞に込められていることが分かる。だから、受賞者の条件は、帰化した一世を含む外国人だ。

翻訳者と出版社の勇気を評価すべき

国家基本問題研究所の田久保忠衛副理事長は、第八回の日本研究賞特別賞に拙著を翻訳した李宇衍氏と翻訳書を出版した黄意元氏が選ばれた理由について、次のように明らかにしている。

第八回「国基研　日本研究賞」の特別賞に韓国人の翻訳者と出版社が決まるという異例の決定となった。原本は『でっちあげの徴用工問題』（西岡力著、草思社）で、翻訳者は落星台経済研究所研究員の李宇衍氏、出版社は、ネットニュース媒体のメディアウォッチ（代表理事黄意元氏）だ。

『でっちあげの徴用工問題』は、二〇一八年、韓国大法院が新日鉄住金（令和元年に日本製鉄に商号変更）に対して朝鮮人元戦時労働者らに一人一億ウォン（約一〇〇〇万円）の慰謝料を支払えとするとんでもない判決を下したのに対し、理論的、実証的に完膚なきまでにウソを暴いた名著だ。本来ならばこの書物が受賞の対象となって不思議はないが、著者の西岡氏は国基研の評議員で企画委員でもあるので、受賞辞退という結果になりかねない。

であれば、戦後最悪といわれている現在の日韓関係の中で、「反日」の言動が英雄視され、いささかでも日本の主張の正しさを指摘する余地のない韓国内の言論状況の中で、西岡氏の著書の全文を韓国語に訳して、国内で出版しようという翻訳者と出版社の勇気を評価すべきではないか。それは間接的にではあるが原本の意義を高めることになるのではないか、との空気が選考委員会に強まったと思われる。

実は、令和二年（二〇二〇）、拙著を韓国で翻訳出版したいという提案を李宇衍氏と黄意元氏からもらったとき、私は反対した。韓国の現在の状況で、歴史を反省していない悪い日本人の代表のように非難されている私の本、特に、日韓歴史問題に関する本の翻訳出版をすれば、それを行う翻訳者と出版社代表に「親日派」「日本の極右の手先」などという誹謗中傷が激しく集中することは間違いない。危険すぎるということが私の反対理由だった。

それに対して、李宇衍氏と黄意元氏は、「確かにリスクはあるが、現段階で事実に基づく日本の専門家の主張を韓国で紹介するメリットの方がそのリスクよりも大きいと判断する。韓国の心ある人々に日韓歴史問題の真実を伝えることは大切だ。そのために自分たちが不利益を被るだろうが、その不利益より先生の本の韓国語版を読むことによって韓国と韓国民が得る利益の方が必ず大きいと信じているので翻訳出版したい」と、その覚悟を語った。

そこまで言われたら、私はその勇気に心を打たれ翻訳出版を承知せざるを得なかった。彼らは真の愛国者だと私は感動した。

そのとき二人はなんと、戦時労働者問題だけでなく、より民族感情を刺激しやすい慰安婦問題についても、拙著『よくわかる慰安婦問題』（草思社）を二冊目として翻訳出版したいとまで語った。実際、令和三年（二〇二一）四月に『よくわかる慰安婦問題』も李宇衍翻訳、黄意元代表のメディア・ウォッチから韓国語版が出版された。
彼らの勇気がまさに日本研究賞特別賞受賞の理由になったのだ。だから、受賞の話を聞いて私もとても嬉しかった。

日本発「日韓歴史認識問題」は韓国人の反日感情に火をつけた

李宇衍氏は、受賞の所感を次のように書いている。拙訳で紹介する。

今韓国の状況は暗澹としています。現政権の政治・経済的失敗とともに、対外的な国防・外交政策は亡国の影を落とし深い懸念をかき立てます。

このような憂鬱の中でもこの賞を受賞することは、やはり嬉しいことです。なぜなら日本側の国家基本問題研究所が賞を与え、そして韓国側の黄意元氏と私、本人が賞を受けることは、日本と韓国の自由右派による日本と韓国の自虐史観に対する共同闘争の出発、歴史戦争の宣戦布告となるからです。

黄意元氏と私が『でっち上げの徴用工問題』の韓国語版の出版を計画する際、私たちはまず韓国と日本の自由右派が意見を交換し討論する必要があることを痛感しました。それが共同闘争の思想的基礎であるにもかかわらず、日本側の研究成果が韓国側にはまったく知られていなかったからです。

文在寅政府の下で二〇一五年の慰安婦問題に対する韓日合意が事実上無効化されて、韓日関係の基礎である一九六五年の韓日協定が二〇一八年の韓国大法院の戦時労働者（徴用工）判決により否定されたことに伴い、両国の関係は前例のないほど危うくなっています。このような状況で、日本の自由右派の研究が、韓国で翻訳すらされていないという事実は、実に嘆かわしいことでした。（略）

最近の私の「反感」は、日本各界の「自虐史観」の主唱者たちに向かっていることを告白します。二〇一六年に「戦時期（一九三七〜一九四五）日本に労務動員された朝鮮人炭鉱夫の賃金と民族間の格差」という論文を発表し、現在は慰安婦問題を研究していて、韓日間の歴史問題をめぐる葛藤を代表するこの二つの問題が、韓国ではなく、日本から始まって韓国に伝播し、韓国の左派たちを鼓舞して、韓国人たちの反日感情に火をつけたという事実を詳しく知るにいたったからです。これについては、『でっち上げの徴用工問題』の著者である西岡力先生の教えが大きかったです。

韓国の研究者として、私は韓国の自虐史観だけでなく、日本のそれとも戦わなければならないのです。日本の自由右派の研究者たちも同じだと思います。

戦線が広くなりました。一か所だけで戦っては勝利できなくなりました。韓日の自由右派の連帯を広げ、強化しなければなりません。黄意元氏と私の受賞がそのための良い出発点であると思っております。

私は平成四年（一九九二）、慰安婦問題について最初の論文を書いて以来、一貫してここで李宇衍氏が書いていることを主張してきた。日韓歴史認識問題の本質は、ジャパン対コリアの対立ではなく、真実とウソの闘い、具体的には日韓の真実を主張する勢力と日韓のウソを拡散する勢力との闘いだということが私の持論だ。それを韓国の若い学者が堂々と主張していることに心からの敬意を表したい。

一国の知識人が隣の国に対して犯罪的議論をしている国に未来はない

黄意元氏は授賞式にあたり次のように挨拶した。事前に準備された素晴らしい内容だったので、ほぼ全文を拙訳で紹介する。

いつか、中国の民主化運動家、劉暁《りゅうぎょう》波《は》先生がこう語っていました。「西欧化を選択するということは、人間になることを選択するということだ」。

私は今、韓国社会で親日を選択するということも劉暁波先生がおっしゃったことと似ている面があると思います。ただし、西岡力教授がよくお話ししているように、私は厳格に言えば、親日派ではない、アンチ反日派です。

考えてみれば、この日本という国は、わざわざ私のような者が前に出なくても、誰かに攻撃されたら十分に自分を論理的に知的に防御でき、また自分がやられたものの何倍の報復をやり返す能力もある国でした。

結局、私が心配するのは、日本ではなく、最近特に全てのことを民族的、種族的感情で外交安保問題を扱おうとするわが祖国・大韓民国です。

反日でもいいし、反中でもいいし、反米でもいいです。しかし、絶対に人類普遍の価値である自由、人権、法治の価値を無視してはならず、特にウソをついてはいけません。

問題は、唯一韓国の言論界と出版界に、日本と関連して数十年間このような原則がなかったことです。私は一国の知識人がこのように隣の国に対して犯罪的議論をしている国に未来はない、という考えを持って、このような風土に抵抗をしてきました。

正直、私はそんな抵抗活動をしながら、特に日本のためだ、日本人のためだ、という考えを頭の中で持ったことがありません。それにもかかわらず、このように日本の名誉と関連した権威ある賞をいただいていいのか、少し恥ずかしいです。

ただ、人類普遍の価値を志向し真実を尊重したならば、自国を愛し自国の国民を愛することも、すべての国と全人類を愛することと同じになるのではないでしょうか。

そういう気持ちで、この賞をもらいます。ありがとうございます。

李宇衍氏は一九六六年生まれ、黄意元氏は一九七七年生まれ、まさに若い世代の日本理解者だ。歴史の真実を媒介にした彼らとのきずなをより一層強めていこうと決意している。

韓国ネットメディアのインタビューに答える

前述のとおり、韓国の自由保守派ネットメディア「メデイア・ウォッチ」は二〇二一年四月十六日に拙著『よくわかる慰安婦問題』（草思社）の韓国語版を出版した。それを記念して五月二十四日、私との長文のインタビュー記事をネット上で発信した。

インタビューは、「メデイア・ウォッチ」が比較的長文の十の質問を西岡に送付し、それに書面で答える形式で実施された。質問が長いため、インタビューというより、韓国保守ジャーナリストと西岡の慰安婦問題や日韓関係をテーマにした対談になっている。

すでに日韓の自由保守派の間では、このような率直な議論ができるのだ。ぜひ、日本の自由保守派に読んで欲しいと願い、その主要部分を以下に紹介したい。

質問1　以前に別の本で扱われた徴用工問題と比較しても、この慰安婦問題は西岡教授の命と人生により直接的な関係がある問題だったという事実を今回の本を通じて知らされました。慰安婦問題のウソを看破し告発した最初の知識人であり三十年間この問題に取り組んできた知識人として、韓国語版発刊の所感を明らかにして欲しいです。

西岡　三十年、この問題のウソと戦い続けてきました。その中で、日本の反日知識人が韓国の従北（北朝鮮に従属するの意味）左派と組んでつくり上げたウソは、特に、日本統治時代を知らない韓国人の中で巨大な城となってそびえ続けていました。

まさか、私の戦いの記録であるこの本が韓国で出版される日が、私が生きている間に来るとは想像もしていませんでした。ウソと戦っている韓国の友人たちに心から感謝しています。

質問2　韓国の慰安婦被害法は、「日本軍慰安婦被害者」を「日帝によって強制的に動員され性的虐待を受け、慰安婦としての生活を強要された被害者」と定義しています。この本では、（1）強制的に動員された（強制動員説）、（2）性的虐待を受け慰安婦としての生活を強要された（性奴隷説）、この二つをさまざまな根拠を挙げて否定しています。この機会にその主要論旨を分かりやすく説明してください。

西岡　強制動員説は日本の反日左派を代表する「朝日新聞」が一九九一年、社を挙げて展開した「女子挺身隊の名で朝鮮人女性二十万人を強制連行した」とする「慰安婦強制連行プロパガンダ」の結果、日本社会を一時だまし、それが韓国に伝播して広がったものです。

そのとき、朝日が根拠にしたのが、①加害者である吉田清治証言、②被害者である金学順証言、③日本軍文書の三つでした。しかし、それを一つ一つ検討すると強制連行の証拠として使えるものではありませんでした。

①の吉田証言は、日本軍から、済州島で女子挺身隊の名で朝鮮女性を強制連行して慰安婦にせよ、という命令を受けて日本軍と一緒に暴力的な連行とレイプを行ったというものでした。この吉田証言の悪影響で、一九八〇年代から日本の歴史学会では女子挺身隊という勤労動員の

ための公的制度が、朝鮮では慰安婦強制連行に使われたという間違った学説を生み出しました。しかし、済州島の現地の新聞や秦郁彦先生の調査の結果、ウソ証言と判明しました。「朝日新聞」も二〇一四年に吉田証言をウソと認め、記事を取り消しました。

②の金学順氏は一九九一年八月、初めて名乗り出た元慰安婦ですが、彼女は貧困の結果、母親にキーセン検番に身売りされ、検番の養父に連れられて中国の日本軍慰安所に行ったと最初から証言していました。ところが、「朝日新聞」の植村隆記者が「女子挺身隊の名で戦場に連行された元朝鮮人慰安婦」と彼女が話していない経歴を捏造し、そのことを私が一九九二年に指摘しました。その後、名乗り出た元慰安婦たちの証言も言うことが大きく変化したり、歴史的事実と合致しなかったりするものばかりで、強制連行の証拠として採用できないものばかりでした。

③吉見義明教授が発見して朝日が一九九二年一月に大きく報じた軍文書も、民間業者が日本国内で軍の名をつかって不法な慰安婦募集をしていることを取り締まって欲しいという内容で、朝日は「慰安婦に日本軍が関与していた証拠」と大きく報じましたが、日本人慰安婦を犯罪から守るという関与であって、強制連行の証拠ではありませんでした。

性奴隷説は、私や秦郁彦先生の研究などにより強制連行が証明できなくなったあと、朝日や日本人左派弁護士・学者が言い始めたものです。しかし、慰安婦は年季奉公契約を結んだ公娼の一種であることが、さまざまな資料から明らかになっています。彼女たちは性行為に対して対価をもらい、それを前借金の返済に充てていました。軍の慰安所では業者が搾取しないように厳しく取り締まりをしていたので、通常、契約期間の二年の間に前借金を返すことができ、多額の貯金や送金をした者も多数いました。これは人格を認めず、売買の対象になる奴隷とは異なっています。

質問3　徴用工問題に続いて慰安婦問題も日本の左派知識人たちが主導してつくり上げた歴史捏造だという事実に驚きました。特に韓国で権威ある日本のメディアとして常に引用されてきた「朝日新聞」が慰安婦問題に関する「捏造の城」だったという点は驚くべきことです。主要なマスコミがこうした超大型外交惨事を引き起こした原因だという事実が明らかになったのなら、国民的不買運動や、政治的な責任を追及する何かがあってもおかしくないと思いますが、日本での動きはどうですか。性奴隷説を固守している吉見義明教授のような人も依然として影響力を持っていますか。

西岡　朝日の慰安婦捏造報道に対する批判の声は二〇一四年以降、かなりあります。朝日の部数はそのころから急速に減っています。しかし、彼らは女性の人権問題が事柄の本質だなどという詭弁を弄して責任を回避しています。

それどころか、朝日で慰安婦報道を担った植村隆・元記者が、捏造報道を批判した私やジャーナリストの櫻井よしこさんを名誉毀損で訴えるなどの悪あがきをしています。しかし、裁判は私と櫻井さんの勝訴で終わりました。

特に私の裁判では、私が植村氏の書いた金学順氏に関する記事を捏造と評したことについて「(植村は)意図的に事実ではないことを書いたことが認められる」として西岡の捏造という評価に「真実性が認められる」と判断しました(地裁と高裁判決)。つまり、朝日が最初に名乗り出た慰安婦に関する記事が捏造だと裁判所が認めたのです。しかし、朝日はその責任をまだ認めていません。これからも朝日への告発を続けるつもりです。

性奴隷説をいまだに固守している吉見教授の一般社会での評価は低くなりました。しかし、日本の学界は反日左派が強い力を持っているので、まだ、学会での地位は揺らいでいません。

質問4　元慰安婦として最初に名乗り出た金学順氏に対する特ダネ報道で慰安婦問題を触発した朝日新聞記者・植村隆氏との訴訟で、結局、最高裁判所で最終勝訴されたと聞きました。この韓国語版の本の発刊の直前の良い知らせであり、一層意味深いと考えます。この訴訟の背景と内容についても少し説明して欲しいです。それ以前には金学順氏の弁護士である高木健一氏からも、やはりこの本の記述によって訴訟を起こされたと聞きましたが、その事情も一緒に聞かせてください。

西岡　植村氏は、一九九一年八月と十二月に金学順氏に関する二本の記事を書きました。それに対して私は次の三つの理由で捏造記事だという批判をしてきました。

①　話していない履歴を付け加えたこと。すなわち八月記事で植村氏は上述のように「女子挺身隊の名で戦場に連行された元朝鮮人慰安婦」だと書きましたが、金氏は自分の経歴を語る中で、当時から死亡するまで一度も、女子挺身隊という勤労動員制度の下で慰安婦にさせられたということは話していません。植村氏も彼女が女子挺身隊として連行されたのではないことを、記事を書いた時点から知っていたと認めています。

②　繰り返し話していた経歴を書かなかったこと。彼女は繰り返して自分は貧困の結果、母親にキーセン検番に身売りされ、そこでキーセン修業したあと検番の養父に連れられて慰安所に行ったと語っていましたが、そのことを隠しました。

③　利害関係者だったこと。植村氏は日本政府を相手に賠償を求める裁判を起こした太平洋戦争被害者遺族会の幹部の娘と結婚していました。その裁判の原告の一人が金学順氏でした。自分の義母が関係している裁判が有利になるように事実に反する記事を書きました。

植村氏は二〇一五年一月九日、「捏造」と批判され続け、家族や周辺にまで攻撃が及ぶとして、代理人として一七〇人近い弁護士を立て、西岡と出版元の文藝春秋に対して計一六五〇万円の損害賠償などを求める名誉毀損訴訟を東京地裁に起こしました。二〇一九年六月二十六日、東京地裁はこの私の主張の①について真実性を、②と③について真実相当性を認めて植村氏の賠償請求を退けました。二〇二〇年二月六日に高裁が、二〇二一年三月三日に最高裁がこの判決を支持して私が勝訴しました。

植村氏は記者出身であり、現在は朝日を退職して週刊金曜日という左派の週刊誌を出す出版社の社長兼発行人をしています。言論には言論で反論するという自由民主主義の原則を守らず裁判に訴えたやり方に対して批判の声が多く上がっています。

ご指摘のとおり、私は金学順氏の弁護人だった高木健一氏からも名誉毀損で訴えられ、やはり最高裁まで行って二〇一五年一月十四日に勝訴しました。

高木氏に対して私は、金学順氏の人権を本当に考えているなら、強制連行の被害者ではなく親に売られた被害者であることを知った時点で、裁判を止めるように説得すべきだったと指摘し、それをせずに金氏を先頭に立てて慰安婦強制連行だというウソの主人公であるかのように使い、私が批判したら新しい原告を探しに行くなどという行動を取ったことを、「反日日本人」という言葉を造語して批判しました。

そのことなどを理由に高木氏は裁判を起こしたのですが、二〇一四年二月、東京地裁は「記述の前提事実の重要な部分が真実であるか、または真実と信じたことに相当な理由がある。公益を図る目的で執筆されており、論評の域を逸脱するものではない」として訴えを退け、東京高裁と最高裁もその判決を支持しました。

質問5　慰安婦問題のウソはすでに金学順氏が最初の証言をした一九九二年と九三年頃に西岡先生がまさに摘発されました。その後、数多くの知識人たちが賛反の論戦に加わって、概ね一九九七年頃には日本では「慰安婦の強制連行はなかった」が大勢になりましたね。このような論議を最終的に整理して秦郁彦氏の『慰安婦と戦場の性』が一九九九年に出されたものと思います。

ところが韓国では一九九〇年代はもちろん、二〇〇〇年代にも、二〇一〇年代にも一切、日本でのこのような論議が知らされませんでした。韓国で数多くの日本書籍の翻訳本が出ているにもかかわらず、韓国の言論と出版は「日本極右」というレッテルが貼られると、彼らの主張だけをそのまま紹介するだけで「論拠」は絶対に紹介しませんでした。韓国のこのような検閲文化と、率直なコミュニケーションチャンネルを築こうとする両国の努力不足が慰安婦問題の重要な原因になったと思いますが、どう考えていらっしゃいますか。

西岡　先に書いたとおり、韓国に強固に築かれたウソの城があまりにも巨大に見えたので、慰安婦に関する私たちの主張が韓国で紹介される日は来ないと絶望していました。二〇一九年の『反日種族主義』出版と慰安婦像撤去運動の開始、二〇二〇年の挺対協と元慰安婦の内紛などを経て、韓国の中に真実の上に日韓友好があるという信念に立つ心ある学者、ジャーナリスト、運動家、政治家が出現していることを心から喜び、敬意を表します。

質問6　立場表明文に過ぎない「河野談話」が、韓国では慰安婦問題で強制連行説と性奴隷説を支持する「証拠の王様」として扱われています。欺瞞と強要によって出された自白（？）

ではありますが、とにかく加害者側が自ら認定（？）したというものの影響は大きいですから。河野談話と関連して日本で継承、撤回、修正など多様な論議が出ていますが、西岡先生の立場はどのようなものでしょうか。一方、いまだに極少数派ですが、韓国には「韓日慰安婦合意」も河野談話の延長線上にあり、歴史的真実による問題解決ではなかったと残念がる動きがあります。

西岡　韓国をはじめとする国際社会で河野談話は誤読されています。河野談話でも日本政府は権力による強制連行や性奴隷説を認めていません。

ただ、当時の金泳三政権が補償は韓国で行うから強制性を認めて欲しいと水面下で強く要求したので、外交文書としてわざと誤解を受ける余地をつくる文書にしました。ところが、歴代の韓国政府がその約束を破ったので日本社会では強い嫌韓意識が生まれました。

日本政府は二〇一九年に『外交青書』で強制連行、性奴隷、二十万の三つのウソについて、明確に反論をし、その反論を外務省ＨＰや国連等で繰り返し広報しています。日本は官民が協力して河野談話の誤読を止めさせるための国際広報に、より一層力を入れるべきだと私は考えています。

質問7　「河野談話」に引き続いて、やはりただの報告書に過ぎない「国連クマラスワミ報告書」も慰安婦問題で強制連行説と性奴隷説を支持する証拠としてしばしば挙げられる。クマラスワミ報告書は事実関係がひどくでたらめで、慰安婦問題の真相を知っている人々の中で廃棄すべきだということについてほとんど意見の違いはないように思います。クマラスワミ報告書廃棄のために韓国、米国、日本の知識人たちや市民たちが共にできることがありますか。参考のため、やはり韓国で極少数派ですが「慰安婦被害者法」こそが強制連行説と性奴隷説の源泉であり、「国連クマラスワミ報告書」と一緒に廃棄しなければならないという運動もあります。

西岡　クマラスワミ報告書はすでに国連人権委員会（当時）に提出された歴史的文書です。そしてクマラスワミ氏もすでに国連調査官ではありません。ですから、たとえクマラスワミ氏が望んだとしても報告書を廃棄することはできません。

私は当時明らかになっていなかった研究成果を反映した新たな報告書を出させることがよいと考えています。報告書の上書きです。

今年（二〇二一）一月、ソウル地裁が国際法に違反して、元慰安婦らが起こした損害賠償裁判で日本政府に賠償金の支払いを命じる判決を下しました。日本政府は裁判そのものが主権免除という国際法に違反するとして、最初から裁判に参加しなかったので判決は確定してしまいました。

もし、韓国国内の日本国の財産が差し押さえられることになれば両国関係は国交断絶直前まで悪化するでしょう。そのとき、日本は国際司法裁判所に提訴する可能性が高いです。一方、韓国の元慰安婦の中にも慰安婦問題を国際司法裁判所に持ち込むことを求める意見が出ています。

私は十分に準備した上で日本政府が国際司法裁判所での訴訟に臨み、そこで歴史的事実について十分な論証を行えば、強制連行・性奴隷説を否定する判決が出る可能性があると判断しています。それが出ればクマラスワミ報告書よりも断然権威がある国際文書になります。あるいは、事実関係については日韓の両論併記になるかも知れませんが、それでも判決に日本の立場がしっかり書き込まれれば、やはりクマラスワミ報告を事実上否定できると思っています。

質問８　今回の本を通じて、韓国では「日本の右翼の首魁《しゅかい》」として扱われている安倍晋三前首相が、日本では日本の国益のために原則を守る勇気ある政治家だという評価を受けていることを知らされ、その理由も理解ができました。拉致被害者問題と慰安婦問題がどのように関係し、またこの問題によって安倍前首相が中国と韓国から非難を受ける状況と構造も理解できました。安倍前首相が退任したことと関係なく、彼の政治的遺産は今後の日本の外交安保問題に継承され続けると見えますが、いかがですか。韓国ではよく知られていない安倍前首相の日本内の影響力と立ち位置についても教えてくださると幸いです。韓国人もよく評価できる安倍前首相の肯定的側面を中心に。

西岡　安倍晋三前首相は日本の歴代首相の中で唯一、首相在任中に韓国による自由統一を支持すると明言しています。二〇一三年三月、首相公邸で安倍氏は韓国のジャーナリスト趙甲済氏のインタビューを受け、そこで次のようなやりとりがありました。

趙甲済　韓国には北朝鮮が行った核開発、強制収容所などの人権弾圧と拉致など国際犯罪を最終的に解決するには大韓民国が主導する自由統一を通じて北朝鮮政権を消滅させる道しかないという主張があります。韓国主導の韓半島自由統一に対する総理の考えをお聞かせください。

安倍　北朝鮮においてはまさに人権が弾圧をされているわけであります。私は朝鮮半島が平和的に統一をされて、民主的で自由な、そして資本主義で法の支配を尊ぶ、そういう統一国家ができることがふさわしいと、このように考えております。いずれにせよ、北朝鮮の現状というのは、文化的な生活を維持することを多くの国民ができないという状況になっている、そして人権が著しく侵害されているという状況に、私も胸が痛む思いです。

また、同じインタビューで安倍前首相は韓国マスコミが自身のことを極右と批判していることについてこう答えています。

趙甲済　韓国の言論は概して日本が右傾化されていると報道しており、一部言論は現日本政権を極右だと表現することさえしていますが、自民党が参議院選挙でも勝てば自衛隊の名称変更および集団的自衛権行使のための改憲を試みるつもりですか。

安倍　よく韓国のマスコミとかは私の政策自体が極右という批判を受けるわけであります。私が、かつて前の政権において、防衛庁を防衛省に昇格をさせたこと、そして今、集団的自衛権の行使についての解釈の検討を始めたこと、そして、自民党において憲法を改正した後に自衛隊の名称を国防軍と改めることに決定をしたことに、そのような指摘を受けました。

私はかつてソウル大学で少人数の皆さんを前に講演をしたことがありますが、この時も「安倍さんは防衛庁を省に昇格をさせて集団的自衛権の行使を認めさせようとしている」と。まさに「日本を右翼的な軍国主義国家にするのですか」と聞かれたものでありますから、私はこう答えたのです。「では、韓国は集団的自衛権が行使できないのですか、そして韓国の防衛をつかさどる役所は他の省庁より格が下の役所ですかと、そうではないですよね」と。まさにそれは韓国を含む多くの国々が考えている、あるいはとっている安全保障の体制に近づける行為に過ぎないわけでありまして、名称においても韓国も軍隊になっているわけでありますが、もし私の主張が極右であれば世界中の国々は極右国家でありましょう。

安倍首相のこの発言は、自身が二回目に首相になった二か月後のものであり、朴槿恵《パククネ》大統領が大統領に就任した直後のタイミングのものです。この安倍メッセージに朴槿恵政権は真剣に応えませんでした。

そのため、朴槿恵政権時代に日韓関係が改善しなかったと私は考えています。

質問9　拉致被害者の横田めぐみさんが十三歳の未成年者だったため、それで暗闇の共産党勢力が追及を避けるために慰安婦問題で未成年者云々の捏造を強調したという思いを持ちます。慰安婦問題とセットで日本が批判されてきた南京事件問題もそうです。西岡教授の本を通じて、「現在の人権問題」を隠すために「過去の明らかでない人権問題」を引きずり出して議論の混乱をつくり出すのが、まさに中国と北朝鮮の共産党が使う常套手段であることを知らされました。そうであるならば、慰安婦問題を確実に終結させるためにも、ただウソと戦うことだけでなく、韓国と日本が共同して拉致問題、北朝鮮人権問題をより攻勢的に提起しなければならないという教訓も得ることができると思いますが、どのように考えられますか。

西岡　同感です。日本の自由保守勢力は安倍晋三前首相の上記の発言に代表されるように韓国による自由統一を支持しています。日韓の自由保守勢力は、歴史問題ではアグリー・トゥ・ディスアグリー（不一致を認め合いながら一致することを要求しない）という一九六五年の日韓基本条約の知恵に戻り、中国共産党一党独裁と北朝鮮世襲独裁勢力と一緒に戦うべきです。

質問10　ハーバード大学のラムザイヤー教授の論文の問題で、韓国では連日、マスコミの報道がなされています。その中で興味深かったものの一つが「韓国と日本、米国で公然と歴史修正主義者たちが猛威をふるっていて、彼らがお互いに支え合い協力しながらネットワークがつくられている」という記事でした。修辞や表現はイデオロギー的な色合いがありましたが、各国の自由保守派を中心にした韓米日真実同盟が徐々に結ばれていることに対する、慰安婦問題で捏造を行ってきた親中、親北勢力の恐怖というか、そのようなものが反映されたと見てもよいと思います。ラムザイヤー教授の論文問題をうまく乗り越えれば、韓米日真実同盟の最初の勝利になりそうです。日本でのラムザイヤー教授論文問題の議論がどのようになっているか知りたいです。また、この問題を逆説的にどのように肯定的に発展させられるかについて西岡教授の知恵も知りたいです。

西岡　ラムザイヤー論文に対する韓国と米国の言論と学者の批判の大部分は、すでに日本国内の論争で決着がついている問題が多いです。日本語で公開したらたちまち多くの批判が集まり、恥をかく水準のものです。その点について、日本の真実を尊重する学者、ジャーナリスト、政治家らはよく理解しています。その意味で、慰安婦問題に関する日本における研究成果を韓国語や英語にして紹介する作業がたいへん急がれます。今回の拙著の韓国語訳はその意味で時宜にかなっていると思います。

第3章　日本の一部保守派の韓国軍ベトナム虐殺キャンペーンの危険性

私は慰安婦問題のような感情的になりやすいデリケートなことがらについて、三十年以上さまざまな論争をしてきた。そこでは常に、政治的立場にとらわれず事実に基づいて是々非々で議論をしようと務めてきた。

第3章から第5章まで、その三つの論争を紹介する。

まず第3章では、日本の一部保守派との論争についてだ。この章の元になった論文は、産経新聞社発行の月刊誌『正論』平成二十六年（二〇一四）七月号に掲載された。同号では韓国軍のベトナム虐殺を取材して韓国の日本非難の不当性を主張する論文が同時に掲載された。誌上で論争が行われたのだ。私はそれに対して、韓国の反日左派勢力こそが日本より先に韓国軍のベトナムでの行為を告発している。だから、日本の保守派が安易にこの問題で韓国批判をすることは、相手の思うつぼにはまる危険があると反論した。

挺対協は弁解していない

慰安婦問題で激烈な反日活動を続けている韓国の挺対協が元慰安婦らといっしょに、韓国軍のベトナム戦争での婦女子虐殺やレイプについて、韓国政府の謝罪と補償を求める活動をしている。それをどう理解したらよいか。

韓国の反日活動について批判的に取り上げ、日本国内の嫌韓ブームに一役買っているある週刊誌の編集部から平成二十六年（二〇一四）に問い合わせを受けた。

その週刊誌はベトナム現地での取材をもとに、慰安婦問題で日本を攻めている韓国もベトナム戦争でレイプや虐殺を行い、ベトナム人の恨みを買っている、とのキャンペーンを展開していた。その中で、挺対協が二〇一四年三月に韓国軍のベトナムでの蛮行を糾弾する声明を出しているという事実にぶつかり、日本からの攻撃に対して弁解する意味でそのような行動に出たのではないかという疑問を持ったという。

私はこう答えた。

挺対協は弁解しているのではありません。それは大きな誤解です。彼女らは日本のキャンペーンにまったく困っていません。なぜなら、ベトナムでの韓国軍の「虐殺やレイプ」について最初に取り上げて韓国政府と軍を批判したのは、日本の保守派ではなく、挺対協も含まれる韓国の左派勢力だからです。一九九九年に韓国の左派系新聞ハンギョレ新聞社が発行する『ハンギョレ21』が詳しいレポートを載せ、退役軍人から批判されています。

彼女らは反日だけでなく、反米、反韓なのです。日本軍の「犯罪」だけを問題にせず、朝鮮戦争における米軍の「犯罪」をも掘り起こして糾弾し、その延長線上でベトナム戦争における韓国軍の「犯罪」を糾弾しているのです。

その反面、挺対協ら韓国の左派は、朝鮮戦争やベトナム戦争における共産軍側の虐殺やレイプなどを一切問題にしないのです。朝鮮戦争における北朝鮮軍の虐殺行為、北朝鮮国内で今も続いている政治犯収容所でのすさまじい女性への人権侵害、金正日や金正恩が「喜び組」女性を慰みものとしていること、中国で脱北女性がセックススレーブとして人身売買されていることなどを、一切取り上げません。

韓国軍がベトナムで行ったとされる「戦争犯罪」も、戦争最中に共産軍側が大々的に取り上げたもので、事実関係が正しいか検証が必要です。当時、共産軍側は戦時国際法違反の軍服を着ないゲリラ戦を展開していたのです。だから、一般住民とゲリラとの混同が起きやすかったのです。一方的に、共産軍側の戦中プロパガンダに乗るのは危険です。

私を含む多くの日本の保守派知識人は、日本軍が南京を占領した後、便衣兵、すなわち軍服を脱いで避難民に紛れ込んで攻撃を続けていた者らを処刑したことを戦時国際法違反とは考えていません。便衣兵、最近の用語ではゲリラには国際法上の捕虜の資格は与えられないからです。

一九九二年、ベトナムが韓国と国交を持った際、韓国軍による虐殺やレイプを外交交渉で取り上げませんでした。戦争の処理は条約で終わるという近代国家間の外交の原則からしても、第三者である日本人が、韓国の日本批判に対抗するためにベトナムの戦争被害を持ち出すのは、韓国政府に対して日本が今、戦後補償はすべて一九六五年の条約と協定で終わっていると主張していることと矛盾します。

日韓両国の愛国者にとって真の敵はだれなのか

本章ではここから、挺対協ら韓国左派のベトナム戦争観および慰安婦らの人権を無視して政治利用する姿勢などを検証する。そのことを通じて、彼ら、彼女らが韓国社会に一九八〇年代以降、拡散した韓国版自虐史観にとらわれ、反日を通路にして、反米、反韓に到達し、最後には北朝鮮に従属する従北勢力となっているという事実を指摘する。

そして、今、多くの日本人が辟易《へきえき》している韓国の反日は、これら従北反日団体の煽動の結果つくられたものであることを明らかにして、日韓両国の愛国者にとって真の敵はだれなのかを考えたい。

挺対協は、二〇一四年三月七日、ソウルで記者会見を開き「ベトナム戦争での韓国軍民間人虐殺および性暴力問題解決のための訴え」を行った。まず、その時公表された声明を紹介する。饒舌で空疎な論理だが、彼女たちの正体を知るために少し長めに引用する。我慢して読んではほしい。

ベトナム戦争での韓国軍民間人虐殺および性暴力問題解決のための訴え

二〇一四年三月七日　韓国挺身隊問題対策協議会

私たちが目をそむけてきた歴史、韓国軍のベトナム民間人虐殺と性暴力に対して韓国政府と私たちの社会がともに見つめて、その責任を全うしていけるように求めます。（略）

一九六四年から一九七三年まで大韓民国はベトナムに軍隊を派兵しました。そして誰かの兄や弟、父であった若者たちが異国の地で死の恐怖に対抗して、時には自分の命を守るために他の誰かの家族だったベトナムの人々に銃を向けなければなりませんでした。「国家の招集」の前に「忠誠」をつくした当時の韓国軍の犠牲を知らないのではありません。けれども、韓国軍の犠牲の裏にはまた別のもっと悲しい犠牲が存在しました。戦争とは切り離そうとも切り離すことはできない強姦、そしてただの平凡な人たちだった民間人に対する虐殺が行われたのです。ある日突然、村住民の皆が入ってきた軍人に殺され、女性たちは強姦にあうという、それこそ阿鼻叫喚《あびきょうかん》の地獄のようなことが、韓国軍のいたベトナムのあちこちの地域で起きました。まさに韓国軍によってです。そして暴力的な強姦であったとしても、干からびた戦場でしばし咲いた愛の花であったとしても、韓国軍とベトナム女性の間に、父の名前も顔も知らないで生きていくことになるベトナムの子供たちが

生まれました。（略）

大韓民国がベトナムの地に刻んだ恥ずかしい歴史の現場を訪ねるために挺対協は二月にベトナムを訪問しました。五泊六日の旅程の間、ベトナムの村のあちこちに立てられた「韓国軍憎悪碑」、夫の名前をただ「キム」とだけしかわからないまま帰ってこない夫を待つベトナムのおばあさん、その「キム」の息子、二十歳という女性として花を咲かせることがまだ出来なかった年齢で韓国軍に集団強姦され父が誰なのかも分からない娘を産まなければならなかったホンおばあさん、攻めてきた韓国軍によって目の前で母と妹を奪われ手榴弾の破片が残る体となって一生証言者としてその恐ろしい記憶を繰り返して語らなければならないランおじさんたちに会いました。

ベトナム住民ひとりひとりの身体と心に刻まれたこの苦痛の責任は果たして誰にあるのでしょうか。私たちは尋ねないわけにはいきませんでした。

たとえ米国の要請で行われた参戦だったとしても、韓国政府の派兵決定はただ米国の要請に負けてやむを得ずなされたのだけではない、ということを私たちはすでに知っています。たとえそれが無力な国が追い込まれて行った悲しい決定だったとしても、私たちは誰一人その責任から自由ではないのです。（傍線：西岡、以下同）（略）

日本軍の性奴隷になって国家暴力と戦争の中での女性暴力を体で経験した被害者おばあさんたち、そしてそのそばで同苦同楽して日本政府に対して犯罪に対する責任を問うてきた挺対協が、ベトナム戦争で行われたわが国軍隊の過誤を懺悔しようという声を出すのは当然のことだと信じます。

ベトナム戦争での韓国軍の犯罪を国家的で組織的な暴力だった日本軍の性奴隷犯罪と等価に置くのは間違っていると反感を表明する人たちへ、祖国のために身体を献げた自分たちを今となって犯罪者扱いしていると怒っている人たちへ、私たちは申し上げたいのです。たとえ犯罪の規模と性格に多少の差はあったとしても、明らかに一つの国の軍隊によるあってはならない犯罪であり、国家の命令と意志が介入した暴力だったということです。そして自意であっても他意であっても、あるいは虐殺の現場に自分がいなかったとしても、韓国軍の名でなされた、ただ一件の犯罪が存在するなら、その過誤を認めて責任を負ってはじめて単なる傭兵でない自尊心ある勇士として広く記憶されるだろうということです。今私たちの呼び掛けはこの過ちをみんなの責任として受け止めようということです。

今年の三・一独立運動記念式典で朴槿恵大統領は日本政府に向かって「過去の過ちを顧みなければ、新しい時代を開くことができず、間違いを認めていない指導者は、新しい未来を切り開いていくことができないということは当然のことであります。真の勇気は、過去を否定するものではなく、歴史をありのまま直視し、育ち盛りの世代に正しい歴史を教えることです」と本当に正しいことを語りました。しかしその道理は日本だけでなく私たちの、そして全世界すべての国家と指導者に適用されるのです。

たとえ両国政府次元では過去を埋めてしまい、新しい未来を指向するというスローガンがひるがえっていても、日本軍「慰安婦」被害の痛みを国民的感覚で体感した私たちにとって、ベトナムでの過去の歴史を認めて責任ある一歩を踏み出すことは運命的課題といえるでしょう。戦争と暴力を否定し、真実と正義の実現を成し遂げる歴史的選択の岐路に立った私たちが、勇気ある決断を下すことを願って、韓国政府とわが国国民の皆さまに求めます。

一、今からでも韓国政府はこれ以上歴史の真実から顔をそむけず、正しい真相調査と糾明を通じてベトナム戦争時期の韓国軍による民間人虐殺と性暴力に対する真実を明らかにしなければなりません。そして、当時の韓国軍による民間人虐殺が戦争犯罪であることを明確に認めて、韓国軍による民間人虐殺被害者とその遺族に対する謝罪と名誉回復のために努力しなければならず、ベトナム政府と国民に公式謝罪と法的な責任を履行しなければなりません。

二、分断と貧困のために戦争に参戦した韓国軍人は非人間的な行為を犯すことを強要されました。戦争の狂気の中で民間人に虐殺の銃口を向ける恐ろしいうず巻きにまきこまれました。また、戦争の傷である枯れ葉剤被害などによる二次、三次被害は今でも進行中です。歴史に対する真相究明と正しい問題解決は、いまだに苦しめられている参戦軍人に対する名誉回復になるでしょう。

三、私たちの社会のみながともに、ベトナムで行った私たちの誤りを認め、責任ある措置を取って、それに関する正しい歴史認識と教育を行うことを通じて、韓国・ベトナムの真の友好関係のためだけでなく再びこのような戦争が再発せず、平和と人権が尊重される世の中が実現できるように積極的に取り組み協力しなければなりません。

この声明を通読してすぐ分かるのは、彼女らは韓国軍のベトナム戦争参戦とそれに伴う韓国軍の「過ち」を米国の要請に弱小国として応えざるを得なかった結果であるかのように認識していることだ。一〇二ページ傍線部を見て欲しい。この認識は間違っている。

韓国がベトナム戦争に参戦した背景

一九四八年、自由民主主義国家として建国された韓国は、一九五〇年北朝鮮軍の侵略により存亡の危機に立たされた。それを救ったのが米国軍を中心とし十六か国が参加した国連軍だった。韓国は朝鮮戦争停戦直後の一九五三年十月、米国と相互防衛条約を締結した。米軍はそれを受けて現在まで韓国駐屯を続けている。この在韓米軍の存在が、韓国と東アジアの安保に大きく寄与してきたことは周知のことだ。

韓国政府はその相互防衛条約に基づき、集団的自衛権を行使する次元でベトナム戦争に参戦した。韓国軍は三十一万名をベトナムに派兵し、うち四千六百名が戦死した。共産軍の侵略から自由民主国家を守るという米国の戦争の大義に対して、過去に守ってもらった恩義を感じての参戦である。また米国からの莫大な経済支援を得たことも事実だ。

米国は韓国政府の要請を受け、ベトナムに派遣された韓国軍が使う物資と用役およびベトナムで施行される建設と支援事業に使用される物資と用役をできる限り韓国から購入した。その結果、韓国のベトナムへの輸出は急増し、一九六五年から七三年の対ベトナム貿易は合計二億八千三百万ドルの黒字となった。

ベトナムに派遣された韓国軍人と労働者の俸給所得とベトナムに進出した韓国企業の事業収益は、一九六五年から七二年の総計で七億五千万ドルに達した。これらの外貨が日韓国交に際して日本が提供した無償三億ドル、有償二億ドルとともに、漢江の奇跡と呼ばれた韓国の高度経済成長を支えたのだ。

先の挺対協声明は、以上のような韓国参戦の背景をまったく無視し、共産軍の戦いが正義であり、米韓軍は侵略者であったかのような、反米、反韓史観に立っている。

韓国軍による残虐行為

挺対協のベトナム戦争認識は、常任代表を務めていた尹美香《ユンミヒャン》（二〇二一年四月に国会議員となり挺対協を離れる）の著書『二〇年間の水曜日』を読むとよく分かる。

ごめんなさい！　ベトナム

日本軍の「慰安婦」問題をはじめ戦争と女性の人権に関する問題を見ていくうえで、私たちが必ず知らなければならないことがあります。それは、ベトナムです。

みなさんも、「ベトナム戦争」について聞いたことがありますね。ベトナムの人々はこの戦争を「アメリカ戦争」と呼んでいます。ベトナムの立場では、アメリカが自分たちの国に侵攻してきたからです。１９６４年、ベトナム全域が共産化することを恐れたアメリカは、後に自作劇であることが暴露された「トンキン湾事件」を口実にベトナム戦に本格的に介入しました。この戦争は１９７５年まで続きました。その間、ベトナムは国土全体が焦土となり、おびただしい物質的被害を被っただけでなく、人命被害も数え切れないほど深刻でした。爆撃による死者や負傷者もたいへんな数に上りましたが、何より胸が痛むのは民間人虐殺による被害でした。また、女性たちが受けた強かん被害もおびただしい数に上りました。

この戦争に韓国軍が参戦したことは、おそらくみなさんもよくご存知でしょう。アメリカと南ベトナムの要請を受けて韓国はベトナム戦争に参戦しました。１９６４年9月から１９７３年3月までの約8年6カ月間、韓国軍は主にベトナム中部の農村や沿岸の村に駐屯して遊撃戦を遂行しました。そして同時期にベトナム中部のビンディン（Binh Dinh）省、クワンナム（Quang Nam）省、クワンガイ（Quang Ngai）省、フーエン（Phu Yen）省、カンホア（Khanh Hoa）省などで韓国軍による民間人虐殺が起きました。

とりわけビンホア（Binh Hoa）という村で韓国軍は民間人36人を穴に落として銃や手榴弾でみな殺しにしたといいます。そのため、その村の入り口あたりには犠牲者の墓が並んでおり、「天に達する罪悪、万代に記憶せり」で始まる韓国軍憎悪の碑が建てられています。女性を強かんし、木に吊して残虐行為をおこなったうえで殺害したケースもありました。中には、妊娠8カ月の女性の腹を割いて胎児を引き出し、火の中に投げ入れて燃やした例までありました。女性に対する残虐行為はこれにとどまりません。女性たちを裸にして一つに縛りつけ、井戸に投げ込んで殺害したケースもあります。

（尹美香『二〇年間の水曜日』二〇一〇年十一月十六日韓国で出版、二〇一一年八月十二日に梁澄子訳で東方出版から発行された日本語版二〇六～二一〇八頁）

ベトナム戦争は自由民主主義を守る反共の戦いではなく、米国による侵略と決めつけられている。共産軍側への批判は一切ない。

実はこのように一方的な挺対協の韓国軍「残虐行為」批判は、左派系週刊誌『ハンギョレ21』一九九九年五月六日号に掲載された具秀姃《クスジョン》の調査などを根拠にしている。つまり、韓国発なのだ。慰安婦問題が日本発であるのと同じ構造がここにある。

具はベトナム留学を経験した韓国人女性研究者で、ベトナム政府の文書と現地調査をもとに

「大部分が女性や老人、子供たちである住民を一か所に集め、機関銃を乱射。子供の頭を割ったり首をはね、脚を切ったりして火に放り込む。女性を強姦してから殺害。強姦しながら拷問。妊産婦の腹を、胎児が破れ出るまで軍靴で踏み潰す。トンネルに追い詰めた村人を毒ガスで殺す……等々」という韓国軍による「残虐行為」を告発した。

特に、妊婦と胎児殺しは、中国共産党による「日本軍の蛮行」告発に常に出てくる材料だ。北朝鮮は同じことを朝鮮戦争中に米軍が犯した蛮行として宣伝し、韓国内の従北派は、一九八〇年光州事件で全斗煥《チョンドゥファン》将軍が自国民のデモに対して行った蛮行として告発し続けてきた。それらはみなデマ宣伝だった。

東アジアにおける「残虐行為」の歴史的典型が妊婦と胎児殺しであり、共産勢力が政治目的のために相手を誹謗する際、事実とは関係なく、文化としてその典型が自然に浮上するのだろう。その意味で、共産党独裁が続くベトナム政府の文書に書かれているという韓国軍の「残虐行為」を簡単に事実と信じることはできない。

民間人を装って攻撃を仕掛けるベトコンの恐怖

『ハンギョレ21』の告発に対して、ベトナムで共産軍と戦った韓国軍人が翌年の二〇〇〇年に反論した。一九六五年から六九年まで在ベトナム韓国軍の総司令官だった蔡命新《チュミョンシン》将軍は「われわれの殺した相手が無実の民間人だったと、ベトナム側はどうやって証明するのか」と次のような説得力のある反論を行っている。

軍服を着ていないベトコンをどうやって見つけるのか。南ベトナム軍もできなかったことだ。代わりに、われわれは小さな拠点を築き、水田地帯とベトコン支配地域の防衛に努めた。夜間、動くものはすべて殺すつもりなので、日没後は出歩かないように地元住民に伝えた。

われわれは医療チームを送り込み、井戸も掘った。やがて住民はわれわれに好意を抱くようになった。夜になると、道路沿いで攻撃態勢をとって待ち伏せた。来る日も来る日も同じことの繰り返しだった。

ベトナムでは、誰がベトコンで、誰がそうでないかを見分けることなどできなかった。子どもや妊婦が、手榴弾をポケットに隠し持っていた。ときには村全体が攻撃してくることもあった。アメリカ人の偵察隊が到着すると、村人は歓迎の態度で迎える。果物を差し出すので、兵士たちは武器を置いて食べようとする。そこへベトコンが手榴弾で兵士の命を奪うのだ。

われわれが殺した相手が無実の民間人だったと、ベトナム側はどうやって証明するのか。われわれの側では五千人の兵士がベトコンに殺されている。

ベトナム側は、われわれが殺した人々の名を刻んだ碑を建てたが、そのうち何人がゲリラだったのか。両者を区別することは不可能だ。

あるとき、わが軍の兵士が偵察に出て、ある村を探索した。ベトコンは見つからなかった。そこへ、誰かが手榴弾を投げて、小隊長が殺された。隊員たちはひどく腹を立てた。指揮官が殺されたので、兵士たちは銃撃を開始した。

罪のない人々を殺したと言われれば、そうかもしれない。だが、連中も、われわれを殺した。生き残るためには、撃つしかなかった。誰がベトコンで、誰がそうでないかは、とてもデリケートな問題だ。（略）

誰に対しても償う必要はない。あれは戦争だった。ベトナム政府はわれわれが民間人を殺したと非難する。それでは共産党政権樹立後に殺された人はどうなるのか？　二百万のカンボジア人は？　ベトナムから脱出しようとして海に沈んだ十万人のボートピープルは？

私は元軍人の組織や退役将校たちに連絡をとって、この問題を話し合おうとしている。若い世代が歴史の現実を理解しようとしないことに、私は深い懸念をいだいている。

（『ニューズウィーク日本版』平成十二年〈二〇〇〇〉四月十二日号二六頁）

最後の傍線部分は、慰安婦問題を巡る挺対協らの議論にそのまま当てはまる懸念だ。

慰安婦問題でも実際に日本統治時代を生きた世代は、挺対協らの主張とはまったく異なる事実認識を持っていた。九〇年代初め、「朝日新聞」ソウル特派員を務めた前川惠司氏は「亜細亜大学アジア研究所所報」一五四号（平成二十六年四月十五日）に寄稿した「戦場の慰安婦哀譚昨今」と題する文章で、ソウル特派員時代に出会った古い世代の韓国人との慰安婦問題を巡る体験を次のように告白している。

「身近な人で慰安婦にされた人はいるか。当時住んでいた村とか町で、日本兵や日本の警察官に無理やり連れて行かれた娘がいたか。そんな噂を聞いたことがあるか」と、伝手《つて》を総動員して、六〇歳を超えた人たちに尋ねて回った。友人のお母さんから新聞社幹部、元軍人、大学教授など相当の人数になった。済州島の新聞も同じ手法の取材をしたそうだが、質問にうなずいた人はいなかった。ある人はこういった。

「無理やり娘を日本人がさらったりしたら、暴動が起きましたよ」

別の人が言った。

「酒一升のために娘を売る親はたくさんいました。街の女郎屋に売ったら、娘が稼ぎを手にできるか分からなかったです。軍がらみのところなら、稼ぎはちゃんともらえる。だから軍隊の方に売ったのです。売った先が軍の慰安所というのは、せめてもの親心だったのです」

日本軍の元将校だった人に、戦場の慰安婦はどうだったかも聞いた。彼は「敗戦後の南方戦線から釜山港への引揚船の甲板にテントを張って、彼女たちは商売をしていました。その根性に圧倒されました」と、自宅でコーヒーを飲みながら振り返った。

私が接してきた古い世代の韓国人の反応とまったく同じだ。

ここで私が言いたいことは、挺対協らは日本統治時代の慰安婦問題と同じように一九六〇年代七〇年代の韓国の現代史についても「歴史の現実を理解しようとしていない」という事実だ。なぜ挺対協の歴史認識は歪んでしまうのか。第1章でも紹介したが、九〇年代初め、挺対協とともに慰安婦聞き取り調査を行ってその体質を見抜き、そこから離れた安秉直《アンビョンジク》ソウル大学名誉教授の挺対協評価をここで再引用する。

私も最初は強制動員があったと考え、韓国挺身隊問題対策協議会と共同で調査を行ったが、三年でやめた。この人たち（挺対協）の目的が、慰安婦問題の本質を把握し、今日の慰安婦現象の防止につなげることにあるのではなく、日本と争うことにあると悟ったからだ。（二〇〇六年十二月六日　韓国MBCテレビ「ニュースの焦点」）

先に紹介した文章の中で前川惠司氏も、挺対協ら韓国の慰安婦支援団体が実際は元慰安婦らの人権を軽視していることについて次のように実例を挙げて批判している。

一九九三年十一月、韓国の古都・慶州で当時の細川護熙首相と金泳三大統領との会談があったときのことだ。韓国はもう冬の季節、身を刺す氷雨の日に、韓国の支援団体が、おばさんたち十数人を中心にしたデモをした。分厚いジャンパーを着こんでいても堪えられない寒さなのに、おばあさんたちときたら、薄い生地の白いチマチョゴリで、傘もささず雨の中を歩かされていた。時おり、リーダーのハンドマイクに合わせ「日本は補償しろ」と叫んでいたが、顔は蒼白である。

「いくらなんでもカッパぐらい着せてあげなければ。おばあさんたちが風邪をひいてしまう」と案じた目の前で、おばあさんたちの一人が倒れた。「これが人権団体のやることか」と思わざるをえなかった。

別の団体の集会では、団体が用意した決意表明を、テレビのライトを浴びて、おばあさんが顔を真っ赤にして、つっかえ、つっかえしながら読み上げていた。慰安婦と名乗ったおばあさんのほとんどは、学校教育を満足に受けていなかったことを隠していなかったが、韓国社会は、貧しいことは無教養と一体であり、貧しいことは罪で、人としての尊厳さえ無視されかねない社会だ。文字を読めないことをテレビカメラの前でさらけだすのは、「辛いだろうな」と、いたたまれない気分になった。

前川氏が所属していた「朝日新聞」の捏造、誤報を交えた大キャンペーンの結果、一九九〇年代初め、慰安婦問題は初めて、日韓両国の外交懸案となった。当時は、韓国には歴史の事実を知る層が一定程度、存在していたので、平成五年（一九九三）日本政府が河野談話を出して（本人の意思に反するという意味での）強制性を認め、金銭補償は韓国が行うという解決策が日韓両国政府の間で決められた。

それに基づき、韓国は一九九三年六月に「日帝下、日本軍慰安婦に対する生活安定支援法」を制定して、一時金五百万ウォンと月十五万ウォンなどを支給した（その後、改正が繰り返され一時金三千万ウォン、月七十万ウォンとなる）。その後、約二十年あまり韓国政府は慰安婦問題を外交に持ち出すことはなかった。一方、日本は道義的責任の次元でアジア女性基金をつくり、慰安婦への首相の謝罪と償い金の支給を行おうとした。

これらの措置で慰安婦問題が解決してしまうと日韓関係が改善してしまう。安秉直《アンチョンジク》教授の指摘するように日韓を争わせたい挺対協は、そのことを恐れて、日本政府による慰安婦聞き取り調査に反対し、河野談話を部分的にしか強制連行を認めていない等と批判した。アジア女性基金にも日本政府が慰安婦制度を犯罪として認めていないなどとして非難し、尹貞玉《ユンジョンオク》代表などは、アジア女性基金の金を受け取った韓国人元慰安婦に対して「自分の意志で公娼になった」などと信じられない差別発言を行っている。

挺対協は、二〇一二年まで「日本帝国主義がアジア女性十〜二十万名を国家制度として企画、立案して組織的に強制連行、拉致して日本軍の性奴隷にした世界でも類例のない残虐な犯罪だ」と、まったく事実に反する主張をホームページに堂々と掲げ、政治的プロパガンダのために虚偽を拡散するという体質を示していた。

先に指摘したとおり、河野談話以降、韓国政府は慰安婦問題を外交問題にしなかった。職業外交官らは常識をわきまえていた。そこで、挺対協は日本の反日勢力と組んで国連人権委員会など国際舞台で「慰安婦＝セックススレーブ」キャンペーンに乗り出す。クマラスワミ報告などでそれに成功すると、在米韓国人団体を動かして米議会決議を実現させ、それをヨーロッパ各国議会などに広めていった。

そして、二〇〇四年、反米左派の盧武鉉《ノムヒョン》政権に働きかけて日韓交渉外交文書を公開させ、ついに二〇〇五年八月二十六日、学生運動出身の左翼である李海瓚《イヘチャン》国務総理が主催する「韓日会談文書公開後続対策関連民官共同委員会」が「韓日請求権協定は基本的に日本の植民地支配賠償を請求するためのものではなく、サンフランシスコ条約第四条に基づく韓日両国間の財政的・民事的債権債務関係を解決するためのものであった。日本軍慰安婦問題等、日本政府・軍等の国家権力が関与した反人道的不法行為については、請求権協定により解決されたものとみることはできず、日本政府の法的責任が残っている。サハリン韓国人、原爆被害者問題も韓日請求権協定の対象に含まれていない」とする韓国政府の立場を表明するという事態になる。

それでも、韓国の職業外交官らは動かなかった。

挺対協は、この盧武鉉政権の決定を奇貨として二〇〇六年七月、慰安婦問題を韓国政府が外交問題化しないことは憲法違反だとする憲法裁判所への審判請求を行った。そして五年後の二〇一一年八月三十日、韓国政府の不作為は違憲であるという憲法裁判所の最終決定が下った。

これを受けて韓国李明博《イミョンバク》政権は、二〇一一年九月、約二十年ぶりに慰安婦問題での外交交渉を日本に求めた。李明博大統領は同年十二月、野田佳彦総理との首脳会談で慰安婦問題への日本の対応を執拗に求め、翌年八月の突然の竹島不法訪問も慰安婦で日本が誠実に対応をしなかったからだと大統領府は解説した。李明博政権の後を継いだ朴槿恵《パククネ》前大統領の慰安婦問題を口実にした反日外交は、多くの日本人に嫌韓感情を引き起こした。その意味で日韓関係を悪化させるという挺対協のもくろみはずっと成功してきた。

二〇一一年十二月、挺対協はソウル日本大使館前の公道に慰安婦像を無許可で建て、その後、韓国内だけでなく米国などで次々と慰安婦像や慰安婦の碑を建造していることもよく知られている。

このように見てくると、挺対協が日韓関係悪化のために二十年以上、慰安婦問題を十分に「利用」してきたことが透けて見えてくる。その挺対協は、その活動期間を通して継続して北朝鮮と連繋してきた。

挺対協が活動を本格化した宮澤喜一総理の訪韓の直後である一九九二年二月、北朝鮮は南北首相会談で慰安婦問題での南北共同行動を提案し、同年八月、謀略機関である労働党統一戦線部が、挺対協のカウンターパートになる朝対委（朝鮮日本軍慰安婦および強制連行被害者補償委員会）を組織した。同年十二月、東京で開催された国際公聴会で挺対協と朝対委が初めて面会し連帯を確認した。両団体は、日本人弁護士らと協力して国連人権委員会などで慰安婦＝セックススレーブ謀略を展開し、クワラスワミ報告などに虚偽宣伝を反映させることで共謀した。平成十二年（二〇〇〇）、東京で開かれた「女性国際戦犯法廷」では、両団体が共同して昭和天皇を慰安婦制度の責任者として告発する「起訴状」を一緒に作成した。

常任代表だった尹美香は「慰安婦問題解決のため南北が連帯してきた」（二〇〇七年五月二十三日「水原市民新聞」）と公言している。彼女の夫金三石《キムサンソク》とその妹金銀周《キムウンジュ》は一九九三年兄弟スパイ事件で逮捕されているし、金銀周の夫崔基永《チェギヨン》は二〇〇六年大型スパイ事件「一心会事件」で北朝鮮に密入国し工作員と接触したとして逮捕されている。それだけでなく、崔基永は朴槿恵政権が北朝鮮の革命路線に従属しているとして解散させた従北極左政党・統合進歩党の政策企画室長を務めていた。

挺対協とその周辺にいる従北左派活動家の大部分は、一九八〇年代の左翼学生運動の活動家出身である。いわゆる三八六世代（一九六〇年代生まれで、八〇年代大学で学生運動に参加した三〇代という意味だが、この語が作られてから十年以上が経つので、現在は四八六あるいは五八六、つまり四十代から五十代の日本で言う全共闘世代）だ。彼らが学生時代、必ず読んだのが『解放前後史の認識』という本だ。八〇年代に韓国学生街で大ベストセラーになった同書のシリーズが与えた影響は大きい。七九年から十年がかりで刊行された六巻のシリーズで合計百万部売れたという。

その歴史観を李榮薫ソウル大教授は以下のように要約している。

> 日本の植民地時代に民族の解放のために犠牲になった独立運動家たちが建国の主体になることができず、あろうことか、日本と結託して私腹を肥やした親日勢力がアメリカと結託し国をたてたせいで、民族の正気がかすんだのだ。民族の分断も親日勢力のせいだ。解放後、行き場のない親日勢力がアメリカにすり寄り、民族の分断を煽ったというのです。
>
> （『大韓民国の物語』文藝春秋、二七頁）

この歴史観に立つから、金日成《キムウィルソン》が民族の英雄となり朴槿恵大統領の父親、朴正熙《パクチョンヒ》大統領は日本軍人出身だとして「親日勢力」の代表として非難されるのだ。まさに「反日反韓史観」だ。

そして、この歴史観からすると、韓国軍は親日派が立てた汚れた国の軍隊だと位置づけられる。だから、ベトナムでも民間人虐殺とレイプを繰り返したとする、ベトナム軍が戦争中に広めたプロパガンダに挺対協が強い親和性を示すのだ。悪いのは日本帝国主義とその手先になった親日派朝鮮人であり、韓国軍は後者に属するからこそ非難されるのだ。したがって、日本の一部保守派が韓国の慰安婦に関する日本攻撃に反撃する意図でベトナム戦争での韓国軍の「蛮行」を告発しても、それは韓国の現代政治の枠組みの中では、挺対協など慰安婦問題を政治的に利用して日韓関係を悪化させようとしている勢力にはまったく打撃にならないのだ。むしろ、彼ら、彼女たちの主張を助けることになってしまう。

日本の名誉を守るために慰安婦問題のウソと戦ってきた私の立場は、あくまでも是々非々で事実に基づく冷静な議論を展開してウソを打破するというものだ。日本軍だけが特別に残虐だとする主張にも反対するし、また、日本軍、韓国軍、米軍など共産党と対決していた軍隊がすべて残虐だとする主張にも反対しなければならない。北朝鮮軍、中共軍、ソ連軍、北ベトナム軍など共産党の軍隊の残虐さをも暴《あば》きながら、自国の軍隊の戦時国際法違反にも真摯に向き合うことだ。

例えば、一部の日本軍将校と業者がインドネシアで抑留していたオランダ人女性を慰安婦にさせた「スマラン事件」は、逸脱行為で許されないものだと私は考える。同事件では、戦後、オランダ軍の法廷で責任者は死刑を含む厳罰を受けており、償いは終わっている。

韓国の歴史教科書検定

北朝鮮は、政治工作の一環として「反日反韓史観」を韓国に広めた。その結果、冷戦が終了した後も、韓国だけは従北左派が圧倒的な強さを誇り、反日、反米活動をことあるごとに展開している。反韓史観に支えられた従北勢力こそが、金正日が金正恩に残した核兵器とならぶ二大遺産の一つだ。

朴槿恵政権下においても「反日反韓史観」は拡散し続けていた。二〇一四年から高校で使用された韓国史教科書を分析した趙甲済《チョウカプチェ》氏によると、検定を合格した八種のうち五種は完全に偏向しており、二種は左傾機会主義的で、まともな教科書は教科書改善運動の成果である教学社版だけだった。

採択率を見ると偏向教科書が九〇％という結果だった。教学社版はなんと採択率〇％だった。韓国では、高校教科書は学校ごとに採択される。当初、数校が教学社版の採択を決めたが、元慰安婦らが左派活動家と共に学校を抗議訪問し、生徒や卒業生がそれに合わせて抗議活動を展開し、結局、その数校も全て他の教科書に変更してしまった。

朴槿恵大統領の歴史的使命は、まさにこの「反日反韓史観」を退治し国内の各界各層に浸透している従北勢力を追放することだった。しかし、彼女は結局、反日と戦わなかった。挺対協と全面対決して慰安婦問題のウソを暴き日韓関係を正常化する覚悟も見られなかった。その結果、史上まれに見るでっち上げキャンペーンで弾劾され文在寅政権下の検察により逮捕されて、二〇二一年八月現在も刑務所に収監されている。

韓国との付き合いをやめたいなどと日本国内でいくら叫んでも、半島全体が反日勢力の手に落ち、核を保有する反日勢力と対馬を最前線として対峙するというわが国の国益上、最悪の事態を避けることはできない。戦後の日本の朝鮮半島政策は釜山《プサン》に赤旗を立てないということを目標としてきた。それが失敗する危険性が眼前にある。

だからこそ、韓国内で激しく戦われている大韓民国派と従北派との戦いの帰趨を前者へのモラルサポートを送りつつ注視し続けることが必要なのだ。ベトナムでの韓国軍の蛮行プロパガンダに日本が安易に乗ることは、日本の敵である従北派を利することにしかならないと強調したい。

第4章　韓国・元慰安婦から名誉毀損罪で訴えられた書

朴裕河『帝国の慰安婦』をあえて批判する

真実の上に日韓友好があるという立場から、朴裕河《パクユハ》氏の著書『帝国の慰安婦』を批判したい。彼女は同書の記述によって、韓国の元慰安婦らから刑事・民事で名誉毀損として訴えられている。

前述のように、私も慰安婦問題について書いた拙著に対して高木健一弁護士と植村隆元朝日新聞記者から民事で名誉毀損として訴えられた経験を持つ。二つの裁判は最高裁まで行って両方とも私の勝訴で決着した。私は裁判で拙著は言論の自由の範囲の中にあり、裁判ではなく相互批判で解決すべき問題だと主張した。

同じ意味で、朴氏への裁判についても本来なら言論による論争で解決すべきだと思っている。だからこそ、ここで朴氏の主張を言論で批判したい。そして、ぜひ朴氏に再反論いただければ幸いだ（本章の元になった拙論は『歴史通』四四号〈平成二十八年九月〉に掲載された。朴氏はそれを読んでいるはずだが、残念ながら再反論はいただけていない）。

なお、主たる批判の対象にしたのは朝日新聞出版から平成二十六年（二〇一四）十一月三十日に発行された日本語版である。ただし、その前年七月二十二日に発行された韓国語版と日本語版は一部表現が変わっているので、必要に応じて韓国語版も批判の対象とする。

吉田清治の評価を百八十度転換させた知的不誠実

私の朴氏批判の中で特に強調したい点をまず書いておく。失礼を顧みずあえて率直に書くが、朴氏の著書は知的に不誠実だと言うことだ。それが端的に表れているのが、朴氏の「朝日新聞」の慰安婦報道に対するルール違反の弁護だ。韓国語版に書いたことと正反対のことを日本語版に書いて朝日を弁護したのだ。

そのことを説明するためにまず、韓国語版と日本語版の出版日時を確認しておく。『帝国の慰安婦』は二〇一三年七月に韓国で出版され、訳者を立てず朴氏本人が作業をして二〇一四年十一月に日本語版が出版された。「朝日新聞」が自社の慰安婦報道に関する検証記事を掲載したのが二〇一四年八月五日、六日だった。だから、ちょうど朴氏が日本語版を作る作業の最後の段階に入っていたとき、朝日の慰安婦検証記事が公表されたことになる。もう一つ確認しなければならないのは、日本語版は朝日新聞社の完全な子会社である朝日新聞出版から出されているという事実だ。

「朝日新聞」は慰安婦報道検証記事で、自分たちが繰り返し報じてきた吉田清治証言を虚偽と認め取り消した。それに対して日本国内で激しい朝日批判が起きた。しかし、朝日は自社の吉田に関する間違った報道が韓国を含む国際社会に与えた悪影響を未だに認めていない。それが、検証記事が出た後に朝日批判が高まった理由の一つだ。

韓国語版と日本語版では、同じことを書いた場所で表現が変わっている箇所がある。その違いを比較したところ、「朝日新聞」が激しい批判にさらされている国際社会への悪影響に対して朴氏が評価を大きく変えていることが分かった。

韓国語版と日本語版で吉田清治のウソ証言の悪影響の大きさに関する評価が正反対になっているのだ。韓国語版では吉田証言が「決定的影響を与えた」と書いて日本国内の朝日批判を支持していた。ところが日本語版ではその記述を削除し、新たに「影響はさほど大きくない」と正反対の評価を加えて朝日の弁解を支持している。

朴氏は、「慰安婦を強制連行した」と虚偽証言した吉田清治の評価を韓国語版と日本語版で百八十度転換させるという知的不誠実さを見せた。詳しくその転換を指摘したい。

朴氏は韓国語版で「慰安婦を『強制的に連れて行った』と語り『朝鮮人慰安婦』認識に決定的影響を与えたのは吉田清治の本だ」と断定して書き、吉田が韓国人の慰安婦認識に与えた悪影響を認めていた。その部分を拙訳で以下に紹介する。

「慰安婦」を「強制的に連れて」行ったと語り「朝鮮人慰安婦」認識に決定的影響を与

えたのは吉田清治の本『朝鮮人慰安婦と日本人』（一九七七）、『私の戦争犯罪』（一九八三）だ。最近までも言論は吉田の本を「強制動員」の証拠のようにあつかっているが（『朝鮮日報』二〇一二年九月六日）、この本の信頼性が疑われ始めたのはすでにかなり前のことだ。吉田自身もその本が嘘だという批判に対して「本に真実を書いても何の利益もない（中略）事実を隠し、自分の主張を混ぜて書くなんていうのは、新聞だってやることじゃありませんか」（『週刊新潮』一九九六年三月二十七日号）といって「反論しない」（『朝日新聞』一九九七年三月三十一日付）と語ったことがある。

（韓国語版四八頁）

これは韓国の読者に向けて書かれた文章だ。例としてあげられている一つは大多数の日本人は知らない韓国紙記事だ。したがって「決定的影響を与えた」という表現は当然、韓国においての影響を語っている。

また、朴氏は吉田自身が証言の信頼性を否定するような話をしていることを詳細に紹介している。韓国の読者の多くが吉田証言を信じていると朴氏が考えていて、それに反論しようという意図が読み取れる。

ところが朝日から出した日本語版では、同じ箇所から「決定的影響を与えた」という語を削除し「『朝鮮人強制連行』説を広めた」とだけ書いていた。それに加えて吉田自身が証言の信頼性を否定する話をしていた部分も削除している。日本語版のその部分を引用する。

自ら朝鮮人女性の「強制連行」に参加したように語って、「朝鮮人強制連行」説を広めた吉田清治の本（『私の戦争犯罪――朝鮮人強制連行』〈一九八三〉）を、慰安婦「強制連行」の証拠のように引用する記事は今でも続いている（「朝鮮日報」二〇一二年九月六日付）。しかしこの本も信憑性が疑われて久しい（秦郁彦一九九九、『週刊新潮』一九九六年五月二・九日号、「朝日新聞」一九九七年三月三十一日付など）。一部で強調していた「強制連行」説は、信頼に足るものではない。（日本語版五六〜五七頁、以下日本語版の引用では頁数だけを書く）

吉田証言で朝日の誤報を擁護

それだけでなくて朴氏は、日本語版では韓国語版で書いたことと正反対のことを新たに付け加えている。そこで吉田の影響力に関する評価を変えている。朴氏は新たに付け加えた「日本語版のための序文」で、「吉田証言の影響はさほど大きくありません」と書いたのだ。

二〇一四年九月現在、朝日新聞社はいわゆる「吉田清治証言」について誤報を出したとして批判されています。しかし、日本の多くの方が考えるのとは違って、強制連行説が世界に広まったことにおける吉田証言の影響はさほど大きくありません。少なくとも、吉田証言は韓国ではあまり知られていません。そして国連報告書に引用されていますが、吉田証言にさほど重きがおかれているわけでもありません。影響があったとすれば、日本の支

援者たちへの影響であって、それが海外における活動を支えた可能性があるくらいだと考えています。（一二一頁）

韓国語版では「慰安婦を『強制的に連れて行った』と語り、『朝鮮人慰安婦』認識に決定的影響を与えたのは吉田清治の本だ」と書いていた。ところが、朝日新聞出版から出した日本語版では「決定的影響を与えた」という部分を削除し、「影響はさほど大きくありません」という正反対の文章を新たに付け加えている。

先に確認したように韓国語版は朝日が吉田証言の記事の誤報を認める前年の二〇一三年七月二十二日に発行され、日本語版は朝日が吉田証言報道を取り消し、謝罪し、朝日批判が高まった渦中の二〇一四年十一月三十日に朝日新聞出版から発行されている。知的誠実さを欠く対応と言わざるを得ない。

吉田証言が韓国人の慰安婦認識に与えた多大な影響については李英薫ソウル大学教授が二〇〇七年に出した著書で「この人物の戦争犯罪告白は、日本が官憲を動員して女性たちを挑発したという今日の韓国人の集団的記憶が成立するのに決定的に貢献しました」と書いている（李榮薫『大韓民国物語』日本語版一六五頁）。

また、韓国で慰安婦問題研究の権威とされている鄭鎮星《チョンジンソン》ソウル大学教授は、二〇〇四年にソウル大学出版部から出した『日本軍の性奴隷制』（日本語版は二〇〇八年に出版）の中で、吉田証言を「『軍慰安婦』の動員が『挺身隊』という名目を利用して行われたケースが多かった」（日本語版同書二九頁）とする彼女の説を裏付ける証拠の一つとして挙げている。

鄭教授は「（吉田）証言は、日本で大きな波紋を投げかけ、その真偽に関する論争があった」とは書いているが、最終的に「たとえ彼の個人的証言の信憑性に問題があるとしても、それは『挺身隊』概念と制度について重要な示唆を提供している」と書いて、吉田証言を自説の根拠の一つにしている（二一一頁）。

挺身隊と慰安婦は完全に別のものであり、鄭教授の説は少なくとも日本の学界、言論界では支持する者はいない。「朝日新聞」さえも二〇一四年の検証で「女子挺身隊は、戦時下で女性を軍需工場などに動員した『女子勤労挺身隊』を指し、慰安婦とはまったく別です」と書いた。

話を朴氏が日本語版で否定した吉田証言の韓国への影響について戻そう。ここで検討した二人のソウル大学教授の著書は、両方とも朴氏の著書よりも早い時期に出ている。一方は吉田証言が韓国人の慰安婦に関する集団記憶形成に「決定的に貢献した」と書き、もう一方は吉田証言を学界では少数意見である、慰安婦の動員が挺身隊の名目で行われたケースが多いとする自説の根拠に使っている。

つまり、吉田証言は韓国に大きな影響を与えていたことがこの二人のソウル大学教授の本からもよく分かるのだ。だからこそ、朴氏は先に見たように、韓国語版では吉田証言の韓国への影響を認めていたのだ。韓国の大学で教鞭を執る韓国人教授として朴氏はこの事実を十分知っていたはずだ。それなのに、朝日が吉田証言訂正で窮地に追い込まれているときに出した日本語版では、韓国語版の吉田証言の影響に関する記述を正反対に書き変えたのだ。

なぜ朴氏は朝日をかばおうとしたのか

それではなぜ、知的誠実さをかなぐり捨ててまで朴氏は朝日をかばおうとしたのか。以下は私の推測だ。

朴氏はアジア女性基金を肯定的に評価している。朴氏は基金の中心人物であった和田春樹氏と親しい関係だとも聞く。

韓国内では挺対協の強い影響力の下、アジア女性基金を否定する意見が世論の主流であり、歴代韓国政府もそれに従っていた。だから、アジア女性基金を肯定的に見る朴氏は韓国では少数派になる。

朝日はアジア女性基金についてどちらかというと肯定的だったが、それを激しく批判した韓国の挺身隊問題対策協議会の立場にも一定の配慮をするという中間的な立場だった。

私を含む日本の保守派知識人と産経や読売など保守派メディアは、朝日が吉田証言などを使って主導した慰安婦強制連行キャンペーンに反論を提起してきた。平成二十六年（二〇一四）の朝日の慰安婦報道検証はその批判に耐えられなくなって行ったという側面がある。その私たちの主張は韓国では「極右」や「歴史修正主義者」だとして激しく罵倒されてきた。

朴氏の慰安婦論は朝日や和田春樹氏と親和性が高く、朝日が行ったウソキャンペーンを攻撃する日本の保守派とは一線を画している。朴氏は自分と立場が近い朝日から本を出すことによって、自分は日本の「極右」とは違うと韓国に向けてアピールしたかった。それで日本の保守派が朝日を攻撃しているタイミングで、自著の記述により朝日が不利にならないようにしようという思いが生まれたのではないか、と私は推測している。

朴氏が無視した重大な事実

それ以外にも朴氏の著書には問題が多い。以下、詳しく論じていく。

次に指摘する点もやはり朝日と関係がある。朴氏は慰安婦問題を外交上の問題にした元凶である朝日のウソキャンペーンについてまったく触れていないのだ。慰安婦問題は平成三年（一九九一）から平成四年（一九九二）一月にかけて、日本人運動家らの裁判運動と「朝日新聞」などによるキャンペーンによって、「日本軍が女子挺身隊の名で朝鮮人女性を慰安婦にするために強制連行した」という事実無根のプロパガンダが日本発で拡散したことによって始まった。それを私は「九二年一月強制連行プロパガンダ」と名付けている（『朝日新聞「慰安婦報道」に対する独立検証委員会報告書』平成二十七年二月十九日）。

ところが朴氏は同書での長文の慰安婦問題に対する論考の中で、このことを完全に無視している。その結果、朴氏の議論からは私を含む多くの日本人が国際社会にわが国の祖先を「強姦魔」であるかのように誹謗する虚偽が広がっていることに怒り、それを是正することが日本にとっての慰安婦問題解決だと考えていることを理解していない。

朴氏が日本発の強制連行プロパガンダを無視していることについて批判していく。

同書は「第一部　慰安婦とは誰か――国家の身体管理、民間人の加担」「第二部　『植民地』と朝鮮人慰安婦」「第三部　記憶の闘い――冷戦崩壊と慰安婦問題」「第四部　帝国と冷戦を超えて」の四部で構成されており、第一部の前に「日本語版のための序文」と「『慰安婦問題』をめぐる経緯」があり、第四部の後に「あとがきに代えて――慰安婦問題を再考しなければならない理由」が置かれている。

論の進め方は、時系列に沿っているのではなく、さまざまな論点について朴氏なりの筋道で議論を進めているので読みにくいが、第一部で、慰安婦が戦中から戦後すぐにかけての時代の中でどのような存在だったかを論じ、第二部で独立後の韓国で慰安婦がどのように認識されてきたか、また挺対協をはじめとする韓国の運動体の認識、元慰安婦への補償を日本に求めない韓国の外交姿勢を違憲とした憲法裁判所判決の認識、国連人権委員会や米議会決議の認識を論じ、第三部で日本における慰安婦認識、河野談話とアジア女性基金、日本の支援者たちの認識を論じ、第四部で韓国における米軍用の慰安婦などについて論じている。

朴氏は第一部を「第一章　強制連行か、国民動員か」で始め、その冒頭にこう書いた。

1.「強制的に連れて」いったのは誰か

「慰安婦」とは一体誰のことだろうか。韓国にとって慰安婦とはまずは〈日本軍に強制連行された朝鮮人の無垢な少女たち〉である。しかし慰安婦に対する謝罪と補償をめぐる問題──いわゆる「慰安婦問題」をなかったものとする否定者たちは、〈慰安婦とは自分から軍について歩いた、ただの売春婦〉と考えている。そしてこの二十余年間、日韓の人々はその両方の記憶をめぐって激しく対立してきた。（一二頁）

ここで言われている「否定者たち」には私も含まれるのだろう。第三部で朴氏は一九九一年に慰安婦問題が世の中に出てきたと無条件で書き、そのときから「否定者たち」の反発が始まっていたと私をはじめとする日本人慰安婦研究者四人の名前を挙げて以下のように書いているからだ。

一九九一年、慰安婦問題が「問題」として世の中に提起されたとき、この問題に対する「否定者」たちの反発は早くに始まっていた。たとえば、西岡力「『慰安婦問題』とは何だったのか」（『文藝春秋』一九九二年四月）、板倉由明「検証『慰安婦狩り』懺悔者の真贋──朝日新聞に公開質問！　阿鼻叫喚の強制連行は本当にあったのか」（『諸君！』一九九二年七月）、上杉千年「総括・従軍慰安婦奴隷狩りの『作り話』」（『自由』一九九二年九月）、河野談話後の加藤正夫「河野官房長官談話に異議あり——慰安婦『強制連行』は事実無根」(『現代コリア』一九九三年十月)などである。そのほとんどは、「慰安婦」を単なる売春婦とみなし、植民地支配の産物とは考えていない点で問題はある。しかしこの段階ではまだ、「狩り」や「強制」といった事柄に異議を呈している、どちらかというと素朴な疑問だった。
(二七七~二七八頁)

しかし、私の論文は、「朝日新聞」など日本マスコミと東亜日報など韓国マスコミが誤報を重ねているが、このようなウソ報道を続けると日本人の多くが韓国嫌いになると警鐘を鳴らしたものだったし、板倉氏、上杉氏の論文は、秦郁彦氏が同年春、吉田清治証言を済州島で現地調査して、根拠がないという結論に至ったことを受けて書かれた吉田証言批判であり、加藤正夫氏は後述のとおり朴氏がその論述の根拠として使い続けている千田夏光《せんだかこう》氏の著作に虚偽があることを摘発し、強制連行は証明されていないと告発したものだ。

朝日の誤報と同じ主張を繰り返す

本来なら、朴氏はなぜ「一九九一年、慰安婦問題が『問題』として世の中に提起された」のかについて論じるべきだった。そうすれば必然的に、朝日の強制連行プロパガンダについて触れざるを得なかったはずだ。しかし、朴氏は同書の冒頭の「『慰安婦問題』をめぐる経緯」で、韓国の学者の研究と元慰安婦が名乗り出たことで慰安婦問題が浮上したかのように次のように書いた。

一九九〇年一月、韓国の女性学者ユン・ジョンオク（尹貞玉）教授（のちの挺身隊対策協議会の初代会長）が「挺身隊取材記」を韓国の「ハンギョレ新聞」に連載したことで、韓国ではこの問題が広く知られるようになった。そして、この問題の解決のために多くの女性関連団体が集まって、「韓国挺身隊問題対策協議会」を発足するようになる。

翌一九九一年、元慰安婦のキム・ハクスン（金学順）氏が、はじめて自分が慰安婦だったとして名乗り出たことを皮切りにほかの元慰安婦たちも現れて、日本の謝罪と補償を求めて東京地裁に提訴した。（一五頁）

ここで朴氏が書いていない事実を明らかにしておかなければならない。尹教授の「ハンギョレ新聞」連載では、吉田清治証言が大きく取り上げられていた。そして、尹教授は同連載でもそれ以外の日本人記者らとのインタビューでも、繰り返して慰安婦は女性挺身隊として強制連行されたと語っていた。まさに、朝日の誤報と同じ主張をしていたことになる。

朝日の九二年一月強制連行プロパガンダは四つの要素から成り立っていた。

第一が「強制連行加害者」を自称していた吉田清治のウソ証言（一九八〇年代から繰り返し報

道)、第二が、吉田証言などにより「定説」になっていた女子挺身隊として朝鮮人慰安婦が連行されたというウソ、第三が「強制連行被害者」として報じられた元慰安婦金学順証言(一九九一年八月)、しかし彼女は貧困の結果、朝鮮人キーセン検番に身売りされ、検番により慰安所に連れて行かれたケースだが、朝日は「『女子挺身隊』の名で戦場に連行され(た)」と報じた、第四に慰安婦募集に軍が関与していたことを示す公文書発見報道(一九九二年一月)、実際は民間業者が日本国内で誘拐まがいのことをしていることを取り締まる内容で、強制連行の証明にはならないが、朝日は同文書発見を大きく報じる紙面で慰安婦の説明として「主として朝鮮人女性を挺身隊の名で強制連行した」と書いた。

韓国慰安婦が少女と化してしまった理由

また、朝日の韓国での提携紙である東亜日報は、十二歳の少女が「女子挺身隊」として勤労動員された事実を韓国・連合通信が報じたことを曲解し、九二年一月十五日の社説で「十二歳の少女まで動員、戦場で性的玩具にして踏みにじった」と読者の感情を煽る誤報をした。

これらの誤報のために、朴氏が同書冒頭で書いた「韓国にとって慰安婦とはまずは〈日本軍に強制連行された朝鮮人の無垢な少女たち〉である」というウソが韓国社会に広がったのだ。

朴氏も「〈強制的に連れて行かれた二十万人の少女〉との認識は、挺身隊と慰安婦の混同、業者や周りの加担者たちの忘却、例外的事例を一般的ケースとしてしまった理解が作り出したものである」（六七頁）と書いている。私はこの三つだけが理由だとは思わないが、あえてこの三つに限定しても、吉田が軍の命令で「女子挺身隊」として奴隷狩りのような慰安婦強制連行を実行したというウソ証言をしていたために、挺身隊と慰安婦の混同が起き、そのため慰安婦募集業者が忘れられたと考えると、そのうち二つに吉田ウソ証言の影響を見ざるを得ない。

冒頭に書いたように、朴氏は吉田清治証言について韓国語版では「決定的な影響を与えた」と書きながら、日本語版ではその記述を削る一方、新たに「影響はさほど大きくありません」と日本語版序文で書いて朝日をかばった。

だが先に詳しく見たように、朝日が一九九一年に吉田証言などを使って行った慰安婦強制連行プロパガンダによって、慰安婦問題は急浮上して、いまだに日韓関係を縛り、国際社会で日本の名誉を傷つけ続けている。朴氏はそれを直視しない。それどころか、日本国内で朝日のウソに怒って事実を追求してきた私を含む保守派の議論を「否定者」だと排斥するだけなのだ。

今さらながらの「民間業者の存在」の指摘

三つ目に、朴氏が同書で慰安婦動員を担った民間業者の存在を浮上させたことは新しい視点ではないという点について論じる。確かに、慰安婦の募集や慰安所の経営は民間業者が行った。それを韓国の議論はほとんど無視してきた。だから、韓国人教授である朴氏が韓国語でそのことを強調した同書は一定の意味を持つと私も評価する。しかし、そのことは、日本ではずっと議論され続けてきた。まさに朴氏が「否定者たち」として真剣に取り上げなかった私を含む保守派の学者、ジャーナリストらはそのことを当初から言い続けてきた。

朴氏は、同書第一部第一章の第一節、すなわち議論の冒頭に〈1、「強制的に連れて」いったのは誰か〉をおいた。それだけその議論を重視しているのだろう。朴氏はそこで、業者の存在がこの二十年あまりの間、看過されてきた、そのため慰安婦問題が混乱に陥った、と以下のように繰り返し主張する。

> 韓国人元慰安婦たちの証言には、自分たちを連れていった業者や抱え主や慰安所を管理した管理人たちの話が頻繁に登場している（『証言集1　強制的に連れていかれた朝鮮人軍慰安婦たち』〈1．五頁。以下『強制』1と表記〉）。しかしこの二〇年間余り、朝鮮人慰安婦の「和服姿」に注目した人がいなかったように、「慰安婦」を支援してきた研究者や運動家で業者に注目する人もほとんどいなかった。（二八頁）

とはいえ、軍の需要を自分の利益に利用し、軍の要求に従って募集に加担した人たちの存在を無視するわけにはいかない。当時そのような誘拐などを取り締まり、処罰していたということは、彼らの行為こそが法を犯したという意味での「犯罪」であり、したがって彼らに責任がないわけではないことを示している。支援者たちは慰安所づくりとその利用を犯罪行為として糾弾するが、法律を犯したという意味で糾弾すべき「犯罪」の主体は、まず業者たちであるはずだ。（三二～三四頁）

ともあれ、「慰安婦」募集には同じ村の朝鮮人も加担していた。もっとも彼らは当時の国家による女性動員に協力させられる構造の中で働いているので、首長たちの場合は一概に批判することもできない。

しかし、業者の場合、あきらかに個人的収益を見込んでのことであること、さらにその目的をより正確に知っていたのだから（もちろん個々人によって持っていた情報の量や正確さも異なっていただろうが）、日本軍に対する協力のレベルはやはり首長とは差異があると言うほかない。そのような〈協力者〉たちをどう考えるべきかは、ここで簡単に言える問題ではないが、いずれにしても挺身隊や慰安婦の動員に朝鮮人が深く介入したことは長い間看過されてきた。そしてそのことが慰安婦問題を混乱に陥れた原因の一つとなったのである。（四九頁）

しかし、この朴氏の主張は研究史や論争史からして間違っている。

私は一九九二年一月、朝日の強制連行プロパガンダが日韓関係を悪化させていたさなかに、韓国に慰安婦問題の調査に行った。そのとき、日本統治時代を知る年長者たちは口をそろえて、

「軍の強制連行はなかった。当時の朝鮮は貧しかったから、朝鮮人女衒《ぜげん》が貧しい農村などで娘を前借金で売春婦にしていた。慰安婦もその延長線上にあった」と語った。
そのとき会った連合通信のK記者はこう語った。

元慰安婦の女性にかなり取材してきた。ところが彼女たちは慰安所に入れられてからの悲惨な生活についてはよくしゃべるのだが、しかし連れていかれる過程になると口ごもることが多い。それで追及していくと、どうも女衒がからんでいることが分かってきた。日帝時代、朝鮮の田舎に、日本人業者は入っていけない。取材を重ねるにつれ、朝鮮人の女衒が関与して、身売りとして売られていったという人たちなのだということがだんだん分かってきた。

当初、取材を始めたときには、日本というのは、ほんとうにひどいことをやったと思ったけど、取材を続けるうちに、どこの国でも、戦争になったら、あるだろうなというふうに、今は思っている。

日韓の反日運動家がウソを国際社会にまで広げた

当時はだれもが業者の存在を知っていた。平成七年（一九九五）にはそのことに関する実証論文も発表されている。日韓の運動家の理論的バックボーンとなっている吉見義明氏と林博史氏が編者となって『共同研究　日本軍慰安婦』という本が大月書店から出版されている。その中で尹明淑《ユンミョンスク》氏（当時、一橋大学大学院博士課程）が「第三章　日本・台湾・朝鮮からの軍慰安婦の徴集」の中の「三　朝鮮からの徴集」を執筆している。彼女は日本政府と軍の責任を厳しく追及する研究者だが、「『募集』の担い手とその方法」という項を立てて、詳細に業者の役割について記述している。例えば、同論文には次のような記述もある。

一九一六年、朝鮮で公娼制度が法的に確立したことによって、従来の売買春の形態は日本の公娼制度のなかに組み込まれた。公娼制度のもとに形成された斡旋業者や接客業者は、朝鮮女性を就業詐欺や人身売買などの手段で、朝鮮国内の遊郭などの接客業婦に駆り出した。これらの手段は、朝鮮人軍隊慰安婦「募集」に導入されて、いわゆる民間業者による「募集」を「生み出した」のである。（略）

また、朝鮮国内で形成された接客業者は、日中戦争勃発後、戦時体制のもと、朝鮮総督府の奢侈《しゃし》遊興禁止政策によって転業または廃業を余儀なくされた。これらの接客業者は、戦時経済下での生き残りを目的に中国に移住し、軍慰安所制度に組み込まれることとなる。このようにして朝鮮国内の接客業が軍慰安婦の重要な供給源の一つとなった。

（同書六二一～六二三頁）

ただし、挺対協など反日運動体と韓国マスコミが朝日のプロパガンダに乗っかって「権力による強制連行」を強調し続けたので、業者の存在を韓国で語る者が次第にいなくなっていた。その意味で朴氏が業者の存在を強調したのは韓国の世論に一石を投じた意味はあった。しかし、それをするなら、朝日の強制連行プロパガンダを批判する視点が必要だった。朴氏にはそれがないため問題の本質に迫れていない。

「朝日新聞」の強制連行プロパガンダでつくられたウソを、日韓の反日運動家らが国際社会にまで広げてしまった。日本にとっての慰安婦問題とはそのウソを払拭することだと私は繰り返し主張しているが、朴氏はそのような主張を慰安婦問題の「否定者」として排斥するだけだ。

日本軍と慰安婦の間に同志的連帯はあったのか

最後に、朴氏の立論の進め方への批判に入ろう。朴氏が名誉毀損で訴えられている最大の論点は、韓国人慰安婦と日本軍人が「同志的関係」にあったと記述していることだ。それに対して、元慰安婦らが民事で朴氏を訴えると共に、刑事告発し、検察が朴氏を起訴したという経緯だ。

問題の核心と言える記述を引用する。

もっとも、このような記憶は、あくまでも例外か付随的な記憶でしかないと言うこともできるだろう。たとえ温かく面倒を見てもらい、愛され、心を許した相手がいたとしても、慰安婦たちにとって慰安所とは、基本的には逃げ出したい場所でしかなかったからだ。だとしても、このような愛と想いの存在を否定することはできない。そしてこのようなことがめずらしくなかったのは、朝鮮人慰安婦と日本兵士の関係が構造的には「同じ日本人」としての〈同志的関係〉だったからである。そのような外見を裏切る差別を内包しながらも。

しかし、彼女たちには大切だったはずのその記憶は、彼女たち自身によって「全部捨て」られるようになる。その理由は、（それを）「持ってると問題になるかもしれないから」である。その記憶を隠蔽しようとしたのは、まず当事者たち――彼女たち自身だった。そして韓国もまた、解放以後、ずっと彼女たちと同じように、そのような記憶を消去しながら生きてきた。

（八三頁、傍線：西岡）

ところが、韓国語版では傍線部分が「朝鮮人慰安婦と日本軍の関係が基本的には同志的関係だったからだ」と記述されているのだ。日本語版の「朝鮮人慰安婦と日本兵士の関係」が韓国語版では「朝鮮人慰安婦と日本軍の関係」とされていることが見逃せない。その後に続く「そのような外見を裏切る差別を内包しながらも」という部分は、韓国語版にはない。なお、刑事告発の対象になったのは、日本語版ではなく韓国語版だ。韓国語版の直訳をここに引用しておく。

もちろん、このような記憶はどこまでも付随的な記憶でしかあり得ない。たとえ面倒を見てもらい、愛して、心を許した存在がいたとしても、慰安婦たちには慰安所とは抜け出したい場所でしかありえないから。そうだとしてもそこでこのようなあり方の愛と平和が可能だったことは事実で、それは朝鮮人慰安婦と日本軍の関係が基本的には同志的な関係だったからだ。問題は彼女たちには大切だった記憶の痕跡を彼女たち自身が「全部捨て」たという点だ。「そのままにしておくと問題になると思って」という言葉は、そのような事実を隠蔽しようとするのが彼女たち自身だったということを見せてくれる言葉でもある。そして私たちは解放後ずっとそのように「記憶」を消去させながら生きて来た。

（韓国語版六七頁）

朴氏はここで「朝鮮人慰安婦と日本軍の関係が基本的には同志的関係だったからだ」（韓国語版）と書いた。日本軍の責任を追及している元慰安婦や運動関係者はこの表現が認めがたかったのだ。それが朴氏の著書を巡る刑事と民事裁判の大きな争点だ。私はここで、裁判の内容に立ち入るつもりはない。

ただ、朴氏と同じく慰安婦問題を研究する学者として、朴氏のこの主張を学問的に検討したいだけだ。私は学者の立場から、朴氏がこの主張を論証することに失敗したと判断している。朴氏は上記の記述の前に、朝鮮人元慰安婦らが、お客であった日本軍人との間で恋愛感情が生まれたり、親切にしてもらったりしたなどと語る証言を、挺対協が編集した『証言集』から八つ引用している。しかし、そのような関係は戦地以外の公娼制度の下でもよくある話だ。「日本軍と同志的関係」というからには、同じ戦争を戦うという意識がそこになければならないはずだ。朴氏は慰安所で軍事訓練を受けたという朝鮮人元慰安婦の証言も紹介している。しかし、彼女たちがそれをしながら内心どう思っていたかは不明だから、それだけでは「同志的関係」とは言えない。

朴氏は「『こんな体の私でもお国のために働けるのだ』と思った」と語る慰安婦の証言を紹介している。これは「同志的関係」を明示的に示す言葉だと言える。

ところが、これは千田夏光氏の本に出てくる日本人慰安婦の証言なのだ。日本人の女性は明治以降の国民教育の結果、大多数が「お国のため」という意識を持っていた。しかし、朝鮮人女性にそれがあったかどうかは、証拠を出して論証すべきことがらだが、朴氏はその証拠を出せていない。言い換えると、朴氏は朝鮮人慰安婦と日本軍の間に「同志的関係」があったことを論証できていないのだ。

たしかに、当時の朝鮮人の中にはあの戦争を自分の戦争だと考えて、特攻隊で戦死した者もいた。それは比較的学歴の上の知識層だったと思われる。朝鮮人慰安婦は、小学校もまともに出ていないような貧しく低学歴の者たちが大部分だった。彼女達は、食べていくため目の前にあることをこなしていただけで、大東亜戦争の大義や国体護持など頭になかったのだろう。朝鮮人徴用工の手記（鄭忠海《チョンチュンヘ》『朝鮮人徴用工の手記』一九九〇）を読んでも、上から行けと言われたから日本の軍需工場に来て働いているが、「お国のため」などという意識はない。

　これ以外にも、創作がまじっていることが判明している千田夏光氏の本を史料批判なしに十九回も引用していることや、小説の表現を論拠に論を進めていることなど、朴氏の議論の進め方が学問的な厳密さに欠けることも指摘しておきたい。

第5章　在日朝鮮人活動家・辛淑玉氏を批判する

特別永住資格者による過激な反日活動

本章では、在日朝鮮人活動家・辛淑玉《シンスゴ》氏を批判する。

自称「在日朝鮮人」である辛淑玉氏は数年前、沖縄の高江ヘリパッド建設工事に対する反対運動に積極的に参加していた。彼女の国籍は韓国であり、日本における在留資格は「特別永住」である。彼女は講演などで、風船やドローンを使った工事妨害活動や、〝年長者が率先して道路を占拠するなどして逮捕されて留置所を満員にしよう〟などという過激な発言を行い、物議を醸していた。

私はあえて辛氏に言いたい。あなたの米軍基地反対活動は無責任ではた迷惑だ、言論活動を超える活動を自制することを勧める、と。以下、その理由を書く。もちろん、辛氏にも反論する自由はある。わが国の言論の自由の範囲の中でぜひ論争したいと願っている。

外国籍者である彼女が国の安全保障に関わる問題について、言論ではなく、現場で「体を張った」反対運動に参加することへの批判が多い。それに対して辛氏は次のように弁明している。

ネトウヨ（ネット右翼）なんかがね、朝鮮人たちがよく現場に行っているとか、あそこは朝鮮人が仕切っているとか、書いてありますよね。そりゃそうだわって。あたしもそう。今回捕まった○○もそう。それから○○さんのそばにいる在日の人もそう。行ってますよ。おそらく日本のね、一億何千万の比率に対して六〇万の朝鮮人の比率から言ったらですね、在日の数はたぶんね比率としては高いと思う。

なぜ高いのかって言ったら、それは沖縄のウチナンチューの胸の痛みが分かるからですよ。人間として蝕まれて、そしてですね、どこまでやってもいつまでやっても憲法番外地で、そして何をやってもね、何をやっても日本人にすらなれない。

領土としての日本だったかもしれない、だけども、そこで、ウチナンチューが沖縄人がですね、日本人として対等に扱われたことなんて一度もない。人間として扱われたことも一度もないんです。でね、その胸の痛みが分かるから。

そして、私たちは一票ない。一票ない人間が何ができるのかっていったら、口でやるか、そしてもしくは一生懸命金を稼いで金を送るか、もしくは現場に行ってね、そこで体を張るかですよ。

だから現場に行ってね、何人も在日に会います、お互いに会ってもねぇ「おーっ朝鮮人」とかってやりません。やらないんですよね。普通だったら私なんかすぐハグとかやっちゃたりして勝手にセクハラか何かやってるんですけども。そうじゃなくて、みんな体張って、「おまえも来たか」「お前も来たか」ってね。
でね、沖縄で在日がやるってことはこの日本が私達のふるさとだからです。私たちはここで生きているんです。だからこの社会が壊れていくのがとても嫌なのね。
（平成二十八年（二〇一六）九月十一日に東京で開催された「のりこえネット」主催集会での講演）

彼女が「体を張った政治運動」をしていることは違法ではない。彼女の在留資格である「特別永住許可」は、いわゆる「在留資格と在留期間のない在留資格」である。許容される活動内容と在留期限が明示されていない。例えば、「留学」という資格であれば、それ以外の活動をすることは「資格外活動」になり違法で取り締まりの対象になり得る。しかし、彼女の場合は何をしてもよいのだ。したがって、「体を張った政治運動」をしても「資格外活動」には当たらない。

辛氏ら戦前から日本に居住する旧植民地出身者とその子孫の法的地位は、いくつかの変遷を経て平成三年（一九九一）に現在の「特別永住」とされたが、それ以前からおおよそ次のような待遇が一貫してとられてきた。

① 本人が希望すれば無期限で在留を認める
② 一般就労を含むどのような活動をすることも許す（一般の外国人は在留資格に認められた活動以外はできない）

③　この法的地位を子孫にも与える

社会保障などにおいては制度的「差別」が存在した時期もあった。しかし、日本が難民条約に加入し社会保障における内外人平等を実施した昭和五十七年（一九八二）頃から、それはなくなった。なお、①と②および社会保障における内国人待遇は特別永住だけでなく一般永住にも認められている。③が特別永住にだけ認められている。辛氏のような無責任ではた迷惑な行動をする在日韓国人が増えると、日本社会の中で特別永住を廃止すべきだという声が高まる。

あなたの米軍基地反対活動は無責任ではた迷惑だ

私が辛氏を批判する論点は大きく分けて二つだ。第一は、責任性だ。辛氏本人や辛氏を支援する人々は彼女を日本社会の「少数民族」「マイノリティ」と位置づけている。

私は民族としては朝鮮半島にルーツを持つ日本の少数民族としての在日朝鮮民族で、国籍は韓国。日本の永住資格を持ち、日本で生活している在日朝鮮人三世である。

（辛淑玉『在日コリアンの胸の内』光文社、一一三頁）

私にとって韓国は自分の父祖の地ではあるけれども、故郷という感覚はないんです。私は日本語で物を考えて、日本に生活基盤があるから、日本以外に生きていくところはありません。私自身は日本で生まれた少数民族という意識を持っているんです。

（『月刊日本』平成二十九年三月号、五五頁）

ヘリパッド建設を批判する人々の中には日本以外の国籍を持つ人も多数います。米軍基地をめぐる日米両政府の沖縄への強権的・差別的対応は、国籍にかかわらず、この国で生きるすべての人々、とりわけ在日を含むマイノリティにとって重大な問題だからです。にもかかわらず、辛淑玉が在日であるからという理由でその活動を否定的に報道することはヘイトスピーチそのものであることを、同テレビ局は深く認識すべきです。

（平成二十九年一月五日付「のりこえねっと」抗議声明）

私はこの認識に強く反対する。

少数民族、マイノリティという存在と、外国人は明確に異なっている。辛氏は韓国国籍だから韓国旅券を持ち、韓国政府の保護を受ける権利を有している。辛氏らの運動の結果、日米同盟が危うくなり日本の抑止力が低下し、例えば中国軍が日本を侵略したり軍事占領することも起こり得る。その場合、辛氏は韓国に合法的に避難できる。あるいは、その前に韓国大使館に逃げ込むことも可能だ。

しかし、私たち日本人は逃げる先はない。逃げるとすると「難民」になるしかない。おんぼろ船に乗ったシリア難民が地中海で多数、おぼれ死んだ事件があったが、我々も日本が侵略されればその運命になるかもしれない。安全保障に関わる政治活動とはそのような重大な結果をその国と国民に及ぼすのだ。そこに、逃げ場所を持ちつつ参加することは無責任だ。

外国籍のまま参政権を要求

辛氏は先に引用した講演で、「私たちは一票ない。一票ない人間が何ができるのかっていったら、口でやるか、そしてもしくは一生懸命金を稼いで金を送るか、もしくは現場に行ってね、そこで体を張るかですよ」と語っている。しかし、選挙権が与えられていないということの重大な意味を彼女はまったく分かっていない。権利には責任がともなう。日本の未来に責任を持ち、それがひどいものになったとしても、それを自分のこととして引き受けるのがその国の国民だ。外国人とは違う。

なんと、辛氏は外国人でありながら日本の参政権を要求している。

税金は日本人と同じ。
その他の社会的負担も、すべて日本人と同じ。
しかし、選挙権もなければ、公務員への道も一部を除いて閉ざされています。
(『在日コリアンの胸の内』七頁)

税金をちゃんと払っています。
選挙権をください。
なぜならば、自分の出した税金の使い道にひと言言いいたいから。
（永六輔・辛淑玉『日本人対朝鮮人』光文社、二一六頁）

日本の将来について心配で、政治活動をしてそれに影響を与えようとするなら帰化すべきだと私は考える。少数民族を名乗るなら日本国の構成員になるべきなのだ。

辛氏は過去に帰化申請をしようとして断念した。その経緯をジャーナリストの青木理氏との対談で以下のように語っている。

そのためには、まずは申請書類をもらう必要がありました。これが大変なのですよ。家土地財産があって、5年間無事故無違反であること、会社が5年間黒字であること、5年間住民税などをきちんと納めていることなど、多くの条件を満たさなければならないんです。

それから国籍取得後の名前を決めることになりました。私は「辛淑玉」という名前をそのまま使いたかったのですが、「日本人らしい名前をつけてください」と言われ、挙げ句の果てに「あなたには良き日本人になろうという意思が感じられない」とまで言われました。あまりにも対応が酷かったので、そこで申請をやめました。

（前掲『月刊日本』五四頁）

対談相手の青木氏はこの辛氏に発言の直前で、次のように帰化の難しさを知らないとして保守ジャーナリズムを責めている。

産経のような保守ジャーナリズムも大きく劣化してしまっているんです。

こうした劣化の背景を探ると、つまりは在日コリアンや沖縄に関する知識、基本的な教養の欠如に突き当たります。（略）彼らは「日本に帰化しろ」などと言うけれど、それがどれほど難しいかすら知らない。

（同右）

しかし、基本的知識がないのは当事者の辛氏と青木氏だ。私が国家基本問題研究所（櫻井よしこ理事長）の政策提言を作成する過程で平成二十一年（二〇〇九）六月、法務省民事局民事第一課から聴き取りをしたところによると、法務省は、平成十五年（二〇〇三）七月頃から特別永住者の帰化申請で、帰化の動機書、在勤証明書、給与証明書、最終学歴を証する書面の提出を免除するなど手続きの簡易化を実施している。

帰化手続きのなし崩し的簡易化の問題

実は、私は役所の判断で行われているこのような帰化手続きのなし崩しの簡易化に反対だ。国家基本問題研究所は平成二十二年（二〇一〇）に「外国人への地方参政権付与に反対、特別永住者に特例帰化制度を導入し、永住許可要件を厳格化し永住外国人の急増を止めよ」という政策提言を発表したが、そこでこう書いた。

日本において、特別永住を認められている外国人が、帰化により日本国民としての権利を獲得し、義務と責任を果たそうと決断した場合、①本人確認（「本国戸籍謄本」等と「外国人登録済み証明書」）②帰化意思確認（「帰化許可申請書」「帰化の動機書」と、法律を守り善良な国民となることを誓う「宣誓書」）を求める特例を認めることを提言したい。

もちろん、この場合も一般帰化と同じく許可制を採ることはいうまでもない。すでに法務省は、平成十五年七月ころから特別永住者の帰化申請で、帰化の動機書、在勤証明書、給与証明書、最終学歴を証する書面の提出を免除するなど手続きの簡易化を実施しているという（本研究所が平成二十一年六月、法務省民事局秋山実民事第一課長から聞き取り）。行政の判断でなし崩しに手続きを簡易化するのでなく、特例期間を限定する時限立法が望ましい。

帰化とは、あらたに日本国という政治的運命共同体の正式メンバーになるということを意味する。特例帰化制度を含むすべての場合に、「帰化の動機書」と「宣誓書」は厳格に扱われなければならず、宣誓書提出にあたり何らかの厳粛な儀式を実施すべきである。ところが前述のように法務省は平成十五年七月以降、特別永住者に対して「帰化の動機書」提出を求めることをやめている。法務省は早急に「帰化の動機書」提出免除を取り止めるべきだ。

戦前から在住する者とその子孫にだけ認められる特別永住制度については、特例帰化の実施後に一般永住へ統合を含め、あらためて見直すべきだ。

むしろ現在の問題は、特別永住者の帰化で「帰化の動機書」までも免除して「良き日本人なる意思」の確認を放棄していることだ。辛氏や青木氏は勉強不足だ。ぜひ、辛氏には私たちの提言に対する意見を聞かせて欲しい。

私は朝鮮半島にルーツを持つ日本人の存在を歓迎する立場だ。

すでに二十万を超える在日コリアンが帰化によって日本国籍を取得している。その中には民族名を使用して帰化した者もいる。したがって、辛氏が「辛淑玉」という名前で帰化申請をすることを妨げるべきではないし、現在は窓口で日本式の名前を勧めることは行われていない。

責任の伴う帰化のあり方

ここまで、辛氏が日本の安全保障政策に関わる問題について外国人でありながら「体を張った政治活動」をしていることは無責任だと批判してきた。

ここで、ある在日韓国人三世が帰化を決意した経緯を紹介する。彼女は「ある土地で暮らすということは、その土地の遺産――負の遺産も含めて――を受け継ぐということだ」と考え、日本の負の遺産をも受け継ぐ決意をして帰化を考えたのだ。その責任意識に感動を覚えた。私は彼女のような在日韓国人を尊敬している。


一九九五年の夏の終わりのことだった。

わたしは父に、どうやって切り出したらいいものか、あれこれ迷っていた。改まった調子でいおうか、それともさり気なくいおうか。だが、かしこまってみたところで、父の最終的な答はわかっているのだ。わたしはエイッといって、元気よく聞くことにした。

「ねえ、パパ」

父は読んでいた新聞から目を上げた。

「わたし、近いうちに帰化しようと思っているのだけれども、いいかしら」

「うん、いいよ」

予想どおりの返事だとはいえ、こうもあっけなくうなずいてくれるとは思わなかった。なんだか肩透かしを食ったような、不思議な気分になった。

「しかし、急だなあ。前から帰化したいとはいっていたけれどもなあ」

父は笑っているものの、わたしがあまりにも真剣な顔をしていたのだろう、なにがあったのかと気になった様子である。

わたしはその夏、マレーシアを旅行したのだが、滞在中、考えるところがあったのだ。クアラルンプールでタクシーに乗った。マレー人の親切な運転手さんで、街のガイドまでしてくれた。ちょうどわたしが窓を開けたとき、彼がなにかいったのだけれども風の音でよく聞こえなかった。

「今、なんていったんですか」

わたしが問うと、彼はマレーシアが植民地だった頃の話を始めた。

「マレー半島は、長いことイギリスに支配されていて、戦争が始まると日本軍がやって来て……」

どうやらわたしが窓を開けたのは、植民地時代の建物の説明をしているときだったらしい。運転手さんは、こんなことも知らずにマレーシアに来たのかとでも思っていたのかもしれない。わたしが尋ね返したとき、彼のため息が聞こえたような気がした。

ずっと黙っていたけれど、わたしはこころのなかで自問自答していた。

この運転手さんはわたしを日本人だと思っているのだろう。このひとは日本のことをどう思っているのだろう。このひとのおじいさんやおばあさん、ご両親は、日本軍の占領中、どのように過ごしたのだろう。どんな日本人に出会ったのだろう。

もちろん運転手さんは、最後までガイドとしてできることをしているという態度を崩さなかったし、一九四一年（昭和十六）にマレー半島に進攻した日本軍は、その後、マレー人を重用したと聞いている。ひとびとは日本に悪感情を持っていない、とも聞いていた。

だが彼のため息を聞いたような気がしたわたしは、戦争中のことで、なにか非難めいたことをいわれるのではないかと身構えていた。わたしが日本人だというので彼に責められたとしたら、なんといおうか。

もし彼が日本批判を始めても、わたしは少なくとも、実は自分は韓国人なのだといって、彼の日本批判に同調することはできないと思っていた。ある土地で暮らすということは、その土地の遺産――負の遺産も含めて――を受け継ぐということだと、わたしは考えている。

マレーシアから帰ってきて二週間後、中国に行く機会があった。

北京の街を歩き、「抗日五十周年記念」という内容の大きな立て看板やポスターを見るたびに、わたしはマレーシアのときと同じことを自問自答していた。

日本国籍を持たないわたしには、日本に対してどのような責任があるのだろうか。自分を日本人だと思っているわたしには、日本に対してどのような責任があるのだろうか。

ヨーロッパやアメリカはもちろん韓国に行ったときですら、わたしはこんな問いかけを自分にしてみたことはなかった。

わたしはマレーシアと中国で考えたことを父に話した。

（李青若《りせいじゃく》『在日韓国人三世の胸のうち』草思社、二〇〇二〜二〇四頁）

自国である韓国を嫌う無国籍主義

次に辛氏への二つ目の批判、はた迷惑だということについて書く。

彼女の国籍は韓国だ。そして「在日朝鮮人」と自称している。ところが、彼女は韓国に対しても、また北朝鮮に対しても忠誠心や愛国心を持っていない。当事者意識もない。一言で言うと彼女は無政府主義者に近い。しかし、日本社会では彼女の行動は韓国人の行動と受け止められる。だから、沖縄まで韓国人が遠征してきて反基地活動をしているとして、日本人の反韓感情が刺激され、結果として日韓関係が悪化する結果をもたらしている。これらは誤解に基づくものだが、彼女が外国人でありながら体を張った政治活動を行い物議を醸しているために、そのような誤解が生まれる。彼女の責任もある。だからはた迷惑なのだ。

彼女は自分の母国である韓国を嫌っている。その理由は両親が韓国で受けたひどい体験がある。

昭和六十四年（一九八九）、私は辛氏から直接、そのことを訴えられた経験を持つ。彼女はその後、その体験を書いたり話したりしていないようだ。だからあまり知られていないことなのだが、辛氏を批判する上で、彼女と韓国の関係を知ることは重要なのでここで紹介する。

そのとき、人を介して韓国・北朝鮮問題専門雑誌の月刊『現代コリア』編集部で働いていた私のところに彼女の原稿が持ち込まれた。韓国はけしからん、許せないからぜひこれを『現代コリア』に掲載して欲しいということだった。その年はソウル・オリンピックの翌年で、日本では韓国ブームが起きていた。また、大手のマスコミをおおっていた「植民地支配に対する贖罪意識」の影響で、韓国を批判することは、韓国の政権批判を除いてタブーだったということが、その背景にあった。当時は、礼儀を尽くした相互批判、是々非々で韓国に対して言うべきことを言うという編集姿勢をとっていた『現代コリア』は、韓国批判の原稿も恐れず載せるという点で他の媒体とは違っていた。

しかし、私はその原稿を一読して、ここで言われている批判は彼女の両親が一回体験したことだけをもとに主張されている。個人的感情が前に出すぎているので掲載できない。ただし、投書欄なら採用できると連絡し、それでもいいから載せてくれということだったので、平成元年（一九八九）八・九月合併号の投書欄に載せた。その主要部分を引用する。

（四十五年ぶりに祖国を訪問した：西岡補）両親が事故に遭ったのは七月九日土曜日の午後九時。

二人の乗った自動車が停車中に、後から来た乗用車にぶつけられました。

「警察を呼んでくれ」と叫んだ父は無視され、母は殆ど意識のない状態でした。

加害者の壊れた車で病院に運ばれた二人は、言葉が通じない為に症状を訴えることが出来ず、まともな治療は受けられませんでした。そのうち加害者の運転手と被害者の運転手、双方で示談にしてしまい、そのまま二人とも逃げてしまいました。

私が事故を知ったのが十一日の火曜日の朝。

ソウルで会った父は日本語のろれつが回らず、母は真っ青な顔でした。

二人とも自らの力で帰ることすら出来なかったのです。

この二日間、言葉の不自由な両親を助けてくれる人は誰もいませんでした。

私はすぐに両親を日本に帰しました。

出来うる限りの加害者の資料を集めて所轄の警察に行ったところ、受け付けてもらえませんでした。

理由は簡単でした。

被害者が日本に帰ったからです。

それでもなんとか事故証明を頂きたいと申し出たところ、加害者と被害者（両親）を連れてこいといわれました。

日本から両親を連れてくるのは無理ですし、ましてや私が逃げた加害者を捜すことは不可能です。

それを探してくれるのが警察ではないかと申したところ返事もしませんでした。

私が説明しても足を組んでゲームに夢中でこちらを向こうともしません。揚げ句の果てに、僑胞は金持ちだから自分で払える（治療費）だろうと。他の人はこちらを見てにやにや笑っているだけでした。私には彼らの一連の態度の意味がわかりませんでした。後で韓国の人に聞いたら警察にお金を渡さなかったからだと言われました。私が僑胞でなく日本人であっても彼らは同じ事をしたでしょうか。少なくても韓国人にとって、『完全な外国人』であるなら駐韓の大使館が動いてくれたでしょう。

結局私は何も出来ずに日本に戻りました。父は「むちうち」と診断され首にコルセットを巻き、黙って韓国の写真を見ています。手が痺れて思うように動かない母が、「もう日本人になろう」と私に泣きつきます。

在日韓国人・朝鮮人は韓国を代表していない

厳しい言い方だが、この文章には自分の母国の欠点を自己の責任としようとする姿勢がまったく感じられない。たしかに当時の韓国で被害者から警察が賄賂を取って捜査に臨むという話はあった。しかし、このケースがそれにあてはまるのかどうか、運転手同士の示談がどのような内容だったのかなど、韓国警察の腐敗を外国である日本人に訴えるには、事前に確認すべきことが多くあったはずだ。それがないから読み手はただ不快になるだけだ。だから、私は敢えて投書欄でしか扱わなかった。

私は昭和五十二年（一九七七）に韓国に留学して以来、多くの韓国人と知り合ってきた。そこで分かったことは、在日韓国人、在日朝鮮人は韓国を代表していないということだ。在日の話を聞いて韓国を理解しようとすると間違うことが多い。例えば、韓国の保守派のサイトに掲載された次のような合理的な意見は辛氏らからは絶対に聞きようがない。

韓国人には第二次大戦中に事実上徴兵は適用されなかったし、相対的に安全な徴用適用の対象となった。日本人が徴兵され戦場で死んでいく時、韓国人は後方の軍需工場や炭鉱で金を受け取って仕事をした。ところが今日の何も知らない韓国人が、「日帝の強制徴用蛮行」云々して反日扇動をしばしば行う。当時の状況で日本人のように戦場に出されて死ななかったことを不幸中の幸いと考えるのではなく、後方で比較的安全に金を受け取って仕事をしたのが「日帝の蛮行」と言って今日熱を上げているのだ。

今日の韓国人は、過去に韓国人が自分たちの無能のため国を奪われて植民地の住民として生きていくことになったということを、あたかも当時の日本が韓国人に良い暮らしをさせ、どんな困難が近づいても韓国人に対してだけは人権を最高に尊重するべきで、いかなる状況でも最高に人間的待遇をしなければならなかったと理解（錯覚）していると見られる。一言でいってこの頃の韓国人の日本に対する各種の要求や横車は、歴史的知識の不在と時代状況に対する無知の発露である場合が大部分だ。

（趙甲済《チョガプジェ》ドットコム二〇一七年三月五日掲載会員コラム）

私はこの章の元になった論文「韓国籍の『在日朝鮮人』辛淑玉の正体」を平成二十九年（二〇一七）五月号の月刊『Ｈａｎａｄａ』で発表した。辛氏はこの論文を読んでたいへんショックを受けたと聞いた。しかし、反論はしてこない。率直な討論をしようではないかと、再度、辛氏に訴える。

第6章　漸進的文明論で反日論を乗り越えよ

第一部の最後に、慰安婦問題をはじめとする歴史認識問題にどのように道徳の立場、すなわち普遍的価値観からどう対処すべきかという大きな問題について、今私が考えていることを書いておく。

国際法の原則から逸脱した歴史認識問題

なぜ、平成時代に歴史認識問題で日本がたたかれ続けたのか、そのことを考えたいと思う。その上で、令和の今、私たちは歴史認識問題について、普遍的な道徳の立場から何をするべきかについて問題提起をするつもりだ。

まず歴史認識問題とは何かである。単純に、複数の国や民族間でお互いに関わる歴史認識が対立していることを歴史認識問題とは言わない。何々問題という言い方をするときには、未だ解決していない課題がある、あるいは残っていることを指す。

通常の主権国家の間では、戦争や植民地統治などの過去に関わる清算は条約や協定で行う。

それを結べば内政不干渉の原則により、いくら相手の歴史認識が自分たちと異なっていても外交問題とすることはない。これが現代の国際法の原則だ。

歴史教科書の記述や戦没者の追悼方法などは主権国家の内政に属することであり、他国は干渉しない。歴史認識問題が外交で取り上げられているという姿は、国際法の原則からするときわめて例外的な事象なのだ。

以上のような議論をふまえ、私は、「歴史認識に関わる事象に対して他国政府が干渉し、外交問題化すること」を歴史認識問題と定義している。

わが国における歴史認識問題は、昭和四十年（一九六五）以来、日本で日韓国交正常化に反対する目的で始められた戦時労働者強制連行調査運動を源流とし、昭和五十七年（一九八二）、韓国の全斗煥《チョンドゥファン》政府と中国共産党政府が一緒に日本の検定済み歴史教科書の記述について修正を求めたことで始まった。それが本格化するのは、平成四年（一九九二）に「朝日新聞」の捏造キャンペーンにより慰安婦問題が日韓の外交問題になった後のことだ。その後の展開はご承知のとおりで、わが国は慰安婦問題や過去の戦争、植民地統治などで謝り続けたが、韓国、中国、北朝鮮からの非難は強まる一方だ。

干渉を受けるわが国の内部に、それを助長する言論機関や学者、運動家らが存在し、かつ外交当局が内政干渉の不当を指摘せず、ただ謝罪し人道的配慮をするという譲歩を繰り返すわが国特有の構造のため、問題は悪化し続けた。

その結果、国際社会にわが国に対する事実無根の誹謗中傷が拡散している。国連が根拠のない慰安婦調査報告書を出し、米国などの各国議会が事実に反する決議を行い、各地に慰安婦像などが建ち、ユネスコ歴史遺産や記憶遺産などで事実に反する日本非難が公式化されてきた。

共産主義イデオロギーを捨て「反日」に転換した中国と北朝鮮

平成が始まった一九八九年は、世界史の大激動があった。すなわち、ソ連と東欧という共産主義勢力の崩壊により冷戦が終わった。いや、自由民主主義市場経済が共産主義計画経済に勝利したのだ。

ただし、東アジアでは、すでに一九七〇年代に北朝鮮は共産主義理論ではあり得ない世襲独裁が始まった反面、韓国との経済開発競争で完全に敗北した。そこで北朝鮮は、全体主義は維持しながら、支配イデオロギーを共産主義から反日民族主義へと事実上移行させた。国内では、金日成一族は日本軍国主義と戦って勝利した家系だとする虚構の歴史観を独裁の正当化に使う一方、韓国に対しては、日本軍国主義に協力した親日派が現在の韓国を支配しているとする「反日反韓史観」を使った政治工作に乗り出した。

中国は、一九八〇年代に文化大革命の混乱を収拾させ、経済成長を最優先にする改革開放路線へ転換した。政治においては一党独裁を維持しながら計画経済を捨てて市場経済を採用するという形で、全体主義的政治体制を維持した。中国は全体主義を維持しつつ、あるいはそれを維持するために共産主義からファシズム（市場経済のエネルギーを国民抑圧に使う独裁体制、超国家主義）へと移行したのだ。そして、独裁の正当化のため、反日を強調する民族主義を前面に打ち出してきた。

つまり、冷戦の終わりを待たず、北朝鮮と中国は事実上共産主義イデオロギーを捨て、反日を強調する民族主義を独裁のためのイデオロギーとして採用した。それが本格化するのが、まさに冷戦が自由陣営の勝利で終わった直後から始まった平成時代なのだ。この世界史上の大変化が歴史認識問題の背景にある。

韓国の反日も、北朝鮮の反日民族主義の強い影響下にある。北朝鮮は冷戦時代、共産主義が資本主義に比べて優れているとする主張を政治工作の軸にしていた。しかし、朴正熙《パクチョンヒ》政権が高度経済成長を実現させると、一九七五年以降、南北の経済は逆転し、次第にその格差は大きくなっていった。経済開発で韓国に負けたことが明白になったのだ。そこで北朝鮮は八〇年代の終盤、対南工作の軸を共産主義の優位から反日民族主義に移した。

すなわち、「韓国は親日派を処断せず、親日派だった朴正熙が権力を握り、過去の清算をうやむやにしたまま日本と国交を結んだが、北朝鮮は抗日運動の英雄・金日成《キムイルソン》が建国し、親日派を処断し、反日民族主義を貫いたから、民族としての正統性は北にある」という「反日反韓史観」を韓国に拡散させたのだ。

経済援助と支持率温存のために反日カードが不可欠な韓国

一方、韓国は一九八〇年頃、全斗煥《チョンドファン》政権が冷戦下での軍事協力を名目に、日本に多額の経済協力を申し込み、拒否された。そこで、日本の歴史教科書の中国・韓国に関する記述が歪んでいるとした日本国内の左派メディアの誤報に便乗して、初めて歴史問題を外交問題化した。それも、反共を強く掲げていた全斗煥政権が中国共産党と共闘する形で日本の過去を糾弾する外交を行ったのだ。

その理由は、経済協力獲得の圧力として使うという功利的なものだ。全斗煥政権が歴史問題を外交に持ち出した理由は、それを使えば日本から援助がとれると判断したからだ。その判断はある意味で正しく、当時の日本政府は安全保障を理由とする経済支援は拒否したが、歴史を理由に攻められると多額の支援に応じた。

全斗煥政権の次の盧泰愚《ノテウ》政権も慰安婦問題を最大限活用し、反日を外交カードとして使って日本から資金や技術援助を受け取った。ところが、全斗煥、盧泰愚政権が功利的反日を行っている間、国内では前述の北朝鮮が仕掛けた「反日反韓史観」を軸にした政治工作が大成功をおさめた。政府が率先して日本の過去の悪を攻めたのだから、足下で地下勢力が「韓国という国は悪の権化の日本帝国主義に協力した人間がそのまま支配者として残った汚れた国だから革命が必要だ」と学生や労働者に宣伝するのを止めることができなかった。

平成に入り、金泳三《キムヨンサム》政権が竹島問題で一方的な日本非難を開始し、「反日反韓史観」に染まった世論に迎合して、支持率を上げる手段として反日を使い始めた。この頃から韓国の攻権は、日本からの支援を得る手段ではなく、国内の世論に迎合して支持率を上げる手段として反日を利用するようになった。李明博《イミョンバク》大統領が任期末、支持率が下がってきたタイミングで竹島上陸を強行し、反日外交を展開したのもその文脈だ。

二〇〇四年、国定だった中学、高校の国史（韓国史）教科書が検定に変わると、「反日反韓史観」に基づく歴史教科書が多数出まわるようになった。それに対して二〇〇五年一月、教科書の健全化を目指す「教科書フォーラム」が良識派学者らによって組織された。同フォーラムの中心メンバーの一人である李榮薫《イヨンフン》ソウル大学教授（当時）はその歴史観を次のように要約している。先にも引用したが、重要な点なので再度、同じことを書いた別の文を少し長めに引用する。

誤った歴史観は、過去百三十年間の近現代史を汚辱の歴史として子供たちに教えています。すなわち、宝石にも似た美しい文化をもつ李氏朝鮮王朝が、強盗である日本の侵入を受けた。それ以後は民族の反逆者である親日派たちが大手を振った時代だった。日本からの解放はもう一つの占領軍であるアメリカが入って来た事件だった。すると親日派はわれ先に親米の事大主義にその姿を変えた。民族の分断も、悲劇の朝鮮戦争も、これら民族の反逆者たちのせいだった。それ以後の李承晩政権も、また一九六〇～七〇年代の朴正熙政権も、彼らが支配した反逆の歴史だった。経済開発を行ったとしても、肝心の心を喪ってしまった。歴史においてこのようにして正義は敗れ去った。機会主義が勢いを得た不義の歴史だった、というのです。

（『大韓民国の物語』文藝春秋三三〇～三三一頁）

盧武鉉《ノムヒョン》大統領は、弁護士時代にこの「反日反韓史観」に触れて衝撃を受けたという。彼は大統領に就任後の二〇〇四年七月三十日に、「反民族行為特別調査委員会を解体して以来、誤った歴史を正すことができず、これまで遅延されている。誰かが、同問題を解決しなければならない」などと述べて、自身の歴史観を披露している。

その歴史観に立ち、盧武絃政権は大統領直属の「大韓民国親日反民族行爲真相糾明委員会」をつくった。同委員会は親日反民族行為者として千六人の名簿を公表した。親北左派は朴槿恵《パククネ》大統領の父、朴正熙《パクチョンヒ》元大統領をその名簿に入れたかったのだが、多くの論難の末、それは実現しなかった。しかし、朝鮮戦争の英雄である白善燁《パクソニュプ》将軍はその中に含まれ、保守派から強い反発を受けた。反共の英雄も反韓史観のめがねで見ると民族の裏切り者になるのだ。つまり盧武鉉政権時代になり、北朝鮮の政治工作の毒が大統領にまで回ってしまったということだ。

この歴史観は各界各層に浸透し、現在、韓国の小・中・高校で使われている歴史教科書も、この歴史観に基づいて書かれている。教科書フォーラムの流れを汲む一部の実証主義学者らが教科書改善運動を開始したが、彼らが執筆した歴史教科書は採択率ゼロだった。

朴槿恵大統領が就任後、慰安婦問題にこだわる反日歴史外交を続けた背景には、国内で「親日派の娘」と非難されるのを恐れたことがある。「反日反韓史観」に正面から挑戦せず逃げてしまったため、そのような結果になったのだ。

朴槿恵大統領は歴史教科書を国定化するという強硬政策をとった。その点は評価できるが、弾劾が成立し、七か月早く実施された大統領選挙で当選した文在寅《ムンジェイン》氏は、大統領就任の日、担当長官の人選すらしないまま、国定教科書の廃止を決めた。

中韓の若い世代に反日感情が強い理由

中国人と韓国人の反日感情は、戦争や日本統治時代の経験のない世代にむしろ強い。これは、反日感情が歴史的経験よりも中国と韓国が行ってきた政治宣伝により多く起因するからだ。中国共産党は一九八〇年代、改革開放政策に必要な多額の経済協力資金を得るために反日を外交交渉に使った。その一方で、共産党独裁を覆すような風潮の蔓延を防ぐため、この時期からいわゆる「南京大虐殺」や靖国神社A級戦犯合祀を突然問題にし始めたのだ。

南京大虐殺紀念館（正式名称は「侵華日軍南京大屠殺遇難同胞紀念館」）は、終戦からなんと四十年経った一九八六年に開館した。中国政府は同年八月、中曽根康弘首相の靖国神社参拝に対してA級戦犯合祀を理由に抗議した。しかし、一九七九年四月にA級戦犯の合祀が公になってから一九八五年七月までの六年間、大平正芳氏、鈴木善幸氏、中曽根氏が首相就任中に計二十一回参拝をしたときには、まったく抗議を行わなかった。

平成に入り、中国の反日の主な目的は、日本からの資金獲得よりも共産党独裁維持のための政治宣伝に重心が移った。天安門事件やソ連東欧共産圏の崩壊で独裁体制維持に危機感を深めた中国共産党は、市場経済を導入したため階級敵（地主、富農、右派など）を国内につくり出して糾弾する手法が使えなくなり、日本（軍国主義）を糾弾すべき敵として設定する政治宣伝を本格化した。

中国共産党は、大躍進や文化大革命などの失政で人民に多大な被害を及ぼした際、共産党に批判が向かないように「過去の苦難を思い出せ」という政治宣伝を行った。そこでは主として地主や資本家、国民党反動政権、米帝国主義が「階級の敵」として設定された。ところが、天安門事件後の政治宣伝では改革開放政策を進めるため「階級の敵」という設定はできなくなり、「民族の敵」として「日本軍国主義」が設定されたのだ。

天安門事件後の平成時代、江沢民《こうたくみん》時代に国内で組織的な反日教育を開始するとともに、歴史問題で日本を外交的に責め続けることを国策として決め、世界規模の反日組織ネットワークを構築した。

中国共産党は一九九四年八月、「愛国主義教育実施綱要」を発表した。これは学校教育分野だけでなく、映画やテレビ、記念建造物や博物館など社会全体で反日政治宣伝を行うことを定めたものだ。

同年十二月、日本の戦争責任を追及する米国、カナダ、香港を中心とする三十余の中国系、韓国系、日系の反日団体が結集して「世界抗日戦争史実維護連合会（Global Alliance for Preserving the History of WW II in Asia）」、略称「抗日連合会（Global Alliance）」が結成された。この組織は「愛国主義教育実施綱要」と軌を一にするものだった。

江沢民主席は、一九九八年八月に外国に駐在する特命全権大使など外交当局者を集めた会議で「日本に対しては、台湾問題をとことん言い続けるとともに、歴史問題を終始強調し、しかも永遠に言い続けなくてはならない」と指示を出した（『江沢民文選』）。これらの結果、中国の戦前を知らない若い世代に強い反日感情が生まれている。

以上見たように、北朝鮮とその政治工作の対象である韓国、そして中国は平成時代に入る前から共産主義イデオロギーの限界を認識して、反日民族主義を支配イデオロギーに採用していた。ソ連と東欧の社会主義圏の崩壊という世界史上の大事件を受け、中国と北朝鮮はいよいよ反日民族主義に頼らざるを得なくなった。韓国も北朝鮮の政治工作によって反日民族主義に絡め取られていく。

共産主義からすると民族主義は遅れた思想だ。革命のために一部利用できるときはするけれど、究極的には民族ではなく階級を重視し、世界の無産階級（プロレタリアート）が団結して資本家を倒して世界革命を起こすと主張していた。民族主義を否定する国際主義（インターナショナリズム）だった。だから彼らは国家を否定する共産主義から、自民族、そしてその民族が支配する自国の優位性を強調する超国家主義に転換したとも言える。それが平成時代に韓国・北朝鮮と中国が執拗に歴史問題で日本を責めてきた真の理由なのだ。

本質を見ず謝罪を繰り返したわが国外交の根本的欠陥

次に歴史認識問題に対するわが国の対応について概観する。先に見たように、平成時代の歴史認識問題は、実際に過去に起きた出来事が理由ではなく、批判する側が反日民族主義を必要としていたから起きたのだ。

ところが、同じ頃日本では、冷戦で敗れた左派勢力がその間違いを総括しないまま、過去の日本の「罪」を糾弾して自分だけが良心的だったと自己を正当化する反日歴史攻撃に傾斜していった。彼らが、史実に反する内容を発信し続け日本国と先人の名誉を傷つけ、中国と韓国の内政干渉を呼び寄せたのだ。

その上、内政干渉に対して毅然とした対応を見せるべき政府が、平成時代、歴史認識問題が起きるのは日本が過去の謝罪や被害者への配慮が足りなかったからだという間違った認識に立ち、謝罪と配慮を続けていった。その結果、問題はいよいよ深刻化していったのだ。

わが国が、中国と韓国が歴史認識問題を外交課題として持ち出してきたときに、その不当な要求に対して事実に踏み込んだ反論をせず、まず謝罪して道義的責任を認め人道支援の名目で、すでに条約、協定で解決済みである補償を不自然な形で行ったため、問題をさらに悪化させることとなった。

つまり、平成時代の日本では、事実関係を捏造してまで過去の日本をおとしめることが良心的だとする歪んだ反日主義が跋扈《ばっこ》していた。自国や自民族を無条件で悪と見て、国家が強くならないように監視、拘束することが平和をもたらすと考える、反国家主義だ。

中国と韓国・北朝鮮が超国家主義の立場から反日を煽り、同じ時期に日本では反国家主義の立場から左派のメディアと学者らが事実を捏造して反日の材料を提供し、弁護士や運動家が韓国や中国まで行って原告を探してきて戦後補償を求める裁判を次々に起こした。ちょうど鍵と鍵穴の関係のように、超国家主義と反国家主義が反日を媒介にして固く結びついたのだ。

一九六〇年代に米国で起きた反米史観

それではこの固く結びついた反日連合体と我々はいかに向き合うべきなのか、その答えを考えるヒントが、麗澤大学准教授ジェイソン・モーガン先生の研究にあった。

実は日本よりも早く、米国では一九六〇年代、つまり昭和四十年頃から反米史観が台頭し、冷戦終了後にその歴史観が全米に拡散してすでに学界、教育界、言論界、文化芸術界をほぼ支配するに至っているという衝撃的な報告だ。「米国の歴史は黒人、先住民、女性、少数民族などを抑圧し続けた恥辱の歴史であって、支配勢力であるプロテスタント信者の白人男性はその罪を反省し続け、被抑圧者に謝罪、補償を与え続けなければならない」とする反米史観だ。

これは、日本の知識人社会が平成時代に病んでしまった反日史観とそっくりだ。私は、米国原住民や黒人の問題、日本の朝鮮統治、アイヌ、沖縄などのいわゆる「抑圧された少数者」の問題を考えるときに、文明という物差しについてもう一度よく考えるべきだと思っている。漸進主義に基づく文明論によって、このような反国家主義と戦い、克服すべきだと提唱したいのだ。

これは、日本が西洋の脅威にさらされていた幕末のエピソードだ。

坂本龍馬は免許皆伝の剣術の達人だった。しかしあるとき、友人が彼に会うと刀を持っていなかった。「もう剣術の時代ではない」と、彼はピストルを持っていた。しかし次に会うと、今度はもうピストルではなく国際法の法典「万国公法」を持っていた。「これからはいくら強くてもだめだ、国際法を承知していなくてはいけない」というわけだ。

当時の国際法は、文明国だけが適用できることになっていた。野蛮な国は国際法の主体にはなれない、野蛮な国は文明国が植民地として支配し文明化する責任がある、そういう枠組みだった。文明国の条件は、第一は自国を守れる軍隊を持っていることだが、もう一つは国際法を理解しているということだ。

そんな状況にあって、当時の日本人は日本を植民地化しようとする「文明国」側の論理を勉強して、富国強兵をしなければならない、軍艦を持たなくてはならない、それだけでなく法律を整備しなくてはいけないと血の滲むような努力と犠牲を払って近代国家をつくり、その結果、日本はアジアの中で唯一、国際法の主体となることを認められた。当時、それ以外に侵略・被侵略の関係の帝国主義時代に国の独立を守って生き残る道はあったのだろうか。

日本が外国からの侵略の危機にさらされていたことは事実だ。しかし、だからといって、当時の歴史を振り返り、現在の文明の物差しで測って、アメリカとペリーが悪かったと簡単に言えるだろうか。未開の国を植民地にする、野蛮な国を先進国が文明化するという考え方は、もちろん現在では一方的、差別的で良くないとされているが、当時は必ずしもそうではなかった。当時の世界はこのような考えのもとで動いていた。また、そのすべてを否定すべきだというのも極端な考えではないだろうか。

例えば、日本は台湾を植民地として支配した。当時、台湾にはマラリアが流行っていたが、マラリアを完全に撲滅したのは日本の植民地政策だ。上下水道を整備し、病院を造った。マラリアがなくなることは、どの国、どの民族にとっても良いことではないだろうか。また、朝鮮においても日本の統治下で人口が二倍以上に増えた。その一番の原因は、幼児死亡率が下がったことだ。どの文化でも、どの親でも、生まれた赤ん坊が死んでいくことをよしとはしないだろう。そこには文明の進歩があったのではないだろうか。

日本は再び漸進主義的文明論で危機を乗り越えよ

ある国、ある民族を他国が支配するという、当時は必ずしも悪いことではなかったことが、現在では世界的に良くないこととされている、これも文明の進歩だ。このように、文明は人間の努力によって良い方に進んでいく可能性をもっている。ただし、その過程では問題もあり、衝突もあり、簡単にはいかない。少しずつしか進んでいかない。しかし、皆が努力を重ねれば、少しずつ良い方に進んでいく。国際間のさまざまな問題を通じて対立を深め、是非を争い、解決がつかなければ戦争で片をつけるのではなく、現在、我々に可能な範囲で、少しずつお互いの違いや課題を乗り越えて文明を進歩させていく。これが、私が提唱したい「漸進主義的文明論」の考え方だ。

今の文明の水準は、植民地支配が当り前のように行われていた当時よりかなり普遍的な価値観と言えるものに近づいてきている。自由、民主主義、人権、法の支配、このような考え方を通じて、我々は徐々に、どの国、どの民族どんな文化圏に属していても変わらない、人類により普遍的な価値へと近づいてきている。これは文明の漸進的進歩だ。

文明が人類にとって普遍的であるためには、他の民族や文化に属する人たちにとっても開かれたものでなければならない。そして、文明を少しずつ進歩させる基礎には、先人を尊敬し、先人が努力して築いてきた伝統を守ることを考えなくてはならない。同時に、変えるべきことは率先して改めることが必要だ。このように、常に課題と向き合いながら一歩一歩前進させていくのが、漸進主義に基づく文明論の考え方だ。

しかし、現在の世界情勢の中で、中国や北朝鮮の独裁政権が行っている超国家主義、日本やアメリカで広がっている反国家主義は、独善的、排他的、一方的で、文明の進歩に逆行するものだ。漸進主義的文明論の立場から、今世界で起きている超国家主義と反国家主義の結託という現実とその背景をよく理解し克服する。そうして、より広く人類が共有できる価値観を世界に広め育てていく、そういう活動を私たちはなすべきではないだろうか。

平成が終わり、令和の御代になった今こそ、伝統に学び、より人類的で普遍的な道徳を目指し、目の前の課題を一つずつ解決し進んでいく「漸進主義的文明論」の立場から、超国家主義や反国家主義、反日史観と戦い、克服していきたいと思う。

第二部　家族の愛が国際政治を動かす　実践的拉致問題

第7章　拉致問題の底流にある道徳の課題
――価値相対主義を覆す家族愛

三十年前、日本で初めて拉致問題を雑誌で発表

これまで、主として日韓関係、特に慰安婦問題などに関する私の研究遍歴を振り返ってきた。ここからは、私の研究におけるもう一つの大きなテーマである「北朝鮮による日本人拉致問題と私の関わり」について、道徳と研究という観点から振り返りたい。

私は日本人の学者として一番先に、日本人が多数拉致されているという論文を書いた。私がその論文を書いたのは、今は廃刊になった『諸君!』という文藝春秋から出ていたオピニオン雑誌の平成三年（一九九一）三月号だった。

その頃私は、現代コリア研究所という民間研究所で、機関誌『現代コリア』の編集長をしていた。同研究所は、韓国と北朝鮮の問題についてどちらかの立場に立つのでなく、あくまでも日本人の立場で、是々非々で論じるという方針を立てていた。そして、貧乏で年間十冊の機関誌を出すのが精一杯、それも原稿料を払うことができない状態だった。

私が編集長をしていた時代の編集部は、東京都内の地下鉄の駅から歩いて十分程度の古いビルの三階部分だった。1DKの狭い部屋で、片付けることをしない怠け者の私がテーブルのかなりの部分を占領し、床や棚に未整理の資料や原稿用紙、ゲラなどがまき散らされていた。

平成三年、私は拉致問題に関する原稿を書くため、編集部に泊まり込んだ。めぐみさんの拉致が判明して家族会・救う会が結成される六年前のことだ。

十六人の拉致を指摘

そのとき、編集部の棚にあった一九七〇年代の資料ファイルをひっくりかえしながら、私は日本人拉致被害者が少なくとも十六人いることを明らかにした。

同論文のその部分を引用しておく。（拙著『コリア・タブーを解く』亜紀書房に収録）

北朝鮮はこれまで少なくとも一六人の日本人（①石川県の漁船員三人、②福井・新潟・鹿児島県のアベック三組六人、③北海道の小住健蔵さん、④三鷹市役所警備員の久米さん、⑤大阪市中華料理店コック原さん、⑥「李恩恵《リウネ》」と呼ばれる東京出身のTさん、⑦ヨーロッパで失踪した留学生三人）を拉致し、一〇通の日本旅券を偽造している。これ程明白な日本に対する主権侵害、日本人に対する人権侵害はないのではないか。

（『コリア・タブーを解く』一五頁）

ここで実名を出していない方が多いのは、当時、家族らが北朝鮮にいる被害者の身の安全を考えて、実名公表をしていなかったなどの事情による。現在は、家族が実名を公表しているので、それをここに書いておく。

①は、昭和三十八年（一九六三）に（石川県）近海で漁業操業中に拉致された寺越昭二《てらこししょうじ》、寺越外雄《そとお》、寺越武志《たけし》さん。

②は、昭和五十三年（一九七八）七月に福井県で拉致されて平成十四年に帰国を果たした地村保志さん、浜本富貴恵さん。同じく昭和五十三年七月に新潟県で拉致され平成十四年に帰国した蓮池薫さん、奥土祐木子さん。昭和五十三年八月に鹿児島県で拉致されまだ帰国できない市川修一さん、増元るみ子さん。

③小住健蔵さんは北海道から一九六〇年代に上京した後、消息不明になっていたが、北朝鮮工作員崔スンチョルが一九七九年に小住さんになりすまして旅券と運転免許を作ったので、その頃、拉致された疑いが濃厚。警視庁公安部は昭和六十年に「西新井事件」として崔スンチョルらを摘発したが、崔は国外に逃亡した。なお、政府は現段階で小住さんを拉致被害者として認定していない。

④昭和五十二年（一九七七）九月、久米裕《ゆたか》さんは北朝鮮工作員の手下となっていた在日朝鮮人李秋吉にだまされて石川県の海岸で拉致された。李秋吉は現場近くの旅館で逮捕され、自宅から北朝鮮との連絡に使った暗号解読表などが押収されたが、検察により不起訴処分になった。

⑤昭和五十五年（一九八〇）六月、原敕晁《はらただあき》さんは当時勤めていた大阪の中華料理店の経営者らにだまされて宮崎の海岸で拉致された。

⑥昭和五十三年（一九七八）六月頃、拉致された田口八重子さん。拉致当時、二歳の娘と一歳の息子がいた。大韓航空機爆破事件犯人の金賢姫の日本人化教育の教官をさせられた。金の証言で拉致が明らかになる。

⑦一九八〇年代初め、北朝鮮に逃亡したよど号ハイジャック犯人の日本人が朝鮮労働党の手先になってヨーロッパで日本人留学生を拉致した。昭和五十五年（一九八〇）、松木薫さんと石岡亨さんがスペインで拉致され、一九八三年、イギリス留学中だった有本恵子さんがデンマークで拉致された。

現在、日本政府は十七人を拉致被害者として認定している。私が平成三年（一九九一）の時点で書いた、この十六人のうち、十二人がそこに含まれている。①と③の合計四人がまだ認定されていないが、①は拉致されたことが間違いないし、③は殺人か病死の可能性が残っているので、拉致認定に至っていない。つまり、私の平成三年の論文は今の時点で読んでもほとんど事実関係に間違いのないものだった。

この論文を書きながら私は、さまざまな情報を総合すると、日本人を拉致して工作員を日本人化する教育に携わらせ、その工作員に航空機爆破などのテロを行わせて、北朝鮮の国家犯罪を隠蔽しつつ日韓関係を悪化させるという残虐でずる賢い拉致工作を命令したのは、当時、後継者に指名されて工作機関を掌握した金正日ではないかという結論に到達した。それで論文に次のように書いた。

（略）戦後生まれの若い工作員に徹底した日本人化教育を施し、にせパスポートを持たせてテロを実行させる。そしてつかまれば毒薬で自殺させるという、奇怪なテロ計画は、個人神格化が極限に達し、まったく他からチェックを受けることのなくなった中で七〇年代後半に金正日によって立案されたものであろう。（『コリア・タブーを解く』一八頁）

自らの命の危険も顧みず命がけでタブーに挑む

当時はパソコンどころかワープロも一般化しておらず、私は鉛筆で原稿用紙に論文を書いていた。ちょうど、深夜の三時頃だった。締め切りを過ぎているので翌朝までにファックスで送らなければならない。そのとき、恥ずかしいことだが、拉致というテロが金正日の命令によって起きたと書いたら、書いた私が日本国内でテロに遭うかもしれないと本気で怖くなり、手書きの原稿のその部分を消しゴムで消した。確かに、当時、拉致問題を告発することは大きなタブーだった。

消しゴムで金正日の命令部分を消した直後、現代コリア編集部の天井をネズミが大きな足音を挙げて走っていった。当時の編集部が入っていたビルはたいへん古く、天井にネズミが住んでいた。そのネズミの足音を聞いて私は「俺は一人ではないのだ」と思い直し、消しゴムで消した部分をもう一度元に戻した。現代コリア編集部の天井に住んでいたネズミは、私が目の前に悪を見ながら、見てみないふりをする卑怯者にならないですんだ恩人（?）なのだ。

拉致問題に関わり続ける中、人間の力を超えた何か大きな力が、このような悪を見過ごしてはならない、知った者が先に戦えと後押ししているとしかいいようのない不思議な体験を何回もした。そのような体験の中で私は、この世でなすべき善がある、戦うべき悪があると感じざるをえなかった。これが私にとっての道徳だ。

この論文は、完全に世の中からは無視された。しかし、北朝鮮問題を担当している公安関係者、防衛関係者、外交関係者などから真面目な顔で身の危険はないですか、という質問を何回か受けたことを覚えている。また、匿名の「殺してやる」と書かれた脅迫状を受け取りもした。

金賢姫氏の証言で明かされた北朝鮮による国家的犯罪

北朝鮮による拉致問題は家族の愛とテロとの戦いだと、私は二十年以上その渦中にいる中で感じている。まず、大韓航空機爆破テロ事件とその犯人の一人である金賢姫《キムションヒ》氏に関係する話を書いておく。

田口八重子さんや横田めぐみさんの拉致が明らかになる過程では、北朝鮮工作員の道徳と家族愛があった。大韓航空機爆破事件の犯人の金賢姫氏が、拉致について初めてまとまった証言をした。その証言がなければ後述する梶山答弁もなかっただろう。そうなれば、家族会結成もなかったかもしれないし、おそらく五人も帰ってこられなかっただろう。すでに日朝国交正常化が実現していたかもしれない。

若い読者のために一九八七年に起こった爆破テロ事件をまず、おさらいしよう。

一九八七年、朝鮮労働党対外調査部工作員である金賢姫氏は、「ソウル・オリンピックを妨害するために韓国の旅客機を空中爆破せよ」との金正日の直筆署名の入った「親筆批准（自筆サインのある指令書）」を受けた。

同年十一月二十九日、彼女はベテラン工作員である金勝一《キムスンイル》とともに日本人父子に化けて、洋酒瓶とカセットラジオに仕込まれた時限爆弾を持ち、バグダットからソウル行き大韓航空八五八便に乗り込み、爆弾の入ったカバンを機内の荷物棚に置いたままにして経由地のアブダビで降りた。飛行機はインドを横断してビルマ沖のアンダマン海上空で爆破され、乗客乗員百十五人が全員亡くなった。

金賢姫氏ら二人はアブダビからバーレーンに逃走したが、持参していた日本旅券の偽造を日本大使館員に見破られ、バーレーン空港で逮捕された。

二人は「捕まったら金日成・金正日父子の名誉を守るために自殺せよ」という命令どおり毒薬入りのたばこを噛んだ。金勝一は即死したが、金賢姫氏はバーレーン警察官にたばこを奪われ、毒薬を少量しか飲まず生き残った。

その後、金賢姫氏は韓国に移送され、国家安全企画部（一九六〇年代に「韓国中央情報部（KCIA）」という名称で創設された韓国の情報機関。金大中政権下で「国家情報院」と再び名前が変わる）の取り調べを受け、「自分は北朝鮮の工作員であり、大韓機爆破は金正日の指示で自分たちが実行した。日本人に化ける教育を受けるため『李恩恵』と呼ばれていた日本人拉致被害者から一九八一年から八三年まで二十か月教育を受けた」などと衝撃的な自白をした。

日本の警察が彼女の証言をもとに「李恩恵」について捜査をしたところ、昭和五十三年（一九七八）六月に都内のベビーホテルに、一歳と二歳の幼子を預けたまま失踪した田口八重子さんであることを突き止めた。

話を金賢姫氏がテロ実行犯としてバーレーン空港で逮捕されたときに戻す。

金賢姫氏はバーレーン空港で、たばこに仕込んであった青酸カリ入りのアンプルを噛んだが、すぐ異変に気づいた警官がたばこを叩き落とした。その結果、少量の気化した青酸塩を吸い、三日間、昏睡状態だったが、体力があり死ななかった。私は、これは神さまの助けだったと思っている。

彼女は「蜂谷真由美」名義の日本の偽造パスポートを持っていたから、主権侵害だと主張して、日本が身柄を取ることも法的には可能だった。

毒薬の種類が北の工作員が持っているものと同じだった。それなどを根拠に韓国側がこれは北朝鮮のスパイだと言い、韓国への引き渡しを求め、日本が了解した。

北朝鮮が工作員に教え込んだ虚構

金賢姫氏は、はじめは自供を拒んでいた。韓国の安企部には北の工作員を自供させるノウハウがあった。けっして拷問などしない。一人の人間として丁寧に取り扱う。韓国の実態をそのまま見せる。そうすると精神の動揺が来る。北朝鮮当局が教え込んだ虚構をうちやぶることによって、良心の呵責をおぼえて人間性を回復するように誘導するという基本方針だった。

北朝鮮では、韓国はアメリカ帝国主義の植民地支配を受けて、たいへん苦しい生活をしている、人民の半分は飢餓線上にあると教えられる。金賢姫氏もそう教えられていた。

ソウルのデパートやホテルに彼女は驚かない。もっと贅沢な暮らしは平壌にある。しかし、ソウルの庶民の暮らしぶりを見て彼女は衝撃を受けた。初めて車に乗ってソウル市内を見物したときのことを金賢姫氏はこう振り返っている。

（略）私の心をくつがえしたのは自動車でも、服装でも、看板でもなかった。自動車が信号待ちをしている間、街の露天商を見て私は衝撃を受けた。私は北で、南朝鮮では最下層に属するのが露天商だと聞いていた。その下層階級の露天商が売っているものが、私の視線を釘づけにした。高級時計を並べて売っているかと思うと、高級な道具、服、靴などを売っている露天商もいた。

北では夢にも見られない空想の世界だった。北だったら、農民市場に時計を一つ持っていって売っただけで、五人家族が何カ月も生活できるお金になる。私の常識では高級時計を売っている露天商はとうてい理解できなかった。

（金賢姫『いま、女として 上』文庫版一八三頁）

金賢姫氏はそれを見て強く動揺した。韓国は豊からしい、自分は何のために人を殺したのかと良心の呵責をおぼえた。

工作員の自白を促した道徳心

実は、飛行機に爆弾を入れたカバンを残してアブダビ空港で降りたとき、彼女は一瞬、動揺したという。

この勤労者が死ぬのだと思うと一瞬、良心の呵責を感じましたが、金日成が指示した革命課業の完遂のためにはこの程度の犠牲は避けられないのだと心に決めて、タラップを降りました。

（趙甲済『北秘密工作員の告白』文庫版二一九頁）

自分が金日成、金正日にだまされていたことに気づいて、彼女は自分が犯した殺人という大きな罪に対して心がおののいた。

〈略〉窮地に追い込まれた中で、私が犯した行為がいかに残忍非道で、このうえなく罪悪であったかわかったからだ。人間の仮面を被った獣でないない限り、事実を明らかにしないわけにはいかなかった。

また、私が正しい家庭教育を受け、深い愛につつまれて育ったから、早く自分の罪に気がついたのではないか、とも思う。愛は与えられた者だけが、あたえ方も知っている、という言葉がある。暑い南方の国に出稼ぎに行き、帰国する勤労者があの飛行機の搭乗客のほとんどだった、という話を聞いてから、私の心は揺れ動いた。彼らが愛する家族との再会を果たし、抱き合って喜ぶ姿を想像するだけで、私の胸は罪悪感で張り裂けんばかりであった。再開の喜びの声を、地べたを叩く慟哭《どうこく》の変えてしまったのが、他ならぬ私なのだという思いは、みずからを決して許すことができないものにした。

（『いま、女として　上』文庫版三〇九～三一〇頁）

しかし、自白してしまえば家族連座制で親、兄弟が処罰を受け、政治犯収容所に送られる。彼女は脱北者ではなく、作戦のさなかで捕まった英雄なのであり、自白しなければ、家族は英雄の家族として最高待遇が約束される。しかし、真実を自白すれば、英雄から裏切り者に変わり、家族は裏切りの罪をかぶせられる。

金賢姫氏は一晩眠れない夜を過ごしたと語っている。彼女は両親、特に母親のことを思った。砂漠でコップ一杯の水しかなく、それを飲まなければ死ぬという状況になったら、母は私に飲ませるにちがいない。それほど私に愛情をかけてくれた。その母が今の私の状況を見れば、私たちはどうなってもいいから、あなたは正しいことをしなさいと言ってくれるだろう。

自問自答した末、翌日、彼女は自白をした。

百十五人の犠牲者にも家族がいる。その人たちを殺したのは悪だと、自白しなければならない。家族に累が及ぶが、家族は分かってくれるはずだと金賢姫氏は考えた。その自白があったからこそ、日本人が拉致されたことや、北朝鮮テロリストを日本人に化けさせる教育をしているという、完全犯罪に近い金正日の悪だくみが暴露された。母親の愛情深い子育てが歴史を変えたとも言える（金賢姫氏の母は隠れキリスト教信者だった）。

金賢姫氏の自白の二か月後の昭和六十三年（一九八八）三月、参議院の予算委員会で梶山静六・国家公安委員長が、蓮池さん夫婦や地村さん夫婦、市川さん、増元さんについて「（アベック六人の失踪について）北朝鮮による拉致の疑いが十分濃厚である」と歴史的答弁をした。警察は電波傍受などかなりの情報を持っており、金賢姫氏の証言によって、最後の謎だった動機も分かったのだ。

日本の警察は金賢姫氏の自白がなされる前は、拉致の動機として北朝鮮の工作員が被害者になりすます「背乗り《はいの》」については分かっていた。しかし、なりすますためには北朝鮮工作員が戦前に日本人として教育を受けている年長者である必要があった。

しかし、梶山答弁で拉致を認めた地村さん夫婦、蓮池さん夫婦、市川修一さん・増元るみ子さん、田口八重子さんたちのケースは、被害者の年齢が若すぎた。つまり、昭和三十年代以降に生まれた被害者らになりすます人材が北朝鮮にはいないはずだからだ。

犯罪には動機がある。しかし、アベック拉致は動機が不明だった。それが金賢姫氏の証言によって、日本人化教育の教官をさせるために拉致をしたという動機が明らかになった。それで警察は自信を持って、当時の治安の最高責任者であった梶山静六国家公安委員長に歴史的答弁をさせることができたのだ。

金賢姫の証言と梶山答弁から約十年経って横田めぐみさんの拉致が発覚した。それには元北朝鮮工作員安明進《アンミョンジン》氏のめぐみさんを見たという証言が大きな役割を果たした。

ところで、安明進氏が韓国への亡命を決意した動機がまた、金賢姫氏の証言だったのだ。金賢姫氏が自白したことを受けて、北朝鮮は工作員教育の内容を大きく変えた。金賢姫氏について分析した結果、彼女は命令どおり毒薬を飲んだのに、韓国社会の実情を知って、良心の呵責をおぼえて自白したことが把握され、工作員らには韓国が豊かであることをありのままに教えて先に免疫をつけることになった。

拉致を暴いた家族の愛

安明進氏が工作員養成学校に入学したのが一九八七年、大韓機爆破テロ事件が起きた年だ。その後、六年制の教育課程で、韓国のビデオや新聞を毎日接することができるようになった。その結果、安明進氏は韓国に入る前に韓国に憧れてしまった。自由の地、韓国を歩いている夢まで見た。工作員が転向するのはたいてい韓国の豊かさを見てからだと言うが、彼は最初の作戦で休戦ラインを越えたところで韓国に亡命した。

安明進氏は自分が亡命を決意する決定的なきっかけになったのが金賢姫氏に関するニュースを韓国の新聞で読んだことだったと次のように語っている。

皮肉にもそれは、大学でスパイ活動教育の一環として、韓国の新聞や実情ビデオ、映画に毎日のように接したおかげだった。それらは私の考え方を完全にひっくり返してしまった。特に決定的転機になったのは九〇年四月、韓国の新聞が一面トップで報道した記事を目にした時だった。それは、乗員乗客一一五名の生命を奪った大韓航空機の爆破犯人として死刑を宣告された金賢姫《キムヒョンヒ》が一転して、特別赦免《しゃめん》を受けたという記事だった。

（略）

この記事をきっかけに私たちは、工作員として韓国に侵入し、スパイ活動をして逮捕されたとしても、転向しさえすれば韓国側は温かく受け入れてくれるのではないか、という希望を持つようになったのである。

（安明進『北朝鮮拉致工作員』一一二～一一三頁）

金賢姫が毒薬を飲んだが蘇生し、良心に従って自白をした結果、死刑が確定したが特赦により韓国で暮らすことが許された。そのことを工作員養成学校で知って韓国亡命を決意した安明進氏が、横田めぐみさんを見ていた。パズルがこうやってはまっていった。

安明進氏も最初はめぐみさんについて証言に積極的ではなかった。だが、安氏を尋ねて訪韓した横田さんのご両親と面会して彼の態度が変わった。面会が終わったあと、彼は号泣した。ご両親がごく普通の人で、娘を懸命に探している。二十年ものあいだ悲しい思いをしてきた。それが会って分かったと言って泣いた。

北朝鮮にいるときは拉致がそれほど人を苦しめるとは思っていなかった。過去に日本が朝鮮人に対してひどいことをしたのだから、革命のために日本人を利用するのは当たり前だと思っていた。しかし親子を引き裂くというのは、こんなにひどいことなのかと思ったという。それで名前を出してカメラの前で証言すると決意した。

その彼が怖くて一つだけ証言しなかったことがある。拉致の命令者は金正日だということだ。彼が最初に書いた『北朝鮮拉致工作員』（徳間書店）には「拉致の命令者は金正日だ」という部分がない。最初の原稿にはあったそうだが、韓国の公安関係者が危ないと言って止めたという。

平成十年（一九九八）七月の終わりに、「家族会」と「救う会」が安氏を日本に呼び、全国縦断講演会を開いた。私は通訳兼コーディネーターとして全ての日程に同行した。

最初の集会が新潟だったので、彼は新潟空港から日本に入国した。空港で開いた最初の記者会見で、初めて彼はそれを明かした。「実は一つだけ言わなくてはならないことがあります。今回、横田さんたち家族の人たちに呼ばれました。私は卑怯な人間になりたくありません。家族の人たちに呼ばれたのに、話さずにいることがあってはいけない」。そう言って話したのが、「拉致の命令者は金正日である」だった。

そのとき安氏はたいへん緊張していた。北朝鮮がいつ自分を襲ってくるかもしれない。私たちはホテルを偽名で取り、各県警に警備を依頼した。彼は真顔で「工作機関にいたから分かるが、帰りの飛行機が一番危ない。ハイジャックされるかもしれない。だから西岡さんにも帰りの飛行機の便名は教えません」と言った。

親は愛情を込めて子供を育て、善悪を教える。金賢姫氏の母親のように、一党独裁の共産主義の社会でもそれがあった。その愛を受けて育った金賢姫氏が自分の犯した罪に目覚め、テロの実態と日本人拉致について証言した。安明進氏は子を思う親の気持ちに打たれ、拉致は悪であると自覚して日本人拉致について命がけで証言した。

世界規模で拉致が明らかに

平成十八年（二〇〇六）一月、私はマカオに行った。そこで、一九二二年生まれの当時八十四歳になるマカオ人の拉致被害者孔令譽《コウレイイン》さんのお父さんに会った。一九七八年に娘である孔令譽さんがいなくなった。当時、お父さんは中国本土にいた。すでにそのとき、お母さんと弟さんと孔令譽さんの三人は文化大革命のひどい弾圧を避けてマカオに逃げていたが、教員だったお父さんは逃げずに文化大革命下の中国本土に残った。マカオの三人家族はお父さんがいないから、弟さんを大学に行かせるためにお姉さんの令譽さんが大学進学を諦めて、宝石店に勤めながら、観光ガイドのようなこともやりながらおカネを稼いでいた。そこに日本人を名乗る男が二人現れて、チップを沢山やるからガイドをしてくれと言われ、海岸まで連れて行かれた。そこにボートがあって、「そのボートで海を見て回りましょう」と言われて、乗ったところを沖まで連れて行かれ、工作船に乗せられて、北朝鮮に拉致された。家族は令譽さんのことを忘れることなく、ずっと探していた。

その孔令譽さんの消息が最初に分かるのが昭和六十三年（一九八八）。大韓航空機爆破事件の次の年だ。実はその年に韓国と日本で『闇からの谺《こだま》』（池田書店、後日に文春文庫となる）という本が出版された。韓国人の拉致被害者で一九七八年に拉致されて、八六年に自力で逃げ出した映画女優がいる。崔銀姫《チェウニ》さんという方だが、彼女を金正日が連れてこいと命令して拉致された。その女優と、やはり拉致された夫である映画監督の申相玉《シンサンオク》氏がその体験を本に書いたのだ。その中で、崔さんがマカオでいなくなったその女性、「ミス孔と一時期、隣の招待所で暮らしていた」と書いた。具体的な家族関係などがそこに書いてある。いなくなった孔令譽さんの情報と本に書いてある情報がぴったり一致して、拉致されたことがほぼ間違いなくなった。

しかし家族は名乗り出なかった。日本の家族も実はそのときは名乗り出なかった。日本でもマカオでもそのときには家族会はできていなかった。同じ一九八八年、大韓航空機爆破事件で田口さんの拉致が明らかになったが、田口さんの家族は、当時、養子として育てていた田口さんの二人の子供たちが中学生で思春期だったため、お母さんがテロリストの手助けをしたというようなことになって、マスコミにインタビューなどされたら可哀相だからと、表に出ないことを決めた。

タイ、マカオでの拉致も明るみに

そして何も起きず、それから十年経って、平成九年（一九九七）に横田めぐみさんの拉致が明らかになって、日本では家族会の運動が始まる。五年間の運動の結果、平成十四年（二〇〇二）十月、蓮池さん夫婦、地村さん夫婦と曽我ひとみさんの五人の被害者が帰り、平成十六年（二〇〇四）にはひとみさんの夫のジェンキンスさんらが帰ってきて、翌平成十七年、ジェンキンスさんが『告白』（角川書店）という本を書いた。

その本の中にタイ人が拉致されているという情報が入っていた。ジェンキンスさんと同じ立場の脱走米兵が四人いて、その奥さんが全員拉致被害者だった。一人は曽我さんで日本人だが、あと三人はタイ人とレバノン人とルーマニア人だった。そのタイ人女性、アノーチャーさんについて詳しく書かれていた。アノーチャーさんの父はタイの田舎でずっと娘の帰りを待っていたが、ジェンキンスさんの本が出る数か月前に亡くなってしまった。そのアノーチャーさんのことがタイのテレビに出た。アノーチャーさんのお兄さんが名乗り出て、妹が昭和五十三年（一九七八）にマカオに出稼ぎに行っている途中で失踪していると証言した。私たちがタイを訪れ、お兄さんから詳しく話を聞いた結果、アノーチャーさんの情報とジェンキンスさんが本に書いた拉致されたタイ人の情報がぴったり一致した。

ところで、マカオでアノーチャーさんが失踪した日に、マカオ人の女性も失踪している。同じ日にタイ人女性一人と二人のマカオ人女性が失踪していると当時の新聞などに出ていた。その失踪したマカオ人女性の一人が孔さんだったのだ。ジェンキンスさんの本が出てアノーチャーさんの存在が明らかになったことによって、再びマカオで孔さんの拉致が問題になり、そこで家族が決断をして、二〇〇五年十一月に香港の新聞に初めて名乗り出た。お母さんは孔令譽さん拉致の後に亡くなっていて、その後、お父さんは本土からマカオに来ることができ、お父さんと弟さんが名乗り出た。

そのニュースを知った私は、さっそく連絡を取って平成十七年（二〇〇五）十二月、韓国に飛びその映画女優の崔銀姫さんに会うことができた。実は金正日のテロなどを恐れて身を隠していたのでなかなか連絡が取れなかったが、探し出すことができた。そこで孔さんの具体的な情報を聞いて、それをもって平成十八年（二〇〇六）一月、マカオに行って孔令譽さんの家族に会い、家族だけが知る彼女の情報と崔銀姫さんから聞いた孔令譽さんに関する情報がぴったり一致することを確認できた。例えば、崔さんは孔令譽さんから自分のカソリックの洗礼名はマリアだと聞いていた。それを私が孔令譽さんの家族にぶつけたところ、家族の中でカソリック信者は孔令譽さん一人だったため、その席では家族は孔令譽さんの洗礼名を知らなかった。後日マカオの家族から届いた連絡によると、孔令譽さんが通っていたカソリック教会に確認したところ、彼女の洗礼名はマリアだった。

家族は一日たりとも忘れず探し続けた

こうやってパズルのような情報が一つずつ合わさって、金正日の完全犯罪に近かったような世界規模の拉致が明らかになっていった。それを明らかにできたいちばん大きな理由は何かというと、いなくなった肉親を被害者家族が忘れていなかったということだ。

蓮池さんたち五人の拉致被害者が帰ってきた直後、当時の美智子皇后陛下は、

小泉総理の北朝鮮訪問により、一連の拉致事件に関し、初めて真相の一部が報道され、驚きと悲しみと共に、無念さを覚えます。何故私たち皆が、自分たち共同社会の出来事として、この人々の不在をもっと強く意識し続けることが出来なかったかとの思いを消すこ

とができません。今回の帰国者と家族との再会の喜びを思うにつけ、今回帰ることのできなかった人々の家族の気持ちは察するにあまりあり、その一入《ひとしお》の淋しさを思います。

という御言葉をくださった。

日本やタイ、マカオの社会全体は美智子皇后の御言葉どおり「この人々の不在をもっと強く意識し続けることが出来なかった」が、家族は違った。愛を持って一日たりとも忘れず探し続けていた。

タイ人拉致家族もマカオ人拉致家族も口には出せなかったかもしれないが、いつも被害者のことを忘れていなかった。タイ人のアノーチャーさんの亡くなったお父さんは、亡くなる時までアノーチャーさんの大きく引き延ばした写真をベッドに置き、アノーチャーと言い続けていた。チェンマイ市から車で一時間くらいかかる農村にあるご自宅に伺うと、亡くなる直前までベッドに置いていたという大きく引き延ばされたアノーチャーさんの写真があった。だから、タイのテレビがジェンキンスさんの本を引用して「タイ人女性が北朝鮮に拉致されている」という報道をしただけで、家族はアノーチャーだということが分かったのだ。

マカオの家族も、一九八八年に崔銀姫さんらの本が出ていたから、孔令譽さんが拉致されたということについてある程度分かっていた。しかし、誰も助けてくれる人がいない。ただ忘れていなかった。弟さんにしてみれば、自分を大学にやるために、進学をあきらめてホテルの宝石店で働いてくれたお姉さんが今でも助けを求めているかもしれないのだ。忘れられるはずがない。崔銀姫さんは、マカオの孔さんと「どちらか一人が外に逃げられたなら、お互いのことを話して、助けよう」と誓い合ったと聞いた。だから、東ヨーロッパでの映画ロケで隙を見て脱出に成功した後、すぐ本にも孔令譻さんのことを書いた。その後も拉致について証言するというのは、金正日を批判することになるから、身辺の危険があるが、私にも会って証言してくれた。

家族は拉致された被害者を絶対に忘れていなかった。必死で探し続けていた。だから、パズルのような情報が少しずつ集まって世界中で多くの無辜《むこ》の民が拉致されているということが明らかになった。家族の愛は北朝鮮の拉致というテロに負けなかったのだ。私はその証人だ。

政府はいつから拉致を知っていたのか──衝撃の「読売」記事

次に、この本の読者の皆さんに「日本政府が、北朝鮮が日本人を拉致していることを最初に知ったのはいつか」という質問をしたい。私は拉致問題に関して講演するたびにこの質問をしているが、今まで一回も正しい答えを聞いたことがない。

正解は「事件直後から知っていた」である。すなわち昭和五十三年（一九七八）には、すでに政府は自国民が拉致されていることを知っていたのだ。

当時、警察庁警備局で北朝鮮工作員の日本への不法侵入を取り締まる実務を担っていた元幹部が、小泉訪朝の結果、五人の被害者が日本に帰ってこられた直後の平成十四年（二〇〇二）十二月に「自分が日本人が拉致されていることを最初に報告した」という驚くべき告白をしている。

「読売新聞」平成十四年（二〇〇二）十二月二十日夕刊に「［検証・拉致事件］（1）「北」の犯行、24年前確信」という見出しで掲載された匿名インタビューだ。少し長くなるが、いまだにこの重要な事実を知らない人が多いので、私の解説付きでほぼ全文を紹介する。

「実は二十四年前も、何とか事実を公表できないかと考えたのだが……」。警察庁の元幹部(69)は、苦い記憶を振り返る。四件のアベック拉致・拉致未遂事件があった一九七八年当時、警備局の中堅だった元幹部は、おそらく日本で最初に「北朝鮮による連続アベック拉致」を確信した人物だ。

「特異事案 アベック蒸発事件」。七八年七月、福井県警から届いた報告書にはそう表題があった。小浜市の海岸から七夕の夜に失跡した地村保志さん、富貴恵さんの事件だった。その一週間ほど前から、東京・霞が関の警察総合庁舎に泊まり込んでいた。警察の無線傍受施設が、日本海の真ん中で、北朝鮮の工作船が発したと見られる電波をとらえ、各県警に「沿岸警戒活動」を指示していたからだった。

やはり警戒活動中だった同月三十一日、今度は新潟県柏崎市で蓮池薫さん、祐木子さんが行方不明になった。「海岸近くで」「若い男女が」「家出する理由がないのに失跡した」。机の上に積まれた二冊の報告書を前に、元幹部は背筋に寒いものを感じた。

さらにその翌月、鹿児島県で市川修一さん、増元るみ子さんが失跡。富山県高岡市でも、アベック拉致未遂事件が起きた。

「警察の無線傍受施設」がとらえたもの

「警察の無線傍受施設」とは何か。一九六〇年代以降、北朝鮮は工作船を使って日本に工作員を不法に入国させるという事件を頻繁に起こした。それに対して警察は海岸の警備を強めていた。工作員は北朝鮮の基地から工作船で日本近海まで運ばれ、そこから子船に乗り移って海岸に接近し、ゴムボートや水中スクーターなどを使って上陸、脱出を行っていた。その際、北朝鮮の基地と工作船と日本に侵入している工作員の三者が無線で連絡を取り合っていた。警察はその無線を傍受する施設を全国に持っていて、北朝鮮の工作活動を監視していた。

昭和三十八年（一九六三）、秋田県能代市で三人の工作員の水死体が発見されるという事件があった（能代事件）。彼らは拳銃、偽造運転免許証、ドルなどとともに無線機を携行していた。その無線機はジャックノイズ特殊無線機だった。ジャックノイズとは鉄琴を早くこすったような音だ。通常の速度で聞くと短い雑音にしか過ぎない。受信した側が特殊なやり方で意味を解読する。拉致が行われたときには、北朝鮮の基地と工作船と工作員の間の無線のやりとりに一定の規則性があったという。

当時の警察庁警備局外事課には課長が警視長で五十代、その下に筆頭課長補佐の理事官が一人、警視正、四人の課長補佐、警視がいた。課の中に係が置かれ、

一係　ロシア
二係　中国
三係　朝鮮
四係　事件
五係　戦略物資　A班　ココム　　B班　テロ関係物資カネ
六係　庶務
八係「ヤマ」と呼ばれた無線傍受施設をそれぞれ担当していた。

四係の課長補佐が八係も見ていた。八係は一九七〇年代末から八〇年代頃、百人くらいが所属していて、毎日三から四交代で無線を傍受し担当言語を聞いていた。

前掲の「読売」記事の中の「警察の無線傍受施設が、日本海の真ん中で、北朝鮮の工作船が発したと見られる電波をとらえ、各県警に『沿岸警戒活動』を指示していたからだった」という部分は、具体的には次のようなシステムのことを指している。

八係が無線傍受により北朝鮮工作船が近づいてきたことを知ると、警察庁から船が来ている

地域の警察本部外事課に極秘で指令を出して、海岸を警備させていた。その指令を「ＫＢ（コリアンボート）情報」と呼ぶ。昭和五十三年（一九七八）夏はＫＢ報が発令され続け、そのため、この幹部は「一週間ほど前から、東京・霞が関の警察総合庁舎に泊まり込んでいた」というのだ。

一部幹部らは事件直後から知っていた

この「読売」の記事に出てくる幹部とは、八係の技官ではないかと推定されている。

昭和五十三年（一九七八）八月十二日、鹿児島県吹上浜から拉致された市川修一さん、増元るみ子さんの事件では、地元紙「南日本新聞」が「読売」記事が出るすぐ前の平成十四年（二〇〇二）十月十九日、「市川さんと増元さん拉致前後、怪電波傍受していた」という記事で、事件当時、鹿児島県警は北朝鮮の工作船からの無線電波を傍受することに成功していたと次のように報じていた。「読売」記事を裏付ける報道として注目される。

吹上浜で市川修一さん＝当時（23）と増元るみ子さん＝同（24）が、朝鮮民主主義人民共和国（北朝鮮）に拉致された昭和五十三年（一九七八）八月、警察当局は、事件発生の十二日前後約一週間にわたって怪電波を傍受していたことが「南日本新聞」の調べで分かった。怪電波は、笠沙町の野間池の沖合から発信されていたという。

鹿児島県警は平成三年（一九九一）五月、「市川さんらは北朝鮮に拉致された可能性が高い」として、対策班を設置して捜査を続けてきた。

「南日本新聞」の調べによると、事件発生後、鹿児島県警に怪電波の傍受日と市川さんらが連れ去られた日が一致していたことが伝えられた。怪電波は、日本の漁船などが発信する無線の周波数とは明らかに異なっていた。

当時の関係者らは「富山県の海岸でカップルの拉致未遂が起きたことなどから、吹上浜事件はほぼ北朝鮮の拉致だろうと考えていたが、確証がなかった。国交がなく、国際問題になる恐れがあったので、当時の状況ではとても口に出せなかった」と語っている。

なお、南日本新聞の同記事は、警察当局が怪電波を傍受すると鹿児島県警に連絡し、それを受けた鹿児島県警が北朝鮮工作員の潜入を防ぐため吹上浜を中心とした沿岸を警備していたと書いた。まさに、私が先に書いたとおりだ。その部分を引用する。

市川さんら二人の拉致事件が起きた七〇年代以降、警察当局は怪電波をたびたび傍受。連絡を受けた鹿児島県警はその都度、北朝鮮の工作員の密入国などを防ぐため、吹上浜を中心とした東シナ海沿岸を警備した。怪電波は春先から秋にかけて出ていたという。

そして、この記事は最後に鹿児島以外の拉致事件でも発生前後に現場近くの海から発信された怪電波が傍受されていて、それが拉致認定の根拠となっていると、私がここで書いてきたことと同じことを書いている。その部分を引用する。

警察当局によると、吹上浜以外の拉致事件でも、発生前後に周辺海域から発信された怪電波を傍受。「政府が拉致事件と認定した材料の一つになっている」という。

「読売新聞」平成十四年（二〇〇二）十二月二十日夕刊記事に戻ろう。

高岡では、沿岸を高速で走る不審な船が目撃されていた。現場に残されていた猿ぐつわを、ＩＣＯＰ（国際刑事警察機構）を通じて韓国当局に照会すると、「我が国に不法侵入し、死亡した北朝鮮工作員が所持していたものと極めて似ている」という回答が返ってきた。不安は確信に変わった。

「北朝鮮が拉致しています」。報告を受けた上司たちも「これは間違いない」と声をそろえた。だが、「一体、何の目的で――」。

ここに出てくる高岡での事件とは、昭和五十三年（一九七八）八月十五日夕刻、富山県高岡市の雨晴《あまはらし》海岸で二人の男女がデートをしていたところ、四人の不審な男に襲われ、ゴム製の猿ぐつわをされ、真ちゅうの手錠をかけられ、手ぬぐいで足を縛られて、ずた袋のようなものにすっぽり入れられて近くの林の中に置かれた。日本語が母国語ではないような発音で「静かにしなさい」といわれ、しばらくすると遠くで犬の鳴き声がした後、周囲に人の気配がなくなったので二人は縛られたまま自力で兎跳びをして近くの二軒の民家に別々に飛び込んで助けられたという、拉致未遂事件のことだ。

そのとき、現場に遺留品があった。猿ぐつわと手錠と手ぬぐいとずた袋だ。手ぬぐいだけは日本製だったが、残りの三つは日本より工業水準の低い外国製という鑑定結果が出ていた。この記事によって、私は初めてゴム製の猿ぐつわが韓国に侵入した北朝鮮工作員の持っていたものに「極めて似ている」という事実を知ったが、この事実を警察の一部幹部らは事件直後から知っていたのだ。この高岡の拉致未遂事件のときも電波情報があって、警察庁から富山県警に「沿岸警戒活動」指令が出ていた。電波情報と遺留品が揃ったのだから、北朝鮮による拉致がこの時点で証明されたのだ。

隠蔽されたがゆえの悲劇

「読売」記事に戻ろう。

元幹部は以前から、「北朝鮮の不法活動を明るみに出さなければ」との思いを抱き続けてきた。前年の七七年、久米裕さんが石川県の海岸で連れ去られ、工作員に引き渡した在日朝鮮人の男が、外国人登録法違反容疑で逮捕される事件があった。男は「久米さんの背中を押し（て引き渡し）た」と拉致関与を認めていた。

この時も、警察は付近を航行していた工作船の暗号電波を傍受していた。男の自宅から押収した乱数表も添えて、詳しい解析を韓国当局に依頼したところ、暗号は「ニガサナイヨウニウマクツレテコイ」という指示だったことが分かった。

「これだけ証拠がそろえば、罪の重い国外移送罪で立件できる」。しかし、検察庁に自ら乗り込んだ元幹部は、検事から「ひとつの事件で二度逮捕するには、絶対に有罪にできる確証がなければダメ」と突き放された。裁判で男が否認したら、公判維持ができないのではないか。元幹部は、「検察には、北朝鮮相手に無罪を出したら、えらいことになるという雰囲気がありありだった」と振り返る。男は、起訴猶予処分になった。

ここで言及されている久米裕さん拉致は日本政府認定の拉致の中でいちばん早く起きた事件だ。昭和五十二年（一九七七）九月、東京三鷹市のガードマン久米裕さんが田無市（現在の西東京市）在住の在日朝鮮人李秋吉に密輸で一儲けできるとだまされて、石川県宇出津《うしつ》海岸に行き、そこで待ち構えていた北朝鮮工作員とともにゴムボートに乗って姿を消したという事件だ。

やはり、電波情報により石川県警が警戒をしていて、李秋吉らが泊まった旅館の通報により李が逮捕された。逮捕の容疑は外国人登録証不携帯だが、取り調べの中で李は久米裕さん拉致を自白していた。しかし、李は不起訴処分になり現在までのうのうと東京都に暮らしている。

この事件では、李の自宅から乱数表と暗号解読表が押収されていた。久米裕さんが拉致された次の月に松本京子さんが、二か月後に横田めぐみさんが拉致された。久米裕さん事件で犯人を逮捕しておきながら、事件を隠蔽した結果、罪もない日本人が次々に拉致されていった。

「読売」記事に戻ろう。

連続アベック拉致を受けて、七九年春には、関係四県の担当者を警察庁の一室に秘密裏に呼び寄せた。議論が集中した「なぜ拉致するのか」という疑問に、答えは出なかった。「拉致の事実を公表すべき」という思いもあったが、当時、警察が他国の電波情報を収集していることは、極秘とされていた。「拉致を証明するには、情報収集のことも明かさなければならない。まだ、その段階ではない」というのが警察内部の共通認識だった。「拉致ファイル」は警察庁の奥深くにしまいこまれた。

では、誰が拉致の事実を隠蔽したのか。政治家が関与しているのか。真相はいまだ明らかになっていない。当時は福田赳夫内閣だった。公安警察の動向に詳しい筋によると、当時も今も公安警察は基本的に政治家を信用していないので、極秘情報は直属の政治家上司である国家公安委員長にも知らせないという。

誰が拉致を隠したのか――日本政府が最初に拉致を認めた梶山答弁

一般国民の多くが拉致を知ったのは平成九年（一九九七）、横田めぐみさんの拉致がマスコミで報じられたとき以降だろう。平成十四年（二〇〇二）、小泉首相の訪朝で金正日が拉致を認めたときから、洪水のような報道があり、拉致に関する認知度は最高潮となる。横田めぐみさんのご両親などは、町を歩いていても知らない人から次々に声をかけられるほど有名になった。

少し、知識と関心がある人は、一九八七年の大韓航空機事件、翌八八年の金賢姫の記者会見を思い出すかもしれない。先にも書いたが、そのとき金賢姫は、李恩恵《リウネ》と呼ばれていた拉致被害者の女性から日本人化教育を受けたと証言した。彼女の証言を受けて昭和六十三年三月二十六日、参議院の予算委員会で梶山静六国家公安委員長が、「李恩恵」だけでなく蓮池さん夫婦、地村さん夫婦、市川修一さん・増本るみ子さんたち三組六人のアベック失踪事件について「北朝鮮による拉致の疑いが十分濃厚だ」という歴史的答弁を行った。

昭和五十三年以来の一連のアベック行方不明事犯、おそらくは北朝鮮による拉致の疑いが十分濃厚でございます。解明が大変困難ではございますけれども、事態の重大性にかんがみ、今後とも真相究明のために全力を尽くしていかなければならないと考えておりますし、本人はもちろんでございますが、ご家族の皆さん方に深い同情を申し上げる次第であります。

日本政府が最初に拉致を認めたのがこの梶山答弁だ。しかし、本書を読んでいる読者の多くは梶山答弁すら知らないのではないか。というのは、この歴史的答弁をマスコミが無視したのだ。朝日、読売、毎日、ＮＨＫはまったく報じなかった。かろうじて産経と日経がベタ記事で報じただけだったからだ。

大物政治家による捜査妨害

梶山答弁を黙殺し、日朝国交樹立に進もうとしたのはマスコミだけではない。政治家も主犯だった。金丸信という自民党の大物政治家が、拉致犯人への警察の捜査を妨害したという証言が警視庁関係者から出ている。

最初にこの問題を書いたのは、『文藝春秋』平成十年（一九九八）六月号の加賀孝英氏と文藝春秋取材班の共同論文「拉致問題追及で重大疑惑——笹川陽平日本財団理事長 金正日への衝撃密書」だ。家族会・救う会が救出運動を始めた一年後のことだ。その中で、こういう記述がある（一四八〜一四九頁）。少し長いが衝撃的な内容なので短い西岡解説をつけながらその部分を引用する。

実は、拉致事件の捜査は過去に政治力で潰された屈辱的な経緯がある。

平成二年九月、金丸信元副総理を団長とする自民・社会両党の訪朝が電撃的に行なわれた直前のことだ。

金丸訪朝はのちに「土下座外交」とまで酷評されるが、それは金丸が金日成との差しの会談で日本側の通訳を同席もさせずに、「戦後四十五年の（敵視政策の）賠償」という、信じられない三党共同宣言を決めたからだった。

「当時、北朝鮮では、金丸が金日成に跪いて過去の植民地支配を謝罪した、自分たちの偉大さを日本が認めたと言われ、金日成は凄いと、みんなが言っていた」（前出・安明進）

事件は、この金丸訪朝に関連して起こった。それは李恩恵の件である。

金賢姫の供述によって李恩恵の存在が明らかになったのは、昭和六十三年。

韓国側からの情報提供を得、また金賢姫への事情聴取を行った警察庁では、警備局の審議官をトップに十数名からなる「李恩恵身元割出調査班」を設置。警視庁でも通称「ウネ・チーム」を置き、各都道府県警にも同様の捜査チームを置いて大々的にこの拉致問題に取り組んだ。

三千名を越す全国家出人リストとの照合、市民から寄せられた三百件を越す情報、東京周辺の中学三千校、高校六百校の名簿等の調べ。

そんな中、捜査に光を投じたのは、

「Xという男が以前、連れていた女性が李恩恵に似ている。金と呼ばれていた」

という情報だった。そして、そこから捜査当局は恩恵の拉致に関わったと見られる国内の、X率いるY、Z、三人のグループの存在を掴んだ。Xは北朝鮮貿易のドンとも言える男。朝鮮総連の幹部だった。YとZも実業家だった。

今、私の手元には、その時の計七枚の捜査関係資料がある。彼らがどんな男たちだったか、「秘」と文字のうたれた資料は告げている。


この資料というのは実は関係者に出回っていた「零余子《むかご》リスト」というものだ。私もコピーを持っている。事件ごとにたとえば植物の名前などを使って符号をつけたともいうし、複雑に絡み合った人間関係を比喩してつけられた符号ともきく。極秘捜査資料をこの論文の著者の加賀氏や私のような民間人が手にできたのは、捜査を邪魔した政治家への捜査関係者の怒りの反映だろう。『文藝春秋』論文の引用を続ける。

まずX——毎年、金日成の誕生日（四月十五日）の誕生祝賀会に出席し、北朝鮮にいった際は国賓待遇を受ける。北朝鮮に高額の献金をしており、国旗勲章を数回受章。金日成の名前入り金時計を授与されている……等々。
Y——捜査の端緒は、昭和六十二年十二月七日、「大韓航空機爆破事件の関係者、宮本明と係わっている不審外国人を知っている」との情報を入手したことによる。そこでYの名前が出た。Yは昭和六十一年六月十三日、国籍を朝鮮籍から韓国籍に変更し、訪韓。自宅には不審なアンテナがあり、情報によると大型無線機がある。深夜、ビーン！という無線機発信音がしてマンション内の住民が騒いだことがある。会社の天井裏は、カーペットを敷いて寝泊りできるようになっていて、会社の書棚に日本国旅券十数冊余りが入っているのを内装工事人が目撃。Yは怒って黒いナイロン袋で書棚を隠蔽した……等々。
そしてZ——沿岸徘徊人。
沿岸徘徊人とは、北朝鮮の工作員が日本の海岸に潜入、あるいは脱出する時に海岸で補助する役目を持つ。

Xは朝鮮総連副議長（当時）のことだ。献金の結果、平壌に彼の名をつけた通りができた。当時警察は、このXを含む、Y、Zの三人を李恩恵拉致に関係しているとして捜査していた。総連大幹部への捜査だからタブーに挑戦する破格なものだった。
論文引用を続けよう。

平成二年五月初め、警視庁に警察庁、検察庁、警視庁外事など関係各所の幹部約百名、および関東近県からの捜査官約百五十名が集められた。

そこで、五月十日付のX及び朝鮮総連の家宅捜索令状と、五月十四日付のYの逮捕令状が用意され、朝鮮総連への家宅捜索の際には機動隊の動員がかけられ、総勢四百五十人の捜査体制になることが告げられた。Xから入ってYそしてZへとつなげる方針だった。

X、総連副議長の自宅の家宅捜索だけでなく、朝鮮総連本部や朝鮮大学校も家宅捜索令状の対象に入っていた。そしてYの逮捕令状が用意された。ところが、家宅捜索と逮捕が前日に突然中止された。

ところが、家宅捜索に入る前日の九日、突然、警視庁に捜査官らは呼び出された。ある警視庁幹部が思い口を開いて、こう言う。

「……その時、幹部が言ったことは、『いろいろあって詳しいことは言えないが、この件の捜査は本日を持って打ち切りとする』。そんな言葉だった。つい二、三日前、捜査方針の説明を受けて、『やるぞ』と言っていただけに、えッ⁉という顔を全員がしていた。この後、この件については緘口令が敷かれた」

別の警視庁関係者はこう言う。

「金丸訪朝でつぶされた。そう聞いている」

政治的圧力によって捜査は潰された、と複数の警視庁関係者が口を揃えた。

家宅捜索令状と逮捕状は裁判官が法と証拠に基づき厳密に審査して発付される。その執行が政治的圧力で止められたのだ。

小泉訪朝で北朝鮮が田口八重子さん拉致を認めた後、当然、国内の拉致協力者に関する徹底した捜査が行われてきたはずだが、X、Y、Zと田口さん拉致の関係は現在まで全く明らかになっていない。灰色のママ証拠が集まらず捜査が進まなかったのか、あるいは捜査をしてみたところ彼らが拉致に関係していないことが判明したのか、私は真相を知り得ていない。

金丸訪朝のためにつぶされた捜査

この論文はまだ金丸氏が生きていたときに書かれたものだが、名誉毀損等で訴えられていない。

同じことについて「産経新聞」が、平成十三年(二〇〇一)十二月十六日に書いている。『文藝春秋』は平成十年だから三年後だ。「平成2年元幹部の外登法違反　故金丸氏総連捜査に圧力　警視庁、本部捜索行われず」という見出しの記事だ。このときはもう金丸氏は死んでいた。

平成二年(一九九〇)五月に警視庁公安部が摘発した朝鮮総連の元幹部らによる外国人登録

法違反事件の捜査過程で、日朝関係への影響を懸念した自民党の金丸信元副総裁が捜査を朝鮮総連などに拡大しないよう、捜査当局に圧力をかけていたことが明らかになった。警視庁による朝鮮総連中央本部や朝鮮大学校への家宅捜索は行われず、捜査当局内部からも捜査が不十分だと疑問の声が上がっていた。金丸氏は同年九月に訪朝した。主要部分を引用する。

平成二年五月に警視庁公安部が摘発した在日本朝鮮人総連合会（朝鮮総連）の元幹部らによる外国人登録法違反事件の捜査過程で、日朝関係への影響を懸念した自民党の金丸信元副総裁（故人）が捜査を朝鮮総連中央本部（東京都千代田区）などに拡大しないよう、捜査当局に圧力をかけていたことが十五日、複数の関係者の証言で明らかになった。警視庁による朝鮮総連中央本部や朝鮮大学校（東京都小平市）への家宅捜索は行われず、捜査当局内部からも捜査が不十分だと疑問の声が上がっていた。金丸氏は同年九月に社会党の田辺誠副委員長（当時）らと訪朝し、金日成主席と会談、「謝罪」と「戦後の償い」を表明した。

事件は、朝鮮総連新宿支部の元委員長と、その妻で東京朝鮮中高級学校事務員の二人が昭和五十六年三月、新宿区内の都営住宅から葛飾区金町の住宅・都市整備公団住宅に転居した際、外登法で定められた居住地変更申請を行わなかったというもの。事務員の妹も同様の容疑で逮捕、元委員長の自宅や新宿支部、東京朝鮮中高級学校など八カ所を家宅捜索した。

警視庁公安部が元委員長らの容疑裏付けのため、朝鮮総連本部や朝鮮大学校などへの強制捜査を検討していた平成二年五月ごろ、金丸氏から警察庁幹部に連絡が入り、捜査の拡大に懸念を表明。「日朝関係に悪影響が出る」などと指摘し、事件の幕引きを図るよう示唆したという。

警視庁公安部は、元委員長の事件のほか、過去に摘発した朝鮮総連メンバーによる外国人登録法違反事件で、北朝鮮工作員が日本国内で活動するために偽の外国人登録証を取得していたことを把握。北朝鮮から朝鮮総連に対しさまざまな対日工作活動の指示が出されていた可能性もあるとみて、背後関係の解明のため朝鮮総連中央本部や朝鮮大学の家宅捜索も視野に入れていた。

産経の記事では、拉致との関係は書いておらず、外国人登録法違反とだけ書いてある。ただし外国人登録法違反を入口にして調べるということはありうる。実際『文藝春秋』論文が書いたように、平成二年五月に朝鮮総連中央本部まで家宅捜索をしようとしていたことがここで確認された。

ここでも名前は出てこないのだが、『文藝春秋』論文のXは朝鮮総連の元副議長で東海商事という朝鮮総連が持っていた貿易会社の会長をしていた人物だ。

土地ブローカーのようなことをしていて、帝国ホテルに部屋を持っていた。バブルのときたいへん儲けていた。平壌にX通りというのがある。当時三十億円とも五十億円ともいわれる巨額の献金をしたので、通りに彼の名前がついた。しかし、その時の彼が日本におさめた税金はゼロだったと言われている。北朝鮮で国賓待遇を受けるというのも多額の献金の結果だった。朝鮮総連の大幹部が田口八重子さん拉致に関係していたのかどうか。そして、金丸という政治家が捜査を妨害したのか、という疑惑が浮上してくる。

ただ、これは平成二年の段階での捜査だ。その後警察は、帰国した地村富貴恵さんたちからかなりのことを聞き取っている。

Xが本当に関係していたのか。金丸氏が捜査を妨害したとすれば、本当に国賊行為だと思う。

日朝二国による茶番劇で「なかったこと」に

梶山答弁の二年後の平成二年（一九九〇）九月、その金丸氏が田辺元・社会党元委員長とともに訪朝し、金日成と会談した。当時の海部《かいふ》首相は金丸氏に金日成宛の親書を託していた。しかし、北朝鮮の最高権力者に拉致被害者救出を交渉できる絶好の機会を日本側が自らつぶした。金丸・田辺両氏は拉致問題を一切持ち出さなかった。海部首相の親書にも、戦前の朝鮮統治に対する謝罪の言葉はあるが、拉致に関する記述は一言も入っていなかったからだ。わずか二年前に、国会で治安の最高責任者が「北朝鮮による拉致の疑いが十分濃厚」と国名まで特定して答弁していたのに、その国を訪問した与野党の大物政治家が「なかったこと」にしてしまった。

金丸訪朝の後、平成三年（一九九一）一月から四年十一月にかけて八回、日朝国交正常化交渉が行われた。外務省もその席で拉致問題を「なかったこと」にした。警察の必死の捜査で李恩恵と呼ばれていた被害者が田口八重子さんだと判明した。平成三年五月二十日、その事実を公表した埼玉県警は金丸事務所から「たかがキャバレーの女一人で外交を邪魔するのか」という圧力を受けたともいう（当時、関係者が話していた逸話だが、事実確認はできていない）。外務省は、同じ五月二十日から二十二日に北京で行った第三回交渉で田口八重子さんの所在に関する調査を北朝鮮に依頼した。すると彼らは「インポと結婚して子どもができるか」（意味がないことを続けられないという俗語）という暴言を吐きながら会談場を退席した。

その後、外務省は裏交渉で、本会談の席では田口さんの問題を取り上げない、ただし、本会談休憩中に首席代表である大使が席を外しているときに実務協議と称して日本側が調査の結果をたずね、北朝鮮側は黙って聞いているという妥協案をまとめた。この妥協案に従い平成三年八月の四回から翌年十一月の八回までの交渉が事実上、拉致問題を棚上げにしたまま行われた。日本側は拉致問題を会談に出したと国内に説明し、北朝鮮側は出なかったと上部に報告する茶番劇が続いた。

梶山答弁で拉致が認められた蓮池さん夫婦、地村さん夫婦、市川さん・増元さんについて、外務省は八回の交渉で一度たりとも出さず、「なかったこと」にされた。

このままでは拉致が「なかったこと」にされてしまうという強い危機感を持った私は、本章冒頭に書いたように金丸訪朝の直後である平成三年一月に月刊『諸君！』に日本人が拉致されているという論文を寄稿した。その論文を書いたときの緊張感は前述したとおりだ。学者として日本で初めて拉致について書いた論文だった。まわりから身の危険はないかと何回も質問され、匿名の脅迫状をもらった。

拉致被害者を勇気づけた皇后陛下のお言葉

国際政治を動かすのはパワーバランスと国益のぶつかり合いである。それは間違いないが、最終的に物事を決断するのは人間だ。人間の決断に深いところで影響を与えるのは、霊的とでもいうしかない目に見えない力だ。

ここまで書いてきたように、拉致問題でそのことを実感した経験を私は多く持っている。もう一つの経験を書いておこう。

平成十四年（二〇〇二）十月十五日、五人の拉致被害者が帰国した。ただし、子供らを北朝鮮に残したまま「二週間程度の一時帰国」という形式だった。日本のマスコミの一部は、五人は洗脳されているはずだと書いた。しかし私たちは、彼らは子供のことを考えて発言が慎重になるが、心の中は日本人であり、日本に残りたいはずだと信じた。その私たちの思いを伝えるため羽田空港のタラップの下に「お帰りなさい」と書いた大きな横断幕を持って行った。五人は東京のホテルに二泊した。そこでは、両親や兄弟、関係者が日本に残れと迫っても、彼らはあくまでも北朝鮮に戻るという建前を繰り返していた。

救う会幹部として同じホテルに泊まっていた私は、彼らは洗脳などされていないが北朝鮮に残した子供らが心配で公開の席では本音を言えないはずだ、と考え、東京で無理に意思確認をする必要はない。故郷に帰って安心させて誰もいないところで本音を聞きましょうと家族にアドバイスした。

三日目、五人はそれぞれ故郷のわが家に帰った。私は地村保志さんの家に一緒に泊まった。地村さんは、家族会の有力活動家としてマスコミに出ずっぱりになっていた父、保さんではなく、マスコミにまったく出ていない兄を選んで本音を漏らした。わが家に帰ったその日の深夜、父を寝かした後、兄弟は二人で酒を酌み交わしていた。

隣の部屋で寝ていた私のところにお兄さんがやって来て、「弟が、日本政府が守ってくれるなら日本に残りたいと言っています」と伝えた。私は、これが漏れると北朝鮮に伝わり子供たちに不利益なことが起きるかもしれないと判断して、翌朝、極秘で当時の政府の中で信頼がおけた安倍晋三副長官と中山恭子参与にだけそのことを伝えた。

その朝の新聞を見ると、皇后陛下がお誕生日に当たり会見された記事が出ており、そこに次の一節があった。先に引用したが、もう一度ここに記しておく。

悲しい出来事についても触れなければなりません。小泉総理の北朝鮮訪問により、一連の拉致事件に関し、初めて真相の一部が報道され、驚きと悲しみと共に、無念さを覚えます。何故私たち皆が、自分たち共同社会の出来事として、この人々の不在をもっと強く意識し続けることが出来なかったかとの思いを消すことができません。今回の帰国者と家族との再会の喜びを思うにつけ、今回帰ることのできなかった人々の家族の気持ちは察するにあまりあり、その一入《ひとしお》の淋しさを思います。

私はその部分に赤丸をつけて地村さんに読んでもらった。あとで事情を聞いたところ、帰国前に北朝鮮で「お前たちはテロに協力した犯人だとされているから日本に戻っても冷遇されるだけだぞ」という教育を受けていたという。だから、国家テロの被害者であるにもかかわらず日本政府が自分たちを守ってくれるかどうか不安で、日本に残る条件に「日本政府が守ってくれるなら」ということをつけたのだ。

だからこそ、皇后陛下のお言葉は、祖国は自分たちを見捨てていないという確信を与える契機となったはずだ。

「希望を持ちましょう」とのお言葉に胸熱くなる

私自身も皇后陛下から直接、拉致問題に関するお言葉を頂いた経験がある。平成三十一年

（二〇一九）二月二十六日午前、私は天皇皇后両陛下ご在位三十年のお茶会にお招きいただき、皇居を訪れた。

過去に拉致問題を担当していた記者がそのときには皇室を担当していた。その記者から「皇后陛下が出席者名簿を見て、拉致問題関係者である西岡の名前を見て、お話をしたいと思われているようだ。宮内庁関係者が誘導するかもしれないが、遠慮せず皇后陛下に近づいて声をかけることを勧める」という話を聞いていた。

多くの参加者が待つ中、天皇皇后両陛下がお出ましになった。私は人混みの中でなかなか最前列に近づくことが難しかった。少し経って、天皇陛下と皇后陛下が左右にお別れになって、お一人ずつ参加者とお話をされていた。ふと見ると皇后陛下の前に空いた空間があった。それで私は思いきってそこに進んだところ、皇后陛下が私のすぐ前に立たれていた。

私は直立不動で緊張しながら「北朝鮮に拉致された日本人を救う会の会長をしております西岡力です」と自己紹介をした。皇后陛下がよく聞きとれなかったようなお顔をされたので、少し大きな声で同じことをくり返した。すると、皇后陛下は軽くうなずかれたように見えた。そこで私は、

「皇后陛下におかれては拉致問題に関してご心配してくださり、繰り返しお言葉を頂き感謝しております」

とお礼を申し上げげた。

すると皇后陛下から、

「長いことご苦労様です。拉致被害者のご家族が年を取られていますね。希望を持ちましょう」

というお言葉を頂いた。

私は「希望を持ちましょう」というお言葉を聞いて、胸が熱くなった。

韓国の保守派元老が最近、私に「韓国の保守派には守るべき伝統や文化がない。我々にとって朝鮮王朝の王族は守るべき伝統ではない。そこが天皇を持つ日本との違いだ」と語った。韓国保守派は「反共」「反日」など何かに反対することはできても、守るべき民族独自の価値を探しあぐねているという率直な告白だった。儒教文化圏では易姓革命の枠組みから抜け出せず、王朝（政権）交代すると前の王朝（政権）を全否定してきたので、守るべき国体を構築できなかったという意味だ。万世一系で常に民のために祈る皇室の存在の大きさを、韓国の政治混乱を見ながらあらためて実感する。

第8章　横田滋さんの勇気が日本を動かした

タブーを破った横田滋さんの決断

ここまで、①一九七〇年代後半に集中して日本人が全国から北朝鮮によって拉致されたが、②実は警察の公安部門はそのことを把握していたが事実を公開しないでいたところ、③一九八七年に大韓航空機爆破テロ事件が起きて犯人の一人が日本人拉致被害者から日本人化教育を受けていたことを自白して拉致が事実だと証明され、④一九八八年三月に警察がこれまで集めた情報を根拠に梶山静六国家公安委員長が国会で北朝鮮による拉致に疑いが濃厚だという歴史的答弁を行ったが、⑤マスコミがその答弁を無視し、その二年後の金丸訪朝でも与野党の大物政治家が拉致を取り上げず、外務省も日朝国交交渉で事実上、拉致問題を棚上げし、⑥警視庁が田口八重子さん拉致の重要参考人の自宅を家宅捜索しようとしたとき金丸議員の圧力でそれができなくなったことなどを書いてきた。

つまり、一九七〇年代、八〇年代、九〇年代には日本で拉致問題を取り上げることに、今では考えられないほど大きなタブーがあったのだ。

実名公開へ踏み切る

この大きなタブーを打ち破ったのが「家族会」の戦いだった。平成九年（一九九七）、韓国からの情報により、横田めぐみさんが拉致されていることが判明した。そのとき、横田さんのご両親は実名を出すかどうかで悩まれた。

当時、政府内公安機関を含む多数の北朝鮮専門家は、北朝鮮政権が拉致は捏造だと主張しているので、実名を出すと証拠隠滅のために、その被害者に危害が加えられるので、止めた方がよいという意見だった。先に触れた昭和六十三年三月の参議院予算委員会での梶山静六国家公安委員長による「北朝鮮による拉致の疑いが十分濃厚」だという答弁でも、実は質問と答弁の両方で被害者の実名は伏せられて、拉致現場の地名だけが言及されていた。

横田家の中でも、めぐみさんの母の早紀江さん、弟で双子の拓也さん、哲也さんは実名を出すことを躊躇していた。早紀江さんは「二十年間、めぐみがどこにいるのかさえわからなかった。その間、めぐみはこれまでお父さん、お母さん、いつ助けに来てくれるのと思い続けてきたはずだ。やっと北朝鮮にいるということがわかった。そのとき、親が最初に取る行動がめぐみを危険にさらすかも知れないということは耐えがたい」として実名での訴えに反対していた。

しかし、父の滋さんが毅然としてこう説得したという。

「拉致が起きてから二十年間、日本は真剣に救出に取り組んでいなかった。このまま、新潟出身のYさんという曖昧な形で報道がなされても、マスコミはすぐ忘れてしまい、世論は盛り上がらないだろう。そうなれば、また二十年、何も起きず、親たちは死んでいき、拉致された子供達も拉致されていることさえ明らかにならないまま死んでいくだろう。一定のリスクはあるが世論に訴えよう」

それを受けて横田家は、記者会見で実名と写真を公開したのだ。

滋さんへの誓いと「救う会」の結成

私はその決断の一部に関与していたこともあって、滋さんたちを孤立させてしまってはならないと感じ、「救う会」をつくり一緒に戦ってきた。常に、北朝鮮が被害者に対して危害を加えることがあったらどう責任を取ればよいのかと心の奥底で考えながら、それでもまず制裁をかけてその圧力を背景にして全被害者の即時一括帰国を実現させよと、「家族会」とともに求めてきた。

実はこのようなこともあった。小泉訪朝の数年後、お酒も入った懇談の席で、「救う会」の当時の佐藤勝巳会長と私が滋さんに叱責されたのだ。滋さんが実名を出すという決断をする前に、「救う会」の母体になった現代コリア研究所がネットに新潟日報の報道を引用する形で横田めぐみという実名を明らかにしていたことを、なぜ家族の了解なしにそのようなことをしたのかと責められたのだ。そのとき、佐藤会長と私は申し訳なかったと謝罪したうえで、だからこそ、世論を盛り上げてめぐみさんたち全員を取り戻す運動を最後まで一緒に続けますと誓った。その佐藤会長もすでにこの世を去っているが、私は最後までこの誓いを守るつもりだ。

滋さんの決断の約十年前の昭和六十三年八月に、ヨーロッパから拉致された石岡亨さんの実家に、石岡さんから自分と有本恵子さん、松本薫さんの三人が北朝鮮にいるという内容の手紙が届いた。有本恵子さんの両親は、その手紙のコピーを持って繰り返し外務省や警察、自民党や社会党などの政党所属の主要議員を訪れて娘たちの救出を訴える孤独な戦いをされていた。外務省では担当の課の末端実務者が廊下で話を聞くという対応だった。まともに話を聞いてくれたのは安倍晋太郎議員（当時）だけだった。そのときから同議員の秘書だった安倍晋三氏はこの戦いに加わっていた。

それ以外の家族は、昭和五十五年（一九八〇）一月の「産経新聞」の特ダネ報道や前出の昭和六十三年（一九八八）三月の梶山答弁で、拉致されたということを知りながら、実名を出すと危ないという政府関係者のアドバイスを受け、政府がそう言うからには水面下で交渉して助け出してくれるだろうと、じっと耐えていた。

しかし、何も動かないことを知って、有本さんや増元るみ子さん、市川修一さん、蓮池薫さん、奥土（蓮池）祐木子さん、地村保志さん、浜本（地村）富貴恵さんらの家族も実名での訴えを決断され、「家族会」ができた。それを横で見ていた私は、家族がここまで悲壮な決意をして実名での訴えを行ったのに世論が盛り上がらなかったら日本はおしまいだと考え、学者という枠組みを超えて運動の世界に飛び込んだ。少数の専門家と国民有志が、家族会を支援して救出運動に取り組む「救う会」を各地で結成した。

平成十年（一九九八）にその連合体として「北朝鮮に拉致された日本人を救出するための全国協議会（救う会）」をつくった。安倍晋三、西村真悟、故・中川昭一氏などごく少数の政治家が所属政党内で冷遇されながら、私たちとともに戦いを始めた。

「拉致など存在しない」というマスコミの姿勢

滋さんと私たちが戦った第一のウソは、拉致など存在しないというものだった。「産経新聞」以外の全てのマスコミが拉致疑惑と書いて、北朝鮮側の言い分と私たちの言い分を両論併記していた。

テレビ朝日系列の「朝まで生テレビ」は平成十二年（二〇〇〇）、小泉訪朝のわずか二年前に、一度私に出演依頼をしておきながら、「今回は朝鮮総連をどうしても出演させたい。彼らが西岡との同席を拒んでいる」という理由で出演依頼を取り消した。担当者は私に、この出演依頼取り消しは司会の田原総一朗氏も了解しているという趣旨の説明をした。

その前年の平成十一年（一九九九）八月三十一日、「朝日新聞」は日朝国交交渉を進めるべきだという内容の社説「『テポドン一年』の教訓　北朝鮮政策」で、拉致問題を「障害」と書いた。横田滋さんは親の代から「朝日新聞」の読者だったが、これを読み、「産経新聞」に購読を変えた。

北朝鮮は日本に向けても、「敵視政策の転換」や過去への「謝罪と補償」を条件に、国交正常化交渉の再開を示唆した。慎重な見極めは必要である。同時に、日本側も北朝鮮の姿勢の変化を的確にとらえ、人道的な食糧支援の再開など、機敏で大胆な決断をためらうべきではない。

日朝の国交正常化交渉には、日本人拉致疑惑をはじめ、障害がいくつもある。

しかし、植民地支配の清算をすませる意味でも、朝鮮半島の平和が日本の利益に直結するという意味でも、正常化交渉を急ぎ、緊張緩和に寄与することは、日本の国際的な責務といっていい。

戦争を防ぎつつ、北朝鮮の変化を促す環境を整備し続ける。必要なのは、この作業に取り組む粘り強さである。

（「朝日新聞」平成十一年八月三十一日付）

街頭署名をしているとビラを投げ捨てて踏みつけられたり、署名用紙をたたき落とされたりした。冷たい視線を送って無視されることが普通だった。それでも全国どこでも行くという姿勢で、各地で救う会の仲間と集会を開いた。新幹線と特急を乗り換えて四時間近くかけて到着した会場には、街宣右翼が着る戦闘服の人物たちが大部分で十人未満であった、というときもあった。

ある県で集会を準備したところ、その県の救う会会長が勤務する大学に朝鮮総連が抗議に来たので、警察が緊張して集会当日、壇上で襲われたときどのように逃げるか話し合ったうえで、集会出席者より多い警備の警官に守られて集会を行ったこともあった。

それでも愚直に、娘が拉致されています、どうか世論を盛り上げて救出してくださいと滋さんたちは訴え続けた。そして、平成十四年（二〇〇二）九月、拉致を命じた金正日が小泉首相に拉致したことを認めて謝罪するという大きな成果があった。拉致は存在しないというウソを打ち破ることができた。私たちの戦いの最初の勝利だった。

横田滋さん告別式での追悼の辞

横田めぐみさんの父で初代「家族会」代表の横田滋さんが令和二年六月五日に逝去された。八十七歳だった。六月八日、告別式が川崎市内のキリスト教会であった。私はそこで次のような弔辞を述べた。

私もキリスト者の末席を汚す者ですので、聖書の言葉をまず引きます。

新約聖書エペソ書　二章八―一〇節

あなたがたは、恵みのゆえに、信仰によって救われたのです。それは、自分自身から出たことではなく、神からの賜物です。

行ないによるのではありません。だれも誇ることのないためです。

私たちは神の作品であって、良い行ないをするためにキリスト・イエスにあって造られたのです。神は、私たちが良い行ないに歩むように、その良い行ないをもあらかじめ備えてくださったのです。

滋さんとお目にかかって二十三年以上が経ちます。滋さん、早紀江さんご夫婦と、日本全国そして米国、韓国などさまざまなところにご一緒させていただきました。その中で、日曜日に当たり、なおかつ少し時間の余裕があるときは早紀江さんと近所の教会に行ったり、ホテルにて二人で聖書を開き祈る時をもつことがありました。そのとき、滋さんはあまり良い顔をされませんでした。

早紀江がキリスト教を信じることは、それがなければ悲しみのため精神がおかしくなったかも知れないから良かったと思う。しかし、自分は信じない。神がいるならなぜ、愛する娘を突然奪うこのような不条理を許しているのか。どの神さまでも拝んだらめぐみを連れてきてくれるなら拝みます。神は弱い人間が心の安定を図るために拝むものだ。一番苦しいのは北朝鮮にとらわれている娘だ。彼女が苦しんでいるのに、父である自分だけが宗教に頼って心の安定を得たら申し訳ない。

このような趣旨のことを話されるのを何回か聞いたことがあります。ただの人間にしか過ぎない私には、なぜ、神さまがめぐみさんと横田滋、早紀江ご夫妻にこのような過酷な試練を与え、いまだに解決を与えないことについて、理由を説明できません。分からないことの方が多いです。しかし、滋さんがキリストを信じて洗礼を受けられました。それは滋さん本人や早紀江さんなどの努力によるものではありません。滋さんが良い行いをしてきたことへの報いでもないです。ただ、不思議な神さまの賜物、プレゼントでした。

しかし、聖書は言います。人にはこの世でなすべき良き行いがあらかじめ備えられている。滋さんにとってそれは強いられた「良い行い」だったかも知れません。しかし、その道を勇敢に戦い抜きました。よくやった、もうこれくらいでいいよ、天国で休んでめぐみさんを待ちなさいと神さまに言われて、天国に旅立ちました。

滋さんは戦い続けました。二十三年間、私もすぐ横で共に戦ってきたのでその勇敢さがよく分かります。安倍晋三総理大臣も「滋さんとは本当に長い間、めぐみさん始め、拉致被害者の方々の帰国を実現するために、共に戦ってまいりました」と六月五日に会見で話されました。すぐ横で敵と戦っていた戦友が倒れたかのような感覚です。

滋さんの戦いを一言で言うと、ウソとの戦いでした。平成九年、めぐみさんが北朝鮮に拉致されていることが明らかになったとき、北朝鮮は、拉致はないとウソをつき、日本国内でもまさか外国の工作員が日本までやってきて十三歳の少女たちを拉致するはずはないという、北朝鮮の政治宣伝に同調する勢力が圧倒的多数でした。大きなタブーがありました。そのとき、被害者に危害が加わるかも知れないという恐怖の下で、滋さんは実名を出して訴えるという勇気ある決断を下しました。それを見て、ここにいらっしゃる方がたをはじめとする他の家族も勇気を出して実名公表に踏み切り家族会ができ、その勇気に感動した私たち少数の専門家や有志がやはりここにいらっしゃる櫻井よしこ先生の力添えを得て、全国で救う会をつくって救出運動が始まりました。

小泉訪朝の数年後、お酒も入った懇談の席で、救う会の当時の佐藤勝巳会長と私が滋さんに叱責されたことがあります。一九九七年一月、滋さんが実名を出すという決断をする前に、救う会の母体になった現代コリア研究所がネットに新潟日報の報道を引用する形で横田めぐみという実名を明らかにしていたことを、なぜ、家族の了解なしにそのようなことをしたのかと責められたのでした。そのとき、私と佐藤会長は申し訳なかったと謝罪した上で、だからこそ、世論を盛り上げてめぐみさんたち全員を取り戻す運動を最後まで一緒に続けますとお誓いしました。

ちなみに私は西村眞悟議員が一九九七年二月、国会でめぐみさん拉致について初めて質問する際、実名を出すかどうか、専門家の西岡の判断に任せるといわれ、胃がキリキリするほど悩みました。そこで、政府の治安当局の専門家にこのような質問をしたらきちんと答弁してくれるかと事前に問い合わせをしました。政府答弁が「知らない」などという冷たいものだと、北朝鮮は日本政府はめぐみさん拉致について証拠を持っていないと考えて、証拠隠滅のために被害者に危害を加える危険が高まると判断したからです。そのとき、当局の専門家は、ぜひ質問して欲しいと言って、大韓機爆破事件の犯人の金賢姫さんの本の中に、「拉致された日本人少女は洗濯も自分でできなかった、と招待所で聞いた」という記述があることを教えてくれました。政府はめぐみさん拉致について証拠を持っているなと実感したので西村先生に実名を出しましょうとお伝えしたことを覚えています。

滋さんと私たちが戦った第一のウソは、拉致など存在しないというものでした。産経以外の全てのマスコミが拉致疑惑と書いて、北朝鮮側の言い分と私たちの言い分を両併記していました。街頭署名をしているとビラを投げ捨てて踏みつけたり、署名用紙をたたき落とされたりしました。冷たい視線を送って無視されることが普通でした。それでも全国どこでも行くという姿勢で、各地で救う会の仲間と集会を開きました。新幹線と特急を乗り換えて四時間近くかけて到着した会場に待っていたのは一〇人未満ということもありました。集会出席者より警備の警官の方が多いこともありました。それでも愚直に、娘が拉致されています、どうか世論を盛り上げて救出してくださいと滋さんは訴え続けました。そして、二〇〇二年九月、拉致を命じた金正日が小泉首相に拉致したことを認めて謝罪するという大きな成果がありました。拉致は存在しないというウソを打ち破ることができたのです。

しかし、そのとき北朝鮮は拉致したのは一三人だけでめぐみさんたち八人は死亡した、蓮池さんたち五人は返したから拉致問題は解決したという新たなウソをつきました。残念なことに、日本国内でも死亡を認めて日朝国交正常化に向かうべきだと考える勢力が出てきました。新しいウソに対する滋さんと私たちの戦いが続きました。

温厚な滋さんは人の前で怒りをあらわにすることはほとんどありません。しかし、私は滋さんが顔を真っ赤にして激怒して記者会見に臨む姿を二回、覚えています。

一回目は二〇〇二年九月、小泉訪朝の当日に政府から呼び出されて、お宅の娘さんは亡くなっていますと断定形で通報された翌日、平壌から戻った外務省幹部に面会して、「死亡を確認する作業は行っていない」という衝撃的な事実を告げられ、「人の命をここまで粗末に扱うのか」と激怒されていました。

二回目は二〇〇四年十二月、めぐみさんの遺骨と称されるものから、めぐみさん以外の二人のDNAが検出されたときです。北朝鮮の説明はすべてでたらめだと語気を強めて批判していました。

この二つ目のウソを打ち破るため、滋さんと私たちは日本国としての怒りのメッセージを伝えるため経済制裁を発動して欲しいと炎天下の国会前で座り込みをしました。また、繰り返し訪米、国連訪問、韓国、タイ、ルーマニア、レバノン、米国などの拉致家族との交流を行い国際連携を強めました。

二〇〇六年、第一次安倍政権が成立すると、私たちが運動の最初から求めてきた、政府に拉致を専門に担当する部署ができました。拉致担当大臣とその下の事務局が新設されたのです。また、北朝鮮人権法が成立し、政府と地方公共団体が拉致問題の啓発行事を行うことが義務づけられました。世論を動かすという滋さんの決断が生んだ大きな成果でした。

しかし、超過密スケジュールは滋さんの体をむしばんでいきました。早紀江さんや二人の息子さん、そして私などが繰り返し、すこし休んでくださいとお願いしましたが、滋さんはそれを聞き入れてくださらなかった。そして、二〇一六年頃から体調を崩し、対外活動がほとんどできなくなりました。ついに二年前に倒れて入院されました。毎年二回、総理大臣を迎えて開催してきた国民大集会では最後の出席が二〇一六年の九月でした。二〇一八年四月の国民大集会では不自由な体の中、次のようなめぐみさんへのビデオメッセージを寄せてくださいました。

〈めぐみちゃん、お父さんですよ。ここら辺で、かならず解放されると信じて、今めぐみが隣の部屋で、待っているようなと、同じような感じがします。もうすぐ会えるかもしれませんが、体だけは気を付けていてください。もうほんのわずかですから、がんばってください〉

その集会で司会をしていた私は次のような反省の言葉を述べました。その気持ちは今も変わっていません。

〈私は少し反省をしています。我々はこの間二〇年間運動をしてきましたが、家族の人を先頭に立てすぎたのではないだろうか。ある集会に行きますと、家族会の人に「頑張ってください」という声がかかります。

そうではないはずです。今滋さんがおっしゃっていましたが、向こうにいる被害者に、「もう少しですよ、頑張ってください」と言わなければならないんです。そして、助け出すのは家族ではなく、日本国政府、日本国国会、日本国の国民が一体になって助け出さなければならない。家族が助けようとしているのを我々が助けるのではない。

しかし、横田滋さんは、どこに呼ばれても行く。もう手帳がまっ黒でした。今あれだけしかしゃべれないようになられたのは、歳相応の老いではない。自分の身をすり減らして、ここにも来られないような身体になられた。

それでよかったのか。家族が身をすり減らさなければならないような運動を我々がしてきたとしたら、反省しなければならない。

日本人が日本人を助ける。「家族の人たちは安心して待ってください」と言えるような運動をしなければならなかった。

そして何よりも、家族がいない人たちも助けなければいけないのです。これから家族の訴えを聞いていただきますが、想像力を、その家族ではなく、向こうにいる人たち、被害者の人たちがこの瞬間どう思っているのかというところまで想像力を働かせて、「もうちょっとですよ」と先ほど滋さんが言った声を届けようではありませんか〉

滋さんは我が身をすり減らして世論に訴えるという戦いの先頭に立たれました。それが滋さんに準備されていた「良き行い」だったと私は信じます。神さまがもういいよ、あなたは良くやった、あとは任せて天国で休みなさいと滋さんを天国に召されました。

だからこそ、残された私たちがこの戦いを勝利して、めぐみさんたち全被害者の即時一括帰国という絶対譲れない課題を実現させなければならない、そう決意を固めています。滋さん、どうか天国でめぐみさんたちが帰ってくることを見ていてください。かならず、みなの力で助け出します。

お別れの会での安倍氏の言葉

令和二年（二〇二〇）十月「家族会」「救う会」「拉致議連」はその年六月に逝去された横田滋さんのお別れの会を開いた。中国武漢発新型コロナのため四か月後になった。そこで横田滋さんの決断が歴史を変えたとして、安倍晋三・元総理大臣が次のような挨拶をした。

〈昭和五十二年十一月十五日、めぐみさんが北朝鮮に拉致されてからの横田家は、娘を取り返すため、戦い続けた四十三年間だったと思います。当時の日本は、「北朝鮮が拉致をする筈がない」という空気が支配し、なかなか国民的な理解が進まない中で、政府も動きがなかった。

そういう中で滋さんは、本当に困難な判断を迫られました。果たしてめぐみさんの実名を公表すべきかどうかということでした。

公表しなければ国民的な理解は深まらず、政府も動かない。しかし、もし公表してめぐみさんの身に危害が及んだら、どうなるか。おそらく、滋さんにとって眠れない夜が続いたのだろうと思います。

でも、あの時の滋さんの決断によって、国民的な理解が深まり、そして「十三歳の少女まで拉致をしていたのか」と多くの国民が怒りを覚え、運動が盛り上がり、そして二〇〇二年、北朝鮮は拉致を認め、謝罪をするに至りました。

しかし、その際発表された生存者の名簿には、めぐみさんの名前はありませんでした。あの時私たちは平壌にいてその報告を受けた時、大きな衝撃を受けました。その場の空気は凍りつきました。あの時期待は高まっていました。期待された滋さんやご家族の気持ちを思うと、言葉もありませんでした。

しかし、滋さんは決してあきらめませんでした。一か月後の十月十五日に、五人の被害者の皆さんが帰国されました。羽田空港には、家族会代表として出迎えられた滋さんの姿がありました。家族会の代表として責任感からこの場を記録に止めようと、カメラのシャッターを切っておられました。その滋さんの目からは、涙が流れていました。

そこにめぐみさんがいないことがどんなに悲しかったか、どんなにつらかったか。国家としてこの問題を解決しなければならないと、強く決意しました。

滋さんの戦いはその後も続き、夏の暑い日も汗をふきながら署名活動を行い、ビラを配り、冬の日も全国に出かけられました。

ふだんは本当に温厚でいつも温かい笑みを浮かべている滋さんでありますが、娘を必ず自分の手で取り返さなければならないという強い信念と、家族会の象徴としての責任感から、まさに命を削って運動を続けられたと思います。大変なご負担をおかけして本当に申し訳ない思いです。

実名で世論に訴える決断をされた滋さん

横田めぐみさんの父で家族会の初代代表だった横田滋さんが、愛する娘めぐみさんとの再会を果たせないまま令和二年（二〇二〇）六月五日に召天した。私にとっても大きなショックだった。

どうして神様は滋さんをめぐみさんに会わせないままで天国に引き上げたのか。強い憤りを覚え続けている。

ただ、ここでは心を落ち着かせて滋さんの功績を記したい。滋さんの一番の功績は、平成九年（一九九七）、めぐみさんが北朝鮮に拉致されていることが、韓国当局の情報リークによって明らかになったとき、早紀江さんや拓也さん、哲也さんの反対を押し切って実名で世論に訴えて政府を動かすという重い決断をされたことだ。

当時、拉致問題に触れることはタブーだった。実名を出せば彼の地でとらわれている被害者が証拠隠滅のために危害を加えられるかもしれないと、政府の専門家や一部ジャーナリストらが家族にアドバイスしていた。しかし、そのときにすでにめぐみさんの拉致から二十年の時が経過しており、平成二年（一九九〇）の金丸訪朝や平成三年から四年の日朝国交交渉では拉致は主要議題にならなかった、このままいけば、あと二十年何も起こらず、親たちはみな死んでいき、彼の地の子供たちも拉致されているということさえ公にならないまま死んでいくかもしれない、リスクはあるが世論に訴えよう、と滋さんが決断した。

先にも書いたが、私はその決断の一部に関与していたこともあって、滋さんたちを孤立させてしまってはならないと感じ、救う会をつくり一緒に戦ってきた。常に、北朝鮮が被害者に対して危害を加えることがあったらどう責任を取ればよいのかと心の奥底で考えながら、それでもまず制裁をかけてその圧力を背景にして全被害者の即時一括帰国を実現させよと、家族会とともに求めてきた。

葬儀後の記者会見でその滋さんの決断について、早紀江さんと拓也さん、哲也さんが、当時は反対したが、お父さんの決断が正しかったと今は思っていると次のように話された。それを聞いて感無量だった。

早紀江　北朝鮮という国のいろんなことは知らなかったですね。拉致をする国だということも知らなかったし、何か気に入らなければすぐ殺してしまうとか。しかし、主人はこれまで二十年間何も見えないで苦しんでいましたので、覚悟してでも進まなければだめだ、と。そこは強いんですね。

今は北朝鮮のことが明らかになって、お父さんが言ったことは間違ってなかったと思っています。

拓也　母も双子の私たちも、普通の一般人なんですよね。国際関係論とか国際政治を専門に学んでいるわけでもなくて、もちろん外交権も警察権も持っていない普通の素人です。ただ父がその瞬間に氏名を公表して、この問題を前に動かすというのは、考えたことではなく、本能的な判断だったと思っています。

だけどもやはり我が子を救うために、何を決断する必要があるのかっていうことを本能的に考えて、私たち三人が慎重な意見を考えている時に、勇気ある判断をしたんだと思います。今、それがようやくここまで、まだ解決はしていないものの、金正恩の包囲網を構築するあと一歩のところまで来ていますから、そこはやはり止めてはいけない。父の思いをかなえさせてあげるために、絶対に止めてはならないというふうに思っています。

これは先ほど申し上げたように、横田家だけの問題ではなくて、日本国家に与えられた課題、使命であるということを、皆で意識して報道も一枚岩になって、北朝鮮と戦ってほしいと思っています。

哲也　家族内の議論の中で、名前を出す、出さないっていうことがあって、父の意見が尊重され、それがいい方向に向かっていると思います。北朝鮮というのは人の命が見捨てられる国ですから、もしかしたらその時の決断で翌日に殺されたかもしれない。

そういう意味でたまたま父の意見が正しかっただけなのかもしれない。結果としては、今正しかった判断だと思うのですが、その正しかった判断が今完全にまでは成果が出ていない。

父は今天国に行っていますが、「帰国したよ」と報告できることこそが、私たち家族であり日本国民の使命と思っています。

めぐみさん死亡説の確認を怠った外務省

前述のとおり、温厚な滋さんが記者会見で激しく怒りを表に出したことが二回あった。それは、小泉訪朝の後のことだった。めぐみさんたちを死んだことにして国交正常化に進もうとした勢力へ怒りの声だった。

一回目は平成十四年（二〇〇二）九月、小泉訪朝の直後のことだ。訪朝当日に政府から呼び出されて、外務副大臣からお宅の娘さんは亡くなっていると断定形で通報され、その後の会見で泣き崩れた滋さんの姿はよく知られている。しかし、その翌日の夜の会見で滋さんが激怒したことはあまり知られていない。

滋さんは九月十七日、小泉首相訪朝当日の涙の会見直前に、早紀江さんと口論していた。早紀江さんが私はめぐみが死んだなんて信じませんと言い、滋さんは政府が確認作業をして伝えたのだから信じるしかないと反論していたのだ。

日本政府は十七日、午後に国会議員会館で記者らが集結する中で、会談結果を待っていた家族会に、「平壌に暗号のかかる電話をかけられるから」という理由で外務省の賓客接待施設である飯倉公館に来て欲しいと連絡してきた。当初は、国民の皆様と一緒に結果を待ちたいとして、記者らの前から離れることを拒否したのだが、政府が一部の被害者ではなく全被害者について消息を伝えると約束したので、飯倉公館に移った。そこで、政府関係者から大切な問題だから慎重に確認作業をしているので待っていて欲しいと言われた。そして、最初に横田滋さん、早紀江さんが別室に呼ばれて外務副大臣から断定形で死亡通知を受けた。滋さんは政府を信頼していた。

ところが、翌日九月十八日夜、前日平壌から戻った外務省幹部に面会した。実は外務省はその幹部を隠して、家族に会わせないで海外の勤務地に戻す計画だった。しかし、私たちが執拗に迫ったので面会約束がとれた。

滋さんは、政府から死亡の状況などを正式に聞くことになると覚悟を決めて、早紀江さんだけでなく拓也さん、哲也さんも連れて外務省を訪れた。ところが、「死亡を確認する作業は行っていない。めぐみさんの娘だと名乗る女子に会ったが、日本政府としてその女子がめぐみさんの娘かどうかも確認していない」という衝撃的な事実を告げられた。

めぐみさんの娘を名乗る女子はバドミントンのラケットを持参したというのだが、外務省はそのラケットの写真すら撮ってこなかったから、滋さんたちもそれがめぐみさんのものかどうか確認することさえできなかった。本来なら暗号のかかる電話でその確認ぐらいすべきだったはずだ。それなのに、確認なしに死亡と断定されたのだ。そこで急遽開いた会見で滋さんは「人の命をここまで粗末に扱うのか」と激怒した。

めぐみさんの遺品の再鑑定をめぐって

二回目は平成十六年（二〇〇四）十二月、めぐみさんの遺骨と称される焼かれた骨から、めぐみさん以外の二人のDNAが検出されたときだ。小泉総理が二回目の訪朝（同年五月二十二日）をしたとき、北朝鮮は死亡とした八人について「再調査」を約束した。その結果が、外務省局長に伝達された。そのとき、めぐみさんのものとされる火葬された遺骨が提供された。そもそも元夫という人物は、滋さん、早紀江さんが平壌に来てくれたら遺骨を渡すといって、最初は遺骨提供を拒んでいた。それが、「再調査」の結果とされるものと一緒に、外務省に渡された。

滋さん、早紀江さんはその骨を外務省幹部から見せられて、鑑定をして欲しいと言って受け取りを拒んだ。早紀江さんは母親の直感で、これはめぐみではないと感じ、私に「日本政府の鑑定で骨がめぐみのものだとされても信じられないから、救う会で再鑑定してくれる専門家を探しておいてください」と依頼した。ところが滋さんは、政府の鑑定でめぐみのものと判明すれば受け入れると、繰り返し話していた。

千二百度程度の高温で焼いたため、警察の研究所ではDNAは抽出できなかったが、帝京大学の吉井富夫講師（当時）が最新技術で鑑定したところ、めぐみさんのものではない二人分のDNAが抽出された。その説明を当時の家族支援室で聞いた滋さんは、その直後に開いた会見で、北朝鮮の説明はすべてでたらめだと語気を強めて批判した。滋さんは人が良い方で、できるだけ相手を信じようとされていた。しかし、娘たちを取り戻すという強い信念の持ち主で、身を削って運動の中心に立ち続けた。

孫のウンギョンさんとの面会をめぐる駆け引き

北朝鮮の工作機関である統一戦線部では小泉訪朝後、横田さん夫妻が世論の中心にいることを分析し、二人にめぐみさんの死を認めさせることを目標にした執拗な工作を仕掛けてきた。

前述のとおり、小泉訪朝直後にはめぐみさんの元夫は、遺骨は土葬したのを掘り起こして火葬して自宅に保管しているが、日本政府代表には渡せない、横田夫妻が平壌に来れば渡すと話した。

家族会が生存とされた側の家族も含めて訪朝はしないと決めたら、突然、それまで平壌で家族と会いたいと言っていた蓮池さん夫婦、地村さん夫婦、曽我ひとみさんが子供らを北朝鮮においたまま、「一時訪問」で日本に戻すと北朝鮮から連絡が来た。十月十五日に帰国後、彼らは公開を前提にして横田めぐみさんについてのみ知っていることを詳しく話し始めた。

蓮池さんの奥さんである旧姓奥土祐木子さんは、増元るみ子さんと一時期一緒に暮らしていたが、そのことを増元さんの家族に話さなかった。彼らは当時の安倍晋三官房副長官と中山恭子参与にだけ、非公開で日本残留の意志を伝え、政府がそれを受け、十月二十四日政府の責任で日本に残し、北朝鮮に再度渡るかどうかの意思確認は、子供たちと日本で再会した後にすると発表した。

すると、突然、日本の一部マスコミ記者が平壌に呼ばれ、十月二十五日めぐみさんの娘が日本のテレビに出て「おじいさん、おばあさん平壌に会いに来てください」と訴えた。当初、滋さんは会いに行ってもめぐみ救出の妨げにはならないのではないかと考えたが、早紀江さんや私たちは、平壌でカメラの前でめぐみさんの墓と称するところに連れて行かれて全世界にその映像が発信されると救出の妨げになると反対した。

帰国した被害者から極秘で、自分たちを日本に送るとき、北朝鮮当局はいくつかの指令を与えたが、その一つが滋さんと早紀江さんを平壌に連れてくることだった、何かを彼らが準備していることは間違いないから慎重にした方がいい、というアドバイスが届いた。最終的に滋さんも平壌など北朝鮮当局が支配する地域での孫との面会は危険だと判断して、訪朝は消えた。

その後も横田夫妻への工作は続いた。

平成二十六年（二〇一四）のモンゴルでの孫との面会は、安倍総理が横田さんたちの当初の意向、すなわち北朝鮮当局の支配下ではない第三国での面会という条件をよく知っていた上で、北朝鮮と水面下で交渉してそれが実現した。そのことは安倍外交の成果だが、北朝鮮工作機関は別の意図を持っていた。

彼らは日本の中の日朝国交優先勢力と協力しながら、孫との面会で横田さん夫妻はたいへん喜び、今後も継続して面会を続けたいという意向を持っているという間違ったイメージを拡散し、めぐみさんたちの救出を横田さん夫妻が事実上諦めたかのような雰囲気をつくろうとしていた。だからその後に繰り返し、孫娘の訪日や、孫との再会のための横田さん夫妻訪朝などという観測記事が多数出た。

モンゴルでの面会は、外務省主導で完全秘密で準備された。横田さんご夫妻も出発の前日に、息子さんですぐ近くに住んでいる横田拓也さんにだけ伝えた。私は二人が帰国し、「読売新聞」がスクープで記事を書くまで知らなかった。読売は面会にめぐみさんの夫が同席したと書いた。

記事を読み、私がいちばん心配したのは、めぐみさんの前の夫でウンギョンさんの父である金英男氏のことだ。彼が来ていれば、当然、日本政府に渡した遺骨は本当にめぐみさんのものである、めぐみさんは亡くなっていると、強弁したはずだ。そうなると、横田さん夫妻がそれに反論して面会の場は険悪な雰囲気になるか、あるいは、論争をしてもしょうがないと黙って聞いていたら、北朝鮮側から横田さん夫妻は娘の死を認めたという宣伝がなされると思ったからだ。

早紀江さんからウンギョンさんに伝えた「希望」

すぐ、横田早紀江さんに電話をかけた。外務省から面会についてまだ公表を待てと言われていた中、記事が出たからマスコミからの電話が殺到していた。ご夫妻はどの電話にも出なかったが、私にはすぐコールバックしてくださった。そこで、金英男氏が同席したのかを確認したところ、彼はいなかった、同席したのはウンギョンさんの夫だったことを聞いた。それですぐ、救う会のメールニュースでその事実を伝えた。

後日、早紀江さんから面会について詳しく聞いた。そのことを紹介する。

早紀江さんも私と同じ心配をしていた。面会に当たり孫たちがめぐみさん死亡を強く主張してきた場合、反論しないと死亡を認めたと宣伝されかねないし、激しく反論すると孫が説得に失敗したと叱責されるかもしれない、というジレンマだった。

最初の面会のとき、同席していたウンギョンさんの夫が、「ちょっとカメラを写させてくださいね」と言って、食器棚の扉を開いてビデオカメラをこちらに向けた。そしてウンギョンさんが少し叱責するようにこう話した。

「おじいさん、おばあさんはどうして平壌に来てくださらなかったのですか。この孫娘が信じられなかったのですか」

そのとき早紀江さんは瞬間的に、この記録は北朝鮮のトップのところに届けられるのだろうと思い、内心はそこに向けて次のように語ったという。

「あなたのことが信じられなかったのではないのよ。あなたのお母さんが生きていて元気で日本に帰ってくると私たちも日本中の人たちもみな信じているのよ。あなたのお母さんだけでなくもっと多くの日本人被害者みんなが一緒に帰ってくるんだと信じているし、みんながそういう楽しい時間が来ることを願っているのよ」

その後の面会ではお互いにそのことには触れず、ひ孫を抱いたりして楽しい時間を過ごした。そして別れのときがきた。

ウンギョンさんはチマチョゴリを着て、夫と一緒に見送りに出てくれた。そこで早紀江さんは「もう寒いから出てこない方がいい」と言ったが、「いいんです」と言って、迎賓館の外の車のところまできてくれた。早紀江さんが最後にこう伝えた。

「おばあちゃんはお母さんのことを三十六年待ってきて、今も希望を持って待っています」

その言葉を夫がウンギョンさんに通訳して伝えたら、彼女は「三十六年」とつぶやいた。

早紀江さんは、

「どんなときでも希望を持って祈っていれば、こんなに十一年も時間がかかっても会えたでしょう」

と言い、また、

「必ず希望を持ってください。また会えるときがくるから。いつとか決めなくても必ず会える時がきたら会えるんだから。いつもそう思っているから。そう思ってね、希望ですよ」

と大きな声で手を振った。ウンギョンさんは涙を流しながら、でもにこにこ笑いながら手を振って見送ってくれた。

帰国後に早紀江さんは面会を振り返って、こう語った。

「私にとっては本当に楽しい時間でしたけれど、ただ楽しくて嬉しくてしょうがないということではなくて、初めから拉致問題がいちばん大事なことで、必ず解決しなければならないことと思い続けています。非常に会話に気をつけながら、言い過ぎたかなあと思ったこともあり、帰ってから大丈夫かなあと心配したりしています」

ここで早紀江さんが「希望」という言葉をウンギョンさんに伝えたことに、私は今、胸が一杯になる。第7章で書いたように、この面会から五年後、私は美智子皇后陛下から、拉致問題について「希望を持ちましょう」というお言葉を頂いたからだ。

約束を破って写真を公開した議員

ある国会議員は、横田さんたちが非公開にしている孫との面会の写真を、横田家以外のどこからか入手して、週刊誌で公開した。それに対して滋さん、早紀江さんは毅然として孫との約束があるので横田家からは写真を出していない、公開された写真は滋のカメラで撮ったものではない、孫との面会は一回だけで十分でこの次はめぐみたち拉致被害者と一緒にその家族と会いたいとする手記を公開した。（救う会メールニュース　平成二十八年六月二十二日）

手記「孫たちの写真公開の経緯と、孫との再会ではなく全被害者の帰国を求める私たちの考えについて」

横田滋、早紀江

平成二十八年六月二十二日

六月九日発売の『週刊文春』は「横田滋・早紀江夫妻に孫娘ウンギョンさんが初告白めぐみさんの『消息』」と題する有田芳生議員の署名記事と六枚の写真グラビアを掲載しました。この記事について、多くお問合せをいただくと共に、ご心配をおかけしました。

雑誌発売の前後は、健康もすぐれず、会見や個別の取材に応じる事が出来ませんでした。そこで短いコメントを三回出しましたが、細かい事実関係や私たちの変わらない考えが正しく伝わっていないようにも見受けられます。

特に、北朝鮮当局が、私たち家族や日本の姿勢を誤解すると、拉致問題解決に大きな障害が生まれかねません。

そこで、二十二日に救う会の東京集会で皆様の前で直接ご説明をしようと考え、ここに経過と私たちの考えを整理しました。

申し上げたい点は二つです。

第一に、写真の出所についてです。繰り返しお伝えしているように、写真は横田家から一枚も出していません。『週刊文春』に掲載された孫たちとの写真は、横田家から提出して公開をお願いしたものではありません。写真公開は有田芳生議員と『週刊文春』が独自になさったことです。

五月の初め、有田議員から連絡があってお会いしました。そこに有田議員が六枚の写真を持参され、「『週刊文春』に掲載する写真はこれです」と話されました。

私たちは、孫との対面時、孫から写真を外に出さないでほしいといわれ、出さないと約束していました。ですから、有田議員に孫が出さないで欲しいと言っていましたと伝えたところ、あちらの方は了解していますという、孫が写真の公開に同意をしたという趣旨の説明を受けました。そこで、「お持ちの写真を掲載することには異存ありません」とお話ししました。

なお、公開された六枚の写真と自宅にある写真と比べてみたところ、横田滋が持参したカメラで撮った写真は一枚もありませんでした。面会の終わりの方で、ウンギョンさんの夫から頂いた写真があり、それは横田滋のカメラの写真とは別にして保管しています。そちらの写真と比べると週刊誌に公開された六枚が一致しました。

第二に、孫たちとの再会に関して有田議員と私たちの考えが異なるという点を説明します。孫との再会や、拉致問題と遺骨問題等他の人道問題を同時平行で進めることには意を異に致します。

孫たちとモンゴルで面会ができた後、一部で、「横田夫妻は孫に会えたことで満足して、めぐみさんたち被害者救出の思いが弱くなっている」という誤解がひろがっていることを心配していました。

この間、いろいろなところでウンギョンさんたちを訪日させて私たちと再会させることを優先すべきだという話が出ています。また、あたかもそのような計画を政府が進めているかのような憶測報道もいくつかありました。

私たちは、めぐみたちの生存を信じて、多くの支援者の方達と二十年あまり、全ての被害者を救ってくださいと、それこそ命がけで運動してきました。その信念は変わりません。

モンゴルでの孫たちとの面会は、めぐみが死んでいると宣伝されることがないように、平壌には行かない、北朝鮮の管轄する場所でなく北朝鮮当局者が同席しないという条件でなら一度は会っておきたいと考え、それを実現していただいたことには感謝しています。

しかし、この次はめぐみと一緒に孫たちに会いたいのです。もちろん、全ての拉致被害者とその家族が祖国に帰ってくることだけを願い、それを政府に求め続けています。

今私たちが、他の家族の方々や救う会や支援者と共にわが国政府と北朝鮮に求めているのは、早急な全ての被害者と家族の帰国実現です。不当に拉致していっためぐみたちを返してくださいということです。

最後まで滋さんは北朝鮮工作機関と日本国内の日朝国交優先勢力の攻撃の矢面に立ち続けながら、全被害者の即時一括帰国を実現して欲しいという毅然たる姿勢を貫き通した。このような事情が滋さん逝去後の記者会見での横田哲也さんの「四十年間何もしてこなかった政治家や、北朝鮮が拉致するはずはないと言ってきたメディアがあったので、安倍総理、安倍政権がここまで苦しんでいるのです。安倍総理、安倍政権は動いてくださっています。やっていない方が政権批判をするのは卑怯です」（令和二年六月九日）との話題を呼んだ発言の背景にある。

滋さんは、この世での激しい戦いを勇敢に戦い抜いて、神さまにもう十分だ、私のところで一緒にめぐみさんたちの救出を待ちなさいと言われ、天国に召されて行った。後に続く者が必ずこの戦いに勝利して、全被害者の即時一括帰国を実現します。それを見守っていてください。

第9章　一九七六年の「金正日拉致指令」

現在まで続く基本方針

本書第7章で私は、平成三年（一九九一）に日本人拉致について最初に論文を書いたときの少し恥ずかしい体験を告白した。すなわち、一度拉致を指令したのは金正日だと書いた文を怖くなって消して、勇気をしぼって再度それを書いたという体験だ。

その後、私は継続して拉致に関する調査と研究を進めた。そして、金正日が拉致を命令したことは明らかであるが、個人独裁体制の北朝鮮では独裁者の責任を認めることができず、そのため、平成十四年（二〇〇二）九月、金正日の責任につながると思われる横田めぐみさんら八人の被害者について、生きているのにあえて死んだというウソをついた、という恐ろしい謀略に突き当たった。

本章ではそのことについて詳しく書く。

家族会・救う会は平成十四年（二〇〇二）九月、小泉訪朝直後から、「横田めぐみさんたちは生きている。八人死亡は北朝鮮の一方的な通報に過ぎない」というキャンペーンを行ってきた。

当時、田中均・外務省アジア太平洋州局長の主導の下、北朝鮮が通報してきたことに過ぎない「八人死亡説」が既成事実化されようとしていた。先にも書いたが小泉訪朝当日である九月十七日の午後、家族会メンバーは政府から「全員の消息情報が北朝鮮から伝えられた」として、外務省飯倉公館に来ることを求められた。公館に到着すると、家族らは植竹外務副大臣から、「大切なことだから慎重に確認作業をしている」と言われ、約二時間待たされた。

その後、横田めぐみさん家族、有本恵子さん家族、市川修一さん家族が植竹外務副大臣から、増元るみ子さん家族が福田官房長官から、それぞれ個別に別室に呼ばれ死亡通告をされた。その際、植竹副大臣も、福田長官も「亡くなっている」という断定形で伝達を行った。家族の立場からすると、「死亡通告」は日本政府による慎重な確認作業の結果と理解するしかない状況だった。しかし、現実には確認作業は行われていなかった。

翌十八日、小泉首相に同行していた安倍官房副長官が、家族会と救う会の宿所に来て、「死亡の確認をしていない」という重大な事実を伝えてくれた。同日の夜、小泉訪朝に同行した外務省幹部が横田さんたちにやはり同じことを伝えた。それを受けて私たち家族会・救う会が十八日以降、必死で「死亡は確認されていない、死亡者でなく、北朝鮮が死亡と伝えてきた被害者という言葉を使って欲しい」と政府と報道に要求した結果、危ないところで田中局長らが画策していた死亡の既成事実化は実現しなかった。

田中局長は外務省を退職した後、テレビや新聞などで北朝鮮問題や拉致問題などについて解説しているが、平成十四年九月に家族にウソをついて、被害者救出より日朝国交交渉開始を優先したこと、五人の被害者を北朝鮮に返そうとしたことなど、被害者救出を公然と妨害したことは間違いない。なぜ、そのような人物がマスコミで重用されるのか、日本社会の人権意識の低さを強く嘆くものだ。

平成十六年（二〇〇四）末、日本政府は北朝鮮から提供された「死亡の証拠」なるものは、すべてでっち上げられたものだったという検証結果を発表した。横田めぐみさんと松木薫さんの遺骨だとして提供された焼かれた骨からは、他人のDNAが抽出された。医師が署名した八枚の「死亡診断書」も偽物だった。田口八重子さんと松木薫さんの死亡の証拠として出された警察発行の交通事故書類のコピーも、被害者の名前の部分が修正液で白く塗られて読めないという始末で、死亡の証拠にはなり得なかった。その結果、日本政府は被害者が全員生存していることを前提に全員の安全確保と帰還を求めるという、現在まで続く基本方針を打ち出した。

北朝鮮側主張の問題点

政府拉致対策本部は、北朝鮮が提出した証拠なるものがいかにでたらめだったかを説明するパンフレット「すべての拉致被害者の帰国を目指して――北朝鮮側主張の問題点」を作成し、インターネットでも自由にダウンロードできるようにして広報している。写真が満載でたいへん分かりやすいものだからぜひ閲覧をお勧めするが、その最初の頁には以下のような記述がある。日本政府の基本的立場が明確に示されているので、少し長いがその部分を引用する。

北朝鮮側は次のように主張しています。

●（安否不明の拉致被害者一二名のうち）八名は死亡、四名は北朝鮮に入っていない。

●生存者五名とその家族は帰国させた。死亡した八名については必要な情報提供を行い、遺骨（二人分）も返還済み

●日本側は、死んだ被害者を生き返らせろと無理な要求をしている。

しかし、こうした北朝鮮側の主張には以下のように［同パンフレットで次の頁から写真入りで具体的に反論を展開：西岡補］、多くの問題点があり、日本政府は、北朝鮮側の主張を決して受け入れることはできません。そして、被害者の「死亡」を裏付けるものが一切存在しないため、被害者が生存しているという前提に立って被害者の即時帰国と納得のいく説明を行うよう求めています。日本政府は決して「無理な要求」をしているのではありません。［傍線：西岡］

傍線部分「被害者が生存しているという前提に立（つ）」が日本政府の基本的立場だ。言い換えると、北朝鮮は「死亡」を裏付けるものを一切出すことができなかったのだ。それなのになぜ、「八人死亡」というウソをついたのか。その動機が金正日の責任を認めたくない

ということだったのだ。そのことを詳しく解明しよう。

まず、被害者の数について整理しよう。政府は北朝鮮に拉致された十七人よりも多いと認識している。現在確実な証拠に基づいて認定した被害者が十七人で、それ以外にまだ未認定被害者がいることを前提に、政府は「認定の有無にかかわらず、全ての拉致被害者の安全確保および即時帰国のため全力を尽くす」（拉致問題解決に向けた政府方針）としている。この認定被害者十七人のうち、二〇〇二年に五人が帰国したので、現在の救出対象は十二人である。北朝鮮はそのうち八人について死亡、四人について北朝鮮に入っていないと通報してきたが、確実な証拠を一つも示していない。なお、北朝鮮は二〇〇二年九月の日朝首脳会談前までは「拉致などしていない」と言っていたが、現在は「拉致したのは十三人、五人を帰国させ、残り八人は死亡したので拉致は解決した」として「日本側は死んだ被害者を生き返らせよと無理な要求をしている」と強弁している。

重要なことなので再度書くが、金正日は平成十四年（二〇〇二）九月、日本人拉致を認め謝罪した。だが「特殊機関の一部が妄動主義、英雄主義に走ってこういうことを行ってきたと考えている」として自身の関与を否定した上で、わずか五人だけを帰し「拉致したのは十三人だけ、残り八人は死亡した」という新たなウソをついた。ウソには動機がある。なぜ、この時点で全被害者を帰さなかったのか。拉致被害者救出のために必ず解明すべき問題だと、私たちは繰り返し問題提起してきた。

日本政府は北朝鮮が出した死亡の証拠が全てでたらめだったことから「全員生存を前提に」早期帰還を求めている。しかし、なぜ偽遺骨まで出して生きている人を死んだとして隠さなければならなかったのか、その動機に関する日本政府の見解は公表されていない。

私は、平成十四年（二〇〇二）以来一貫して「拉致を部分的に認めよと言う金正日の指示を受けた北朝鮮工作機関は、金正日の責任を認めることができなかったため、金正日の拉致指令やテロ指令などにつながる被害者を帰すことはできなかった。そのため、苦肉の策で生きている人を死んだと通報してきたのだ」と主張し続けている。

二〇〇四年に韓国に亡命した元朝鮮労働党統一戦線部幹部張真晟《チャンジンソン》氏は、小泉訪朝時に統一戦線部内で閲覧した文書などを根拠に、次のように証言して、私の主張を裏付けてくれた。

北朝鮮の外務省は拉致を部分的に認定して日本から一一四億ドルの資金を取ることを金正日に提案し、統一戦線部をはじめとする対南工作機関は、拉致の部分的認定も認定だとして金正日の権威と連係させて反対した。

（平成二十三年〈二〇一一〉家族会・救う会・拉致議連主催国際セミナーでの証言）

金正日が死んでその息子の金正恩が政権を継承した現時点で、拉致被害者全員を取り戻すためには、金正恩政権が金正日の責任を認めること、すなわち拉致指令を認めることができるのかが焦点となった。金正日生存時に比べればそれは相対的に容易になったと言えるだろう。

本章では私が独自に入手した元工作員らの証言などをもとに、これまで明らかになった証言、情報などを総合して拉致の全貌と昭和五十一年（一九七六）の金正日拉致指令について詳述したい。もはや隠しきれないと北朝鮮政権に思い知らせることが、被害者救出の道となる。

拉致の全貌

北朝鮮は全世界にわたって大規模な韓国人、外国人拉致を行った。北朝鮮による拉致は、以下の四つの大きなピークがある。

①朝鮮戦争中の韓国人拉致
②戦後から一九七六年までの漁船拿捕を中心とする韓国人拉致
③一九七六年、金正日の「工作員現地化教育のための教官拉致」指令による韓国、日本、諸外国での拉致
④一九九〇年代後半以降、脱北者支援など北朝鮮にとって「有害」と判断される行為を行う者たちの拉致

そして、秘密暴露を恐れて工作活動中に遭遇した者を拉致する遭遇拉致は、常時あり得た。昭和三十八年（一九六三）に石川県近海で漁業操業中に拉致された寺越事件が典型だ。

このうち、①については「韓国戦争拉北者事件資料院」（李《イ》美《ミ》一《イル》理事長）において詳細な研究、資料収集が行われている。ここでは、「金日成の指令の下、約十万人の韓国人拉致が組織的かつ大規模になされた。朝鮮戦争中の日本人、外国人拉致は確認されていない」という事実のみを指摘しておく。

②もやはり金日成が命じた拉致だ。旅客機ハイジャック一件を除いてすべてが海上境界線付近に接近した韓国漁船と軍用船を対象としている。また、拉致された漁民らの選抜作業が行われ、拉致された三千六百九十二人のうちの八八％（三千二百五十七人）には北朝鮮の発展像を見せて政治宣伝のために早期に帰還させ、一二％（四百三十五人）だけが継続して抑留され、その中の一部を工作員として使おうとする訓練が実施された。

なお、一九七六年の金正日の拉致指令では、南出身者を安易に工作員として用いたことが対南工作の誤りと規定され、拿捕した韓国漁民を工作員として使うことが中止されたので、漁船拿捕拉致はこれ以降ほぼなくなった。

北朝鮮から工作員を韓国や外国に派遣して行う拉致は確認されていない。

なお、同時期、秘密隠蔽を目的とする日本人拉致、寺越事件があった。それ以外にも日本人拉致はあったとする証言などは多いが、実態は不明だ。外国人拉致は判明していない。

③について詳しく触れる前に簡単に④について見ておきたい。

一九九〇年代後半以降、人口の一五％にあたる三百万人が餓死する中、大量の脱北者が中朝国境を越えた。韓国人キリスト教宣教師や貿易商らが中朝国境地域でそれらの脱北者を助けるようになり、その結果、金正日政権にとって望ましくない外部情報が北朝鮮に大量に流入することになる。このころから、北朝鮮の国家保衛部が中国まで出ていき脱北者の取り締まりを行っている。その過程で、脱北者を支援していた韓国人宣教師などが拉致された。また、二〇〇〇年代になり脱北者を支援していた中国国籍朝鮮族が多数拉致されたという有力情報がある。

また、米国人留学生が中国で北朝鮮の保衛部員に拉致されたという疑いも明らかになっている。米国ユタ州出身のデービット・スネドン氏（当時二十四歳の大学生）が二〇〇四年八月に中国の雲南省で消息を絶ったが、実は北朝鮮の保衛部員に拉致され、北朝鮮に連行されたままとなっている疑いが強い。二〇一六年九月二十八日、米国議会下院は同事件について米国政府が本格的に調査することを求める決議を全会一致で採択している。

金正日拉致指令

③一九七六年の金正日拉致指令による世界規模の拉致（一九七六〜八〇年代初め）について、私は元工作機関員の証言など、この間入手した情報を分析して次の点を明らかにしてきた。

金日成の後継者となった金正日は一九七六年初め、対南工作の新方針を示す中で「工作員の現地化教育を徹底して行え、そのために現地人を連れて来て教育にあたらせよ」と拉致指令を下した。

金正日は一九七四年、金日成の後継者として公式に指名された後、対南工作部門を掌握するため、七五年六月から十一月初めにかけて対南工作部門の集中検閲を行い、翌七六年初め、対南工作の新方針を演説し、革命的党をつくる指導核心工作員を韓国に配置せよと命じた。指導核心工作員の育成のために教官を拉致せよと命じたのだ。拉致指令は金正日の新方針の中心部分に位置する。

本書の第7章でも書いたが、この金正日の拉致指令については、一九九八年七月に元工作員安明進氏が新潟空港での記者会見で証言している。彼は韓国当局から、北朝鮮からのテロに遭う危険性が高まるという理由で、金正日の拉致指令を証言するなとアドバイスされていた。そのため一九九八年三月に出した『北朝鮮拉致工作員』(徳間書店)ではその部分を原稿からはずしたという。しかし、訪日した安明進氏は、横田めぐみさんの両親らにはウソはつけないとして、命がけで証言した。

安明進氏の証言については、取材に多額の対価を求めた、話が時によって違っている、などの理由で信憑性に疑問を呈する向きもある。特に、帰国した拉致被害者である蓮池薫氏を金正日政治軍事大学で目撃したと語っているのに対して、蓮池薫氏本人が自分はそのような学校に出入りしたことはないと否定している点で疑いの議論が出ている。

しかし、私は一九九八年以来継続して、安明進氏から多くの話を聞いてきた経験から、細部における記憶違いはあるだろうが、工作機関内で安氏が経験した部分についての証言は信じるに足ると判断している。

特に、本章の主題である一九七五年の工作部門集中検閲と翌七六年の金正日拉致指令に関する安氏証言は、他の元工作員らが一致して事実と認めており、その信憑性は高い。

工作員の現地化教育

安明進氏の金正日拉致指令についての証言（一九九八年七月三十一日）を紹介する。

拉致は一九六〇年代からあったが、本格化するのは七〇年代中頃からだ。七四年、金正日が後継者に選ばれた後まず手を伸ばしたのが、資金、人材のすべてが優先的に回されている対南工作部門、三号庁舎だ。金正日は三号庁舎を掌握するために、七四〜七五年にそれまでの工作活動を検閲し、その成果はゼロだったと批判した。そして、「工作員の現地人化教育を徹底して行え。そのために現地人を連れて来て教育にあたらせよ」という指示を出したのだ。その指示により、日本人をはじめとして韓国人、アラブ人、中国人、ヨーロッパ人が組織的に拉致された。自分はこのことを金正日政治軍事大学の「主体《チュチェ》哲学」という科目の中で、金正日のおかげでいかに対南工作がうまくいくようになったかという例として学ばされた。

このことは、『北朝鮮拉致工作員』には書かなかった。金正日の権威に関わることを書くと暗殺される危険が高いと知っていたからだ。しかし、家族会・救う会の招聘で来日したので、特に娘を奪われて苦しんでいる横田さんご両親に対して、知っていることの一部を隠すならば、人間として良心に恥じると考え、勇気を出して証言した。

私は、平成十六年（二〇〇四）七月十八日から二十八日にかけて、安明進氏に対する集中聞き取り作業を行った。その中で、金正日拉致指令に関して金正日政治軍事大学のどの科目でどのように教わったのかについて詳しく尋ねた。金正日の指令、教示は学生たちにとって必ず記憶しなければならない重要事項である。したがって、安氏がかなり詳細にそれらを記憶していたことは不思議ではない。

安氏が金正日政治軍事大学で学んだのは一九八七年から九三年、戦闘工作員養成のための六年コースであった。金正日拉致指令から十年以上経った時期である。しかし、当時も工作部門はすべて金正日の唯一指導体制の下にあり、過去の工作の歴史について学ぶとき、当然、金正日の業績が強調され、その一貫として七五年の集中検閲と七六年の新方針は繰り返し取り上げられるのだ。

安明進氏は、金正日拉致指令について「南朝鮮革命史」「地下党建設」「主体哲学」「金日成主義基本」の四科目で学んだという。その科目の趣旨に合った形で教科書に同指令に関することが書かれてあったという。そのうち二つの記述を紹介する。

①「南朝鮮革命史」＝二学年から四学年（一九八八から九〇年）で学んだ。金教官が担当した。金正日拉致指令について次のように明確に教科書に記述されていた。

工作員が現地事情をよく知らないから、非合法から半合法に移るとき、容易に身辺が露出する。現地人との接触、指導管理も現地事情を知らないと不可能だ。平壌指導部が現地実情を知らず、性急性、成果主義に巻き込まれ、現実にまったく合わない任務を与えたり、敵区現地に派遣された工作指導部が現地組織をやみくもに引っ張り回し、危険を招来し、破壊される事例がでた。その代表的事例が六八年統一革命党事件だ。工作員の現地化教育を強度高く徹底的に行え。そのためには多くの現地人を確保し、連れてこなければならない。

この講義中にある学生が「これは拉致という意味ですか」と質問し、金教官が、「拉致だ。現地人の誰が、連れていこうと言われて、ついて来るか」と答えた。安明進氏はこのやりとりをよく憶えている。これが、一九七六年初めの対南工作部門幹部会議でなされた金正日演説における拉致指令であることは明白だ。

②「主体哲学」＝二学年後半から四学年で学んだ。張教官が担当した。三学年（一九八九

年）のときに習った教科書に次のような記述があった。

現地人たちを連れてきて工作員に対する教育に利用することが、工作員現地化をもっとも早く実現する道だ。

現地人たちを通じて、工作員たちが敵区の現実と現地人たちの思想精神的パターンを最も早く理解させることができる。

また、張教官が授業の中で、「金正日指示の後、成果主義をしようとマグジャビ（むやみやたら）に拉致したので、使い道のない人も多かった。それで二〜三年後、現地工作員と現地組織との密接な協力下に高等教育を受けた人に対する選別拉致が行われた」と口頭で説明したことを覚えているという。

次に、一九八〇年代初め韓国亡命した元労働党対南工作部門幹部申平吉《シンピョンギル》氏の証言を紹介しよう。申氏は元労働党対南工作部門幹部で一九八〇年代初め、アジアの第三国経由で韓国に亡命した。申氏は工作部門内の過去の記録を扱う部署に勤務した経験があり、この分野における多くの貴重な情報を韓国情報機関にもたらした。申氏は一九九六年十二月、ソウルで『金正日の対南工作』（北韓研究所刊）という単行本を出した。その主要部分が荒木和子氏により『現代コリア』（一九九九年一・二月号〜二〇〇〇年十二月号）に断続的に訳載されている。

中氏に面会した関係者によると、たいへん記憶力のよい人で、驚くような北朝鮮工作部門内部の情報をもっていたという。残念なことに申氏は一九九八年急死した（北朝鮮工作員による暗殺を疑う専門家もいる）。

申氏によると、金正日は一九七六年初めに開かれた対南工作部門幹部会議で新しい対南戦略について体系的に演説する中で、工作員教育について次のように指令したという。

> 金正日は工作員の育成体系も変えなければならないと主張した。（略）特に南朝鮮などの資本主義社会に適応できるよう技術・生活習慣・言語風習を教えなければならないというのだ。金正日は「工作員が現地化、敵区化されるよう教養体系を変えねばならない」と釘を刺した。
> （『現代コリア』平成十一年七・八月号四六頁）

金正日拉致指令がまさにこの一九七六年初めの演説であった。

この金正日拉致指令を理解するためには、まず、一九七〇年代初めに北朝鮮権力中枢部で起きていた、金正日を金日成の後継者に確定するプロセスを確認しなければならない。申氏の同書の記述をもとに、その点をまとめておく。

・金正日後継者決定プロセスは、一九七二年四月、金日成が還暦を迎えた頃から、水面下で開始される。

・翌一九七三年二月十五日、警察である社会安全部から政治犯取り締まり部門が分離独立し、国家保衛部が創設される。同部は金正日が掌握する。

・一九七三年九月に労働党中央委員会第五期七次全員会議が開かれ、金正日を組織担当書記兼思想担当書記に極秘任命する。それを受けて、労働党の細胞ごとに金正日を唯一の後継者に推戴することを誓う決議文を出す。

・一九七四年二月、党中央委員会第五期八次全員会議で、各細胞での決議文を受けて金正日を唯一の後継者として公式決定する。金正日を政治局委員に任命する。

・一九七四年四月初め、金正日が主導し党中央委員会政治局会議で「党の唯一思想体系確立十大原則」を決定、公布する。

・一九七四年十月、党中央委員会第五期九次全員会議で金正日が「党、軍、政権のすべてを私に集中させ、私の決定と指示に従って処理、執行、報告する一糸乱れない指導体制と、無条件に服従する組織規律を打ち立てなければならない」と指示した。

・同じ会議で金正日は、党組織指導部を大幅強化し、党幹部の人事権を掌握、中央と地方への検閲事業を大幅強化した。

・一九七四年下半期から一九七五年中盤、軍に対する検閲を実施し、唯一指導体制を確立した。

・一九七五年二月、党中央委員会第五期一〇次全員会議で金正日の公式称号として「金日成首領の唯一の後継者」「英明なる指導者」「親愛なる指導者」が決定される。

・一九七五年中盤から年末まで、政務院（政府）への集中指導検閲を実施し唯一指導体制が確立した。

以上のように、後継者決定直後から金正日は自分の指示だけに従う指導、報告、事業体制、すなわち唯一指導体制を確立していった。

そして、金正日は最後に当時、資金、人材などの面で最優先とされていた対南工作部門に対する唯一指導体制確立作業に取り組む。

一九七五年六月に工作部門に対する集中検閲を開始した。検閲は一九七五年六月から十月中旬まで続いた。一九七五年十月二十五日から十一月三日まで十日間、連絡部、文化部、調査部の連合党総括会議が開かれた。金正日は総括報告の日（十月二十五日）を含む四日間、この会議に参加した。

十一月三日、対南工作担当書記の金仲麟《キムジュンリン》、党連絡部長の劉章植《リュチャンイク》、党調査部長の李完基《イワンギ》（別名・李昌善《イチャンソン》）、党文化部長の金周永《キムジュヨン》、副部長の金相鎬《キムサンホ》、金権漢《キムクォンハン》、趙一明《チョイルミョン》、金国薫《キムクッフン》、金相洛《キムサンナク》、任《イム》浩君《ホグン》、姜赫賛《カンヒョクチャン》、李東革《イドンヒョウ》など幹部全員が自己批判させられた。

金仲麟書記は、大声で批判されて涙を流し、三回もやり直しをさせられた。十一月三日の会議の終わりに金正日が「一九五〇年代以来一九七〇年まで対南工作は一言で言って零点だ」

「これは金日成が出した見解だ」「今から新しく始めなければならない」とする結論演説を三時間近く行った。検閲結果を受けて、組織改編と幹部人事が断行された。

金仲麟を対南書記、政治局常務委員から解任した。金相鎬、李東革ら副部長と課長七、八人を一年から一年半、中央党農場で強制労働処分とした。連絡部長に鄭慶姫《チョンギョンヒ》を、調査部長に李完基を任命した。

そして、金正日が対南書記を兼ねることになった。対南工作に必要な工作金が一ドルである場合も金正日が裁可とサインをしなければならなくした。また、工作員を浸透させるときも直接浸透と迂回浸透の区別なく、全て金正日に口頭や文書で報告した後、彼の決断を得なければならなくなった。金正日の口頭承認や親筆サインがあればすべてが決まった。対南工作部門についての金正日の唯一指導体制が確立した。

したがって、昭和五十一年（一九七六）以降に対南工作部門が行った拉致やテロなどをはじめとするさまざまな犯罪行為、破壊行為はすべて金正日の指令に基づいてなされたものなのだ。

検閲の翌年である、一九七六年初め金正日が対南工作部門幹部会議で演説して、対南工作の新しい方針を示した。その中で、金正日は、血縁、地縁、学縁、同郷のような縁故関係を基本とした家族主義的なグループをつくったことが、過去の時期の対南工作の最大の誤りと規定して、今後は革命的党をつくる「指導核心工作員」を配置することに重点を置かなければならないと宣言した。

そして、金正日は指導核心工作員の条件として四つを挙げた。

①「主体思想」で武装

絞首台でも朝鮮労働党万歳、金日成万歳、革命万歳を叫ぶことができる主体革命家にならなければならない。

②指導者としての政治的能力

変化発展する情勢を独自に分析、判断し党の戦略戦術に基づいて、自己の方針、戦術を立てることのできる能力。

③実務技術能力と適応能力

警察との闘争、諜報部員との闘争に勝つことができる能力と現地に適応できる能力。（傍線：西岡、以下同）

④大衆を教養し指導できる手腕と能力

指導核心工作員の条件の一つに、「現地に適応できる能力」が入っていることに注目したい。金正日はこの基準で人物を選抜育成してこそ指導核心をつくり出せると強調したのだ。

以上のような金正日の新方針において、指導核心工作員の選抜育成は最重要課題となる。その点について金正日は次のように演説した。まさにこの演説の中に本項冒頭で引用した金正日拉致指令が含まれる。同書から荒木信子氏の訳で引用する。その部分には傍線を付した。

金正日は指導核心が工作戦術においてすべて合法的にしなければならないと主張した。合法的な身分を持ち、南韓人になりすまさなければならないと言う。もちろん、法律的に合法的身分を得るまでには時間が必要だが、南韓に浸透したらすぐ社会的に合法的地位を得て、生活習慣上、完全に同化しなければならないのだ。そのためには彼らに多様な職業技術を教え、南朝鮮化・現地化されることに努めなければならないと強調した。

南韓の歌を歌い、南韓の喫茶店と飲食店、料理店にも自由に出入りし、旅館、ホテルの利用にも不自然さがないだけでなく、商売をしても難のないように現地適応教育を行うべきだと主張した。このような教育は短期間内に済む性質のものでないので、一〜二年以上の長期教育を実施するべき、というのだ。

さらに金正日は、過去には短期工作を第一にしてきたがそれでは革命的党を建設できないとはっきり述べた。金正日は短期間で革命的党を建設できるという考えが主観主義に過ぎず、思想意識の教養改造には長い時間がかかるため、長期工作を基本としなければならないと主張した。少なくとも三年から五年、ひいては十年以上にわたる長期工作をすべきだと述べた。

金正日は第三国迂回工作においては、工作員が外国人の身分で合法化しなければならないと主張した。日本に行けば日本人に、中国に行けば中国人に、カンボジアに行けばカンボジア人になり、言語、習慣、職業問題を合法的に解決できなければならないと強調した。

金正日は現地人として同化できたならば、工作はいくらでも自由にすることが出来ると付け加えた。

大韓航空機爆破事件の主犯金賢姫が中国語と日本語を自由に操りながら外国人のふりをしたように、この教育は非常に持続性がある。

（『現代コリア』平成十一年七・八月号四七～四八頁）


この傍線部分が、本章冒頭に示した金正日の現地化教育指令である。演説の中で金正日は「工作員が現地化、敵区化されるように教養体系を変えなければならない」と指示した。

この演説での指令に基づき、対南工作員の整理が大々的に行われた。既存の数千人の工作員の検閲作業が実施された。その結果、指導核心の基準に該当する者は新しい方針に従い五、六年再訓練を受け、基準に満たないが有事に使うに足る者は各機関の顧問として必要時に召還できるようにし、その他は一般職場に放出された。

そして、新しい世代の工作員養成が本格化する。金賢姫は一九八〇年、平壌外国語大学日本語学科二学年在学時に、調査部工作員として召還された。彼女は、その後、拉致被害者田口八重子さんから日本人化教育を、中国人拉致被害者孔令譻さんから中国人化教育を受けるなど、約七年間「現地化教育」を受けた。

私は、その金賢姫氏からも次のような証言を得ている。

平成二十二年（二〇一〇）七月訪日した金賢姫は、以下のごとく語った。

一九七六年の金正日の拉致指令について

西岡　「田口八重子さんが金賢姫を教え、めぐみさんが金淑姫《キムスクヒ》を教えた。それは七六年に金正日が『指導核心工作員を作りなさい』『その指導核心工作員は現地化しなければいけない』と指令したことによるものか」

金　「まさに私たちがその一期生です。金正日から直接は聞いていませんが、教官たちから聞いていました」

西岡　「あなたの同級生の男性があと六人いた。その人たちも日本人化教育を受けたのですか」

金　「その人たちは日本人化教育ではなく、東南アジア担当だった。自分と金淑姫が日本人化教育を受けた。女性がもう一人いたが、その人は中国人化教育を受けたのじゃないかと思う」

西岡　「他に日本人化教育を受けた人はどれくらいいたのか」

金　「分かりません。ただ、工作機関の内部で、『当初は拉致した人たちを教育して工作員として使う計画だった。しかし、試してみたら心変わりして使えなかった。やはり外国人は信用できない、ということで方針が変わって、教官として使うことになった。そして工作員の先生として使うことになった』と聞いた」

横田めぐみさんと田口八重子さんについて

金　「横田めぐみさんとは一回会った。八四年六月頃、淑姫と一緒に秘密で会いに行った。何度も会ったという報道は間違いだ。八一年から八三年まで、東北里《トンプクリ》招待所で、自分が田口八重子さんから日本人化教育を受けていたとき、近くの招待所で金淑姫が横田めぐみさんから同じ教育を受けていた。八七年一月、中国での実習を終えて金淑姫とともに北朝鮮に戻ったとき、淑姫がめぐみさんに会いに行った。そのとき、淑姫がめぐみさんから手料理をごちそうになった。八七年に招待所の叔母さんからめぐみさんの写真を見せられた。妊娠してお腹が大きい写真も見た」

田口八重子さん、横田めぐみさん以外の拉致被害者ついて

金　「田口八重子、横田めぐみ以外の日本人拉致被害者ついては、会ったことも話しを聞いたこともない。八七年に招待所のおばさんから、めぐみさんと別の日本人と思われる女性が二人で写っている写真を見せられた、その女性は化粧品を扱っていた美容師だったと聞いた。日本人被害者の写真を見直した結果、蓮池祐木子ではないかと考えている（註・警察が蓮池祐木子さんに照会したところ、めぐみさんと多くの写真を撮ったことがある。おばさんが持っていたのがどの写真かは分からない、との回答を得たという）」

「招待所のおばさんなどから、『日本人の夫婦がいる』という話を聞いている。一組は蓮池さん夫婦だったようだが、それ以外にもいるようだった。『男の工作員が日本人の夫婦から日本語を学んでいる』という話も聞いたことがある」

中国人拉致被害者について

（西岡がマカオ人拉致被害者孔令譽さんの写真を見せたところ）

金　「この人は知っている、自分と金淑姫の中国語の先生だ。一九八四年に、彼女から中国語を習っていた」

拉致被害者の生存について

金　「北朝鮮の体制に関わるような秘密、重要なことをさせられているので、生きている人が『死んだ』とされている。しかし、北朝鮮という国は日本のようなきちんとした国じゃないから、ある日、『やっぱり生きていました』ということは十分あり得る」

私は、このほかに元工作員である金用珪《キムヨンギュ》氏、車成根《チャソングン》氏からも金正日の拉致指令に関する証言を得ている。

金正日指令による世界規模の拉致

拉致指令の翌年の一九七七年（昭和五十二年）から七八年にかけて工作員教官にするための日本人、韓国人、外国人拉致が世界規模で集中して行われた。

日本人拉致は金正日の拉致指令直後の一九七七年、七八年に集中している。日本政府認定の十七人のうち十三人がこの二年に拉致された。その大部分が、教官か教官の配偶者にしようとしたものと考えられる。また、韓国、日本以外の十か国、中国（マカオ）、タイ、レバノン、ルーマニア、シンガポール、マレーシア、ヨルダン、フランス、イタリア、オランダの拉致はすべて七八年頃に集中している。

韓国では、一九七七年、七八年に、日本でなされたと同じように工作員が不法に上陸して行う拉致が多発した。これは工作員の韓国人化教育の教官にするためだ。ヨーロッパ旅行中の高校教師の拉致もこの時期にあった。これも工作員教育の教官にしようとした可能性が高い。また、七八年には金正日が気に入っていた映画監督と女優を香港までおびき出して拉致した。朝鮮戦争休戦後の韓国人拉致は漁船拿捕《だほ》を除くと十七人だが、そのうち約半数の八人がこの二年間に集中している。

一方、金正日は、南出身者を安易に工作員として用いたことが、対南工作の誤りと規定した。これを受けて拿捕した韓国漁民を工作員として使うことが中止されたので、漁船拿捕拉致はこれ以降ほぼなくなった。

世界規模での教官拉致がいつまで続いたのかは不明だが、指導核心工作員の現地化教育は一九八〇年から始まっているので、教官確保のための拉致は八〇年以前に一段落していた可能性が高い。もちろん、教官欠員補充のための拉致がその後も行われていた可能性も否定できない。

八〇年代前半、赤軍派よど号グループによる日本人拉致がヨーロッパで組織的に展開された。これは、日本人を北朝鮮工作員として使おうという金正日の指令によるものだ。八〇年代後半になると、彼らのメンバー二人が日本に戻り自衛隊への工作を行おうとして逮捕された。その頃以降、このタイプの拉致も確認されていない。

現地化された工作員六人

金正日の指令に基づく、工作員の現地化教育は一九八〇年から開始された。これまで判明している現地化された工作員は以下の六人だ。

①原敕晁さんになりすました調査部工作員　辛光洙（一九八〇年原敕晁さんを拉致し原さんになりすまして工作員活動を続け一九八五年韓国で逮捕された）

②大韓機爆破テロ犯である調査部工作員　金賢姫

③その同僚の調査部工作員　金淑姫（横田めぐみさんから日本人化教育を受けた）

④対外連絡部工作員　陳運芳（マレーシア國籍の中国人として韓国に入国し、ソウルでマレーシア料理店を経営、九八年十二月半ば潜水艇で脱出途中に死亡）

⑤対外情報調査部工作員　鄭守一（一九八四年にアラブ系フィリピン人「ムハマド・アリ・ガンス」として韓国に入り、九〇年に壇国大学教授となりスパイ活動を続け九六年に北朝鮮スパイとして逮捕）

⑥工作員　チョン・ギョンハク（タイ男性に偽装して偽旅券を使いタイから韓国への入国を繰り返す。原子力発電所や米軍基地情報をタイ北朝鮮大使館に伝達。二〇〇六年七月三十一日韓国で逮捕される）

全員を帰す決断をさせるために

以上の分析から、以下のことが判明した。

第一に、「一九七六年初めに金正日が工作部門幹部会議で行った演説の中で、「工作員の現地人化教育を徹底して行え。そのために現地人を連れて来て教育にあたらせよ」という拉致指令を出した。それを受けて一九七七年と七八年頃に韓国と日本をはじめとする諸外国で拉致が集中してなされた」ことは間違いない事実であることが分かった。

第二に、金正日拉致指令は、金正日が対南工作部門に提示した新方針の核心部分に位置するという点だ。金正日は過去の工作が失敗した原因を工作員の素質に求め、指導核心工作員養成の重要性を強調した。その指導核心工作員の持つべき資質の一つが「現地化」であった。したがって、金正日の対南工作新方針の核心部分に拉致指令が位置する。

第三に注目すべきは、金正日拉致指令は徹底した秘密とされていたことだ。現地化した工作員が韓国や第三国で身分偽装に成功するためには、徹底した秘密保持が求められる。また、拉致は国際社会全体を敵に回すテロであり、その上、金正日は現地化した工作員を使って大韓航空機爆破というテロをさせている。拉致指令が明らかになれば、金正日がテロの首謀者であることが暴露される。徹底した個人独裁国家である北朝鮮において、金正日の権威を守ることが全てのことに優先する。その意味でも拉致指令は秘密とされてきた。

本章冒頭でも書いたが、日本政府は北朝鮮が出した死亡の証拠が全てでたらめだったことから「全員生存を前提に」即時帰国を求めている。しかし、先に書いたとおり、なぜ偽遺骨まで出して生きている人を死んだとして隠さなければならなかったのか、その動機に関する政府の見解は公表されていない。

私は「金正日拉致指令やテロ指令などを認めることにつながる被害者を帰すことが出来なかった」と主張し続けている。

七六年の金正日拉致指令は秘密とされた。

現地化した工作員が韓国や第三国で身分偽装に成功するためには、秘密保持が求められる。

金正日は現地化した工作員を使って大韓航空機爆破というテロを実行している。

拉致指令が明らかになれば、北朝鮮は、タイはもちろん国連安保理常任理事国のフランスや中国をはじめ全世界から糾弾される。拉致問題は日本と北朝鮮の外交懸案でなく、全世界と北朝鮮の懸案となる。だからこそ、金正日政権は以上のような拉致の全貌を必死で隠していたのだ。

その責任者金正日が死んで十年が経った。後を継いだ金正恩政権に横田めぐみさんや田口八重子さんたち全員を帰す決断をさせるためには、父親の犯罪責任を認めてでも対日接近せざるを得ないという状況にまで追い込まなければならない。

北朝鮮内部は別にして、少なくとも韓国をはじめとする外部世界では大韓航空機事件や教官拉致の首謀者は金正日であることが知れ渡っており、隠すことに利益がないと思わせることが必要だ。そう考えて私は、本章に概要を書いたとおり、拉致の全貌に関する調査研究を徹底して行ってきた。それこそが平成三年（一九九一）に、原稿から金正日の拉致指令についていったんは削除し、再度、勇気を振り絞ってそこに書いた私の道徳なのだ。

第10章　実践的拉致解決運動——米国をどう動かしたか

民間が主導した米国への働きかけ

本章では、北朝鮮による拉致問題と米国の立場について触れる。より具体的には、日本の民間運動体が米国政府・議会・専門家・世論にいかなる働きかけを行ってきたのか、その結果、米国がどのように動いたのかを当事者の立場から観察できたことについて報告する。

米国は自由な言論の保障された開かれた社会である。しかし、英語で主張しないとその意見、主張はほぼ無視される。かなり、自国中心主義の知的世界が築かれている。そのような米国に対して日本の国益に即した働きかけをどのようにしていくべきか。

よく知られているように、米国内で中国や韓国の民間団体が歴史問題に関して執拗に日本をおとしめる活動を展開している。慰安婦問題、靖国神社問題、南京事件問題では、日本の対米働きかけは明らかに韓国、中国に押されている。彼らの主張には事実に反するものも多数含まれているが、米国の政府・議会・専門家・世論などは、かなりの部分その主張を受け入れ、日本批判を行ってきた。なぜ、そのような理不尽なことが日本の同盟国米国で起きたのか。端的に言って、日本外務省が事実に即した反論を行ってこなかったことにその大きな原因があると、私は考えている（この点については拙著『日韓「歴史認識問題」四〇年』（草思社）などで詳しく論じた）。

今後の日米関係を考える上で、わが国が米国の要路にいかに働きかけて日本の国益を守るかという喫緊の課題を考えるとき、比較的成功したが、決定的なところで戦術的な敗退をしてしまった拉致問題をめぐる民間の働きかけを整理することは、大きな意味があると考える。

ここでは、二つのケースを考察の対象とする。

第一が、九〇年代初めの北朝鮮核危機における働きかけだ。当時、北朝鮮の核開発をめぐり米国が危機感を強め軍事行動まで考慮するに至った際、朝鮮総連の多額の送金を私の所属していた現代コリア研究所が暴露し、それが米国政府を動かして、米国から日本政府に圧力がかかったという特異な動きを振り返る。

第二に、二〇〇〇年代、米国のテロ支援国指定制度をめぐる日本と北朝鮮間の攻防を振り返る。私を含む日本の北朝鮮拉致関係民間団体が米国のテロ支援国指定制度を北朝鮮への圧力として利用しようと働きかけ、その結果、一時的に米国政府がそれを受け入れ、指定理由に拉致問題を付け加えるという成功をみたが、その後、核問題をめぐる北朝鮮の働きかけに米国がだまされ、指定が解除されてしまう。

現代コリア研究所が行った朝鮮総連の多額送金の暴露

九〇年代初め、さまざまな情報から北朝鮮が寧辺《ニョンビョン》にある五千キロワットの黒鉛型原子炉で兵器用のプルトニウムを造っているという強い疑いが浮上した。米国政府は問題不出の軍事衛星の写真を日本政府高位官吏や情報関係者に見せて、寧辺の危険性を指摘した（石原信雄前官房副長官証言「朝日新聞」平成八年九月十七日、「読売新聞」平成十五年一月四日、「毎日新聞」平成十五年一月九日東京夕刊、「日本経済新聞」平成二十二年五月二十七日）。

北朝鮮は「核拡散防止条約」に加盟し、軍事使用しないという条件でソ連から核技術を提供されていた。ところが、九四年段階ですでに最低一から二発の核爆弾を保有していることがほぼ間違いないと判明した（韓国に亡命した黄長燁・元労働党書記は当時すでに五発保有していたと証言している）。

一部の論者は、米国がイスラエル、インド、パキスタンの核武装は放任しながら北朝鮮に対しては許さないという姿勢を見せていることをダブルスタンダードだと非難していた。しかし、イスラエル、インド、パキスタンは核拡散防止条約に加盟せず、したがって核保有国から核技術の提供を受けず独自に核武装をしたもので、北朝鮮とは条件が違う。北朝鮮の核武装が容認されれば、核武装をしたい国は核拡散防止条約に入って平和利用を名目に核技術をもらい、その後、条約から脱退してその技術で核武装することが可能となる。

そこで、米国は北朝鮮に強い圧力をかけた。寧辺の核施設を爆撃すべきだという議論も米議会で真剣に議論された。その後、共和党の大統領候補ともなったジョン・マケイン上院議員などが爆撃論の急先鋒だった。

それに対して、私が当時所属していた現代コリア研究所（佐藤勝巳所長）は、九一年十二月、爆撃をせずとも北朝鮮の核開発を阻止する方法がある、朝鮮総連から北朝鮮に流れている巨額の資金を遮断すればよいと主張した。その資金がなければ国家破産している北朝鮮は核開発などできないという主張だった。現代コリア研究所の佐藤所長と私が推計した九〇年の対北送金額は現金とモノを合わせて六百億円だった。このような主張は、日本はもちろん、米国、韓国でもなされていない、世界で初めての問題提起だった。当時の現代コリア研究所は所長の佐藤と「現代コリア」編集長の私の二人で運営していた。とても小さい民間研究所だった。

現代コリア研究所では平成三年（一九九一）年十二月、日本から北朝鮮に流れる送金額の推算を行った。現代コリア研究所が昭和三十六年（一九六一）に創立されて以来、積み重ねてきた北朝鮮研究の成果を土台として行われたものだ。その推計を研究所の機関紙『現代コリア』平成四年（一九九二）一月号で以下のように発表した。

北朝鮮を訪問する在日朝鮮人が持参する日本円が北朝鮮経済を支えているのである。日朝貿易を止めるなどというまえに、在日朝鮮人に対し、再入国許可（在日朝鮮人が北朝鮮に出国するのは自由だが、再び日本に入国するときに日本政府の許可が必要）を出さないことである。

（略）現在、一年間に約一万三千人の在日朝鮮人が北朝鮮を訪問している（この数字の中の極く一部であるが北朝鮮以外の第三国を訪問し帰国している人たちの数も含まれている）。一人が円とモノを合わせ三百万円持参したとすれば合計約四百億円の円が北朝鮮に流入していることになる。これとは別に、大口カンパや総聯が北に送金している金額を二百億円と仮定すると年間六百億円のカネが北朝鮮に流入していることになる。一九八九年の北朝鮮の輸出額は一五・六億ドル、即ち約二千億円であるからその約三〇％に当る。

これを発表した九一年十二月は、ブッシュ（父）政権の米国が北朝鮮の核開発を「アジア最大の脅威」と位置付け「すべての手段を用いて阻止する」（九一年十一月米韓安保協議）という方針を明らかにしており、米議会では寧辺への限定爆撃などが活発に議論されていた。

ソラーズ米下院外交委員会アジア太平洋委員長（当時）が平壌を訪問して金日成主席と会見した直後、東京に寄り、現代コリア研究所関係者に「米軍が北朝鮮の核施設を攻撃したならば日本は支持するか」と真剣に質問したのは同じ頃だった。

もし、米軍の攻撃があれば当然、北朝鮮の報復が考えられ、朝鮮半島情勢はたいへんな緊張に包まれる。現代コリア研究所では、いきなり軍事攻撃をなす前に、採りうる手段があるとして、対北朝鮮経済封鎖、具体的には日本からのカネ、モノ、人の流れを止めることを提案したのである。

我々が日本から六百億円のカネとモノが北朝鮮に流れていると発表したこの時点では、日本国内はもとより米国、韓国の関係者もごく一部を除いてまったく何の反応も示さなかった。それどころか、日本政府はことがここまで来ているのに、日朝国交交渉を本気で進めようとしていた。

軍事攻撃の前に外貨を断てと米国に呼びかける

この提言が発表された直後の九一年十二月、韓国は北朝鮮にすり寄り、南北不可侵交流合意書と非核化宣言が発表された。迫りくる緊張に耐えることができなかった韓国の盧泰愚政権が金日成政権の政治工作にまんまと乗せられてしまって経済封鎖どころか経済援助を行う準備をしていた。日本政府もその動きに刺激され、九〇年九月の金丸訪朝後、九一年から始まった日朝国交正常化交渉を早急にまとめようとしていた。日本のマスコミ論調および専門家たちの多数意見は、日韓が北朝鮮を援助することによって金日成政権の崩壊を防いで軟着陸に誘導すべきだというものであった。ほとんどすべての論者が拉致問題を無視していた。

米国ブッシュ政権のみが、北朝鮮の核開発の深刻さを認識して、日韓両政府に拙速な対北接近を戒めていた。しかし、米国はいきなり軍事力の使用を検討していた。北朝鮮の致命的弱点である外貨を断つという方法は、米国の視野に入っていないようだった。

そこで、我々は「軍事攻撃の前に総連の送金を止めよ」という主張を英文にして、米国などに発信した。提言を英訳し、ワシントンの米政府・議会・専門家・マスコミ関係者のリストを作り、郵送配布した。しかし、この時点ではほとんど反応はなかった。

その一年後、九三年三月に北朝鮮が核拡散防止条約脱退を宣言し、核問題への関心が高まった。その機会に、「北朝鮮はすでに核爆弾を持っており、それをミサイルに装着すべく必死で小型化を図っている。それを止めるのは日本からのカネとモノを止めるしかない」という我々の持論を、日本国内の新聞、月刊誌などに寄稿するとともに、それをまた自前で英訳して配布した。同年十二月には東京の外国人特派員クラブで記者会見も行った。

我々の提言は、ようやく東京駐在のある米国誌の特派員の目に留まり、その紹介で『ファーイースタン・エコノミックレビュー』（九三年七月二十九日付）に我々の主張が掲載された。

この記事への反響は驚くほどあった。米国情報筋から直接確認したところによると、九三年八月以降、ワシントンポスト（八月十九日）、ニューヨークタイムズなど米国主要紙が次々に総連の送金問題を取り上げだしたのは、実は我々の主張を下敷きにしているという。確かにその頃、現代コリア研究所には英文メディアから送金問題に関する取材が殺到した。

また、九三年八月に訪米し、国務省、国防総省、ＣＩＡの北朝鮮担当者と面談した際、英語で語る彼らが異口同音に「チョウセンソーレン」という日本語の単語を使った。韓国式の発音でなく日本語の発音で、それは『ファーイースタン・エコノミックレビュー』で使った表現そのままだった。

米国議会でもこの問題が取り上げられた。九三年十一月三日、下院外交委員会公聴会で、ポール・ウォルフォビィッツ元国防次官は、日本から北朝鮮への送金約六億ドルを停止すべきだと主張した。米国政府は、日本政府に六億ドル送金説の確認を求めてきた。

それを受けて内閣調査室が中心になって、総連の対北送金に対する調査が始まった。その経緯について「日本経済新聞」（平成五年十二月十二日付）は、以下のように書いた（同記事は、日本経済新聞社編『官僚──軋む巨大権力』日本経済新聞社、に収録された。引用は同書七四〜七五頁）。


最大の問題は、一九五九年以降に北朝鮮に帰国した九万三千人とその家族に、在日親族が送っている支援金である。

九三年八月十九日付の「ワシントンポスト」をはじめ米紙が「日本からの送金が北朝鮮の国家財政を支え、一部は核開発などに使われている」という疑惑を報道し始めた。米議会にも「寧辺空爆のリスクを冒すくらいなら、日本が送金を絞ればいい」と、圧力をかける動きが出てきた。

米国で送金が注目を浴びたきっかけは、九三年七月二十九日付の米誌「ファーイースタン・エコノミック・レビュー」で紹介された「九〇年時点の送金額は六百億円」と推計した現代コリア研究所（佐藤勝巳所長）の論文だ。ある金融筋は九二年八月の極秘調査から

「第三国のダミー商社に手数料を落とすなど水面下のルートは多岐にわたる。試算では千億円を下らない」と見る。

北朝鮮へ六～七百億円ものカネが流れていた事実発覚

政府は、平成五年（一九九三）八月以降、政府関係機関を総動員して総連の送金について調査を進めた。

「週刊文春」平成六年（一九九四）四月七日号が報じた、日本政府作成「極秘内部資料」には以下のように書かれていた。

大蔵省に届け出が必要な北朝鮮国内の会社に対する投資、営利目的以外の貸付、寄付・贈与（親族間は除く）を総合すると、平成元年―計約十三億円、二年―計約一億三千万円、三年―計約二億六千万円となっている。

この他、日朝貿易代金として三百二十七億円が北朝鮮に送金されている（九二年）。

その他、日本からは北朝鮮の各記念日などに多額の献金が行われているほか、大蔵省への届出がいらないように小口に分散してループホール（第三国経由）で送金されたり、輸出品に隠匿《いんとく》して送金されている可能性がある。また在日朝鮮人が北朝鮮に渡航する時、限度額（五百万円）以上を手荷物の中に隠匿して持ち込んでいる疑いがある。これら合計額は六百億～七百億円といわれている。

平成五年（一九九三）秋に内閣調査室が取りまとめたところによると、在日朝鮮人による持ち込み、第三国金融機関経由の送金、貿易代金・投資などすべてを含む対北朝鮮送金額は、年間千八百億から二千億円になったという。このうち六百から七百億円が在日朝鮮人による持ち込みと推定されていた。私は同年十二月に、内閣調査室幹部からその調査結果を直接聞いた。

現代コリア研究所の推計の三倍以上の巨額の円が北朝鮮に流れていたのだった。

羽田孜外務大臣（当時）は九三年十二月二十七日、日本ナショナルプレスクラブでの会見で、内閣調査室が調べた対北朝鮮送金金額二千億円について「報告を受けている」と明言した。

また、韓国紙「朝鮮日報」（九四年六月十二日付）は次のように報じた（拙訳）。

【東京＝ＡＦＰ聯合】日本の対北送金額は北韓の年間経済力の半分にあたる約二〇億ドルに達すると共同通信が一一日報道した。

日本政府のある高位官吏は、核問題をめぐる対北制裁措置の一環としてこれらの送金額の六〇％ないし七〇％を日本政府が中断させることができると伝えた。

この官吏はこのような送金金額は、日本銀行官吏およびその他専門家の推測を根拠としていると伝えた。

日本政府は、年間対北送金額が約一八〇〇億ないし二〇〇〇億円（約二〇億ドル）に達するものと推定しているとこの官吏はつけ加えた。

共同通信はここに引用されている記事を記事中に出てくる官吏の抗議を受けて、配信後に取り消した。しかし私は、ここで引用されている記事を書いた記者と、記事の中に出てくる「ある高位官吏」がだれか知っており、その官吏が記者に記事に書かれている内容を話したことは事実だと確認している。

一九九四年五月二十四日、米上院本会議でジョン・マケイン議員は北朝鮮核問題で演説をして、次のように主張した。

米国はたとえ国連で制裁が採決されなくても、日本に対し同国内の朝鮮系住民による北朝鮮への送金全面停止を強く求めるべきだ。

羽田首相は外相時代に日本国内の朝鮮系住民から北朝鮮への資金、物資などの流れは年間総額十八億ドルに達するという推定額を（米側に）示した。そのうち六億から七億ドルが現金の送金で、北朝鮮の外貨獲得の年間総額の四〇％以上、GNPの八％以上に相当する。この貴重な外貨源を断つことは、北朝鮮にとって重大な圧力となる。

（「産経新聞」平成六年六月二日付夕刊）

警視庁の摘発計画

わが国政府は、米国からの強い要請を受けて本腰を入れてこのカネの流れを止める努力をした。九三年十二月に警察庁が以下のような「北朝鮮への不正送金対策推進計画」を極秘立案した。私が当時入手した警察庁の内部文章では、冒頭に「趣旨」として以下のように書いている（全文を拙著『テロ国家・北朝鮮に騙されるな』ＰＨＰ研究所に収録）。

第一、趣旨

北朝鮮の核問題をめぐり朝鮮半島の緊張が高まっているが、こうした中、「在日朝鮮人による北朝鮮への送金問題」が、大きな問題としてクローズアップされてきている。しかしながら、送金額、送金方法を含めその実態については、未解明の部分が多い。このため、外事第一課、生活保安課、捜査第二課が合同して、送金の中心をなすとみられる朝鮮総聯系パチンコ業者等の大物商工人を重点に事件化を図り、早急にその実態を解明するとともに、北朝鮮への不正送金を阻止する必要がある。

まさに、現代コリア研究所が提起した「在日朝鮮人による北朝鮮への送金問題」が、警察を動かしたことが分かる。同文書では「趣旨」のあとに「推進計画」が述べられている。そこでは基本方針として「警視庁と大阪府警が各種法令を適用し、大物商工人たるパチンコ業者に対する事件化を図る」という方針が以下のように書かれていた。

第二、推進計画

一、基本方針

警視庁、大阪府警において対策を推進することとする。それぞれの警察の外事担当課、風俗担当課、捜査第二課において、各種法令を適用し、大物商工人たるパチンコ業者に対する事件化を図る。

この方針のもと、大物商工人たるパチンコ業者に対する事件化を図り、送金実態を解明して、脱税容疑を抽出し税務当局に通報するという具体的な計画が立てられ、三か月以内に実行すると期限まで決められた。この方針の下、平成六年（一九九四）四月二十五日に大阪府警が朝鮮総連大阪本部など八か所を家宅捜索し、続いて六月六日に京都府警が総連京都本部など二十七か所を家宅捜索した。その後、朝銀信用組合愛知を舞台にした事件化の準備がなされ、総連中央本部幹部が対象に上がっているという内部情報を当時、現代コリア研究所は得ていた。

警察がいかに真剣に送金遮断に取り組んでいたかがよく分かる。この秘密計画で注目すべきは「脱税容疑の抽出↓課税通報↓強制査察」「大蔵省、国税庁等との協力態勢の確立に努める」という部分があることだ。というのは、巨額の対北送金は朝鮮総連による組織的な脱税によって生み出されていたからだ（詳しくは拙著『テロ国家北朝鮮に騙されるな』第三章参照）。

以上のように、民間の研究所である現代コリア研究所が総連による対北送金を遮断せよと提言し、それが米国で大きく取り上げられ、米国政府と議会がその事実を知って日本政府に圧力をかけ、その結果、政府がそのために全力で動いた。

私はこのプロセスを当事者として体験した。

そこで、事実に基づいて論理的に主張すれば米国は説得できるということを実感した。その点、日本の政府やマスコミ・専門家は、先入観や事なかれ主義にとらわれ、話が通じなかった。しかし、米国が日本に働きかけると、日本政府の官僚機構は緻密に計画を立てて動き出す。この点をも実感できた。

恰好の制裁カードを自国民救出のために使わなかった日本政府

そして、平成六年（一九九四）七月、米朝の緊張が最高潮に高まる中、北朝鮮は核開発を凍結するという譲歩をし、米朝合意が成立した。彼らの譲歩の背景には、総連からの送金を止められると大きな打撃を受けるという危機感が働いたことは間違いない。しかし、北朝鮮は合意をして見返りを得ながら、極秘裏に核開発を続けていた。その意味でこのときの米朝合意は核開発を止めるという点では失敗だった。

米朝合意ができた後、日本政府は総連への法執行をストップさせた。米国の圧力で始まったことだから、それがなくなると元に戻るということだった。そのとき、私は激しいいらだちを覚えた。総連の送金を止めるという北朝鮮に対して大きな効果を持つ制裁カードを日本が持っていることが分かったのに、日本人拉致問題解決のためになぜそれを使わないのかといういらだちだった。

米国は核開発を止めさせるという自国の国益を優先して日本に総連資金を止めよと迫った。それは当然の行動だ。しかし、日本は自国の主権と人権に関わる重大問題を抱えながらも、米国の圧力が去ると、あたかも何もなかったかのように、総連の不法行為を再び野放しにした。このとき痛切に感じたのは、北朝鮮の核問題では米国からの要請を受けてこれだけ必死で動いた政府が、自国民が同じ北朝鮮に拉致されていることに対してはまったく動かないことへのいらだちだった。

この時点ではまだ、横田めぐみさんの拉致は明らかになっておらず、家族会・救う会も活動を始めていなかった。しかし、核危機の始まる前の平成三年（一九九一）、私は拉致の全体像を解明する論文を月刊『諸君！』に寄稿した。拉致について書いた学者の論文としてはいちばん早いモノだった。その頃、周りの関係者から「身の危険はないですか」と繰り返し聞かれたことを覚えている。

平成六年（一九九四）の第一次核危機の際には、すでに大韓航空機爆破テロ（一九八七年）とその犯人金賢姫が日本人拉致被害者李恩恵の存在を証言（八八年）、警察による田口八重子さん特定（九一年）がなされており、自国民が北朝鮮に拉致、抑留され続けていることを政府は認識していた。それなのに、政府は厳格な法執行制裁による対北送金遮断という伝家の宝刀を抜いたが、その理由に拉致問題は入っておらず、核問題が「凍結」という形で妥協が成立すると何もなかったかのように制裁が解除されてしまった。

平成二年（一九九〇）の金丸訪朝、平成三年から四年まで八回もたれた日朝国交交渉で、政府と与野党政治家は「拉致日本人を返せ」と一度も主張しなかった。彼らはこのとき核問題を無視して国交正常化に進もうとしたが、核問題を重視する米国から強いブレーキが掛かり国交交渉は失敗に終わる。家族会・救う会ができて世論を盛り上げるまで事実上、政治家も外務省も拉致被害者を見捨てていた。

繰り返し書くが、平成五年から六年にかけてわが国が主導した北朝鮮の外貨収入を断つという制裁は大きな効果を上げた。それがあったからこそ、金日成が稼働中の原子炉を止め、プルトニウムが含まれている使用済み燃料棒をＩＡＥＡ（国際原子力機関）の監視下で保管するなどという屈辱的な譲歩をしてきたのだ。しかし、わが国はその効果を上げた制裁を自国民救出のためにはまったく使わなかった。

平成九年（一九九七）に家族会・救う会が結成されたとき、私たちはこのときの教訓を心に刻みながら、制裁は効果がある、それを今度は拉致被害者救出のために発動させれば救出の道が開けるという戦略を立てたのだ。その後の経過については本書第11章に書いた。

話を米国への働きかけに戻す。

米国は事実を英語できちんと説明すれば通じる。総連送金問題では、英文メディアへの寄稿が決定的な契機になった。それができるまでには試行錯誤もあった。しかし、専門家やジャーナリストの議論の場に、英文で事実に基づく問題提起をすれば彼らはそれを理解する。そのことを民間の小研究所が実証した。

ただし、米国は事実を自国の国益を守るために使い、それを最優先にする。だから、日本の国益が犯されていても放置することもある。日本の国益は日本が守るべきだが、事実の基づく正論の通じない日本は、自国の国益を守るという姿勢も脆弱だった。

「拉致はテロ、テロは全世界の敵」との論理で米国に訴える

ここからは、第二の対米はたらきかけである。米国のテロ支援国指定をめぐる攻防について書こう。

私たちは、米国に拉致問題解決への支援を訴えることを企画した。運動を始めて四年目に当たる平成十三年（二〇〇一）二月、家族会・救う会は最初の訪米団を派遣した。私もそれに加わった。

訪米の準備をしながら、米国の政府、議会、民間専門家、メディアにどのような論理で訴えるかたいへん悩んだ。本来なら日本政府がなすべき課題をなぜ外国に訴えるのかという当然出

るであろう疑問にどのように答えるかという悩みだった。日本政府が情けないので米国に助けてもらいに来ました、とは言えない。そのような論理は米国では尊敬されない。

そのとき、拉致はテロである、テロは全世界の敵だ、米国もわが国と共に拉致というテロに戦って欲しい、という三段論法を思いついた。まさか、その年九月に九・一一テロ事件が起き、ブッシュ政権がテロとの戦争を宣言して全世界に向かって共にテロと戦うことを求めるとは、そのときは想像もできなかった。しかし、結果的に私たちは米国がテロとの戦争を世界に訴える半年前に同じことを米国に訴えたのだ。

実はこの論理は米国のある具体的な政策をターゲットにしていた。それがテロ支援国指定制度だった。私たちが最初の訪米をした平成十三年（二〇〇一）は、ある意味で米国の北朝鮮政策が大きく変わる可能性がある年だった。その前年、クリントン政権末期、米国は急速に北朝鮮に接近した。オルブライト国務長官が訪朝し、趙明禄《チョミョンロク》人民軍総政治局長が訪米した。そのような雰囲気の中で、米国内では北朝鮮をテロ支援国指定からはずすという議論が進んでいた。今となっては笑い話にもならないが、クリントン政権と金正日政権は二〇〇〇年十月六日「テロ反対米朝声明」を出し、協力してテロと戦うと宣言した。

その背景には、韓国の金大中政権の外交工作もあった。二〇〇〇年六月、平壌を訪問して金正日と会談した金大中大統領は、北朝鮮のインフラ整備のため大規模な支援を構想していた。しかし、韓国は当時、経済が破綻してＩＭＦ（国際通貨基金）の管理下に入っていて、対北支援を行う余裕がなかった。そこで、金大中政権は北朝鮮をアジア開発銀行に加盟させ、同銀行からインフラ整備のための融資を出させることを考えていた。しかし当時、米国は北朝鮮をテロ支援国リストに載せており、その結果、米国政府として北朝鮮に対して人道以外の経済支援を禁じられているだけでなく、米国が出資している国際金融機関が北朝鮮に融資しようとした場合、阻止することを法的に義務づけられていた。

テロ支援国に対する米国の措置

国際テロへの支援を続ける国家をテロ支援国に指定すること（すなわち国家を「テロリズム・リスト」に載せること）により、そうした国家には米国政府による次の四種の制裁措置が適用される。

1. 武器関連の輸出・販売の禁止
2. 二重の用途がある品目の輸出の管理。すなわち、テロ支援国の軍事力またはテロ支援能力を著しく増強する可能性のあるモノやサービスの輸出については、三十日前に議会への通知を義務付ける
3. 経済援助の禁止
4. 金融やその他のさまざまな規制

＊世界銀行やその他の国際金融機関による融資に対して米国が反対する

＊テロ犠牲者の家族が米国の裁判所で民事訴訟を起こせるように、外交特権を剥奪する
＊企業または個人がテロ支援国で得た収入については税額控除を認めない
＊米国へ輸出されるモノの免税措置を認めない
＊米国人が、財務省の許可なくしてテロ支援国との金融取引を行うことを禁止する
＊国防総省がテロ支援国の管理する企業と十万ドルを超える契約を結ぶことを禁止する
「4. 金融やその他のさまざまな規制」の最初に「世界銀行やその他の国際金融機関による融資に対して米国が反対する」という項目があることに注目して欲しい。

そして重要なポイントは、当時、米国内でテロ国指定解除の条件として日本人拉致問題を挙げる議論があったことだ。米国議会は調査局を持っている。そこは、さまざまな政策課題について党派に偏らない立場から事実関係を整理した報告書を出して、議員の法案審議に役立てている。その二〇〇一年二月に出された「北朝鮮＝テロリズム・リスト解除？」という報告書で、北朝鮮テロ支援国指定解除の条件として日本人拉致問題が取り上げられたのだ。私はそのことを「産経新聞」（平成十三年二月二十三日付）に古森義久特派員が書いた記事で知った。

同報告書によると、米国政府は、二〇〇〇年二月に北朝鮮に対し解除のための条件として、

① テロに関与していないことを文書で宣言する
② 過去六か月間、テロに関与しなかったことの証拠を示す
③ 国際的なテロ反対合意に加わる

④　過去のテロ支援問題に対処すること

などを提示した。

これらの条件のうち④が最大の障壁で、その中には北朝鮮による韓国国民の拉致、日本国民の拉致、日本の赤軍メンバーの保護が含まれているが、韓国金大中政権は「自国民の拉致は朝鮮半島の南北当事者間の問題だから条件からはずしてくれ」と伝えていると、同報告書は書いた。

拉致をテロとして位置づけさせる

同報告書は、米国政府が今後、北朝鮮のテロ支援国家指定解除を考慮する上で、北朝鮮が拉致した日本国民を自国内に抑えたままにしていることは「テロリズムの現在の行動」とみなされるか、という点にしぼって調査と検討を進めていることを説明していた。

同報告書はさらに、少なくとも十人の日本国民がこれまで北朝鮮政府の工作員に拉致されたことは日本の警察当局により確認されている、と記述していた。救う会は同報告書の執筆者であるラリー・ニクシュ氏に対して、この報告が出る前に英文の日本人拉致問題に関する資料を提供していた。二〇〇一年二月、同報告書にこの記述が入ったということは、米国議会が拉致を事実だと認定したことになる。

「産経新聞」を除く日本マスコミはこの時点では「拉致疑惑」として、半信半疑扱いをしていた。社会党や和田春樹東大名誉教授などの一部親北派学者らも拉致の存在を否定していた。それなのに、米議会調査局は拉致を事実だと断定していたのだ。やはり、英文で事実をきちんと伝えることの大切さがここでも実証される。

同報告書は、日本人拉致問題を現在進行形のテロととらえるかどうかが、テロ支援国指定解除の鍵となっているとして、米国の政権はカーター政権が七九年ごろに自国民をイランで人質にされたときと、八〇年代にレーガン政権が自国民をレバノンで人質にとられたときは、人質が解放されるまでテロが進行しているととらえていたと指摘した。

私は前掲の古森義久特派員の記事でその報告書の存在を知り、すぐに取り寄せ熟読した。そして、米国に拉致問題での協力を求める際、拉致を現在進行形のテロととらえて、被害者が解放されるまでテロ支援国指定からはずすなと訴えることの持つ重大な意味を知った。すなわち、それにより北朝鮮は拉致問題を解決しないと、彼らが望んでいるアジア開発銀行からの融資を受けられないという実質的な不利益に直面する。そこで私は、米国に被害者救出をお願いするのではなく、テロと共に戦うことを要請して、米国の国内制度を用いて北朝鮮に拉致解決への圧力を加えようという戦略を立てたのだ。

そのときから、北朝鮮テロ支援国指定の理由の一つに拉致問題を明確に位置づけさせることを対米働きかけの重点目標としてきた。繰り返し確認しておくが、米国は一九八八年以来、北朝鮮をテロ支援国リストに入れ続けてきたが、二〇〇二年まで、その理由としては、よど号ハイジャッカーグループをかくまっていることなどが上げられていたが、拉致問題は明記されていなかった。二〇〇〇年以降、北朝鮮は韓国金大中政権と組んで、米国に対してテロ支援国指定解除を求めてきた。それを実現させ、アジア開発銀行などからの融資を得ようという算段だった。だからこそ、指定理由に拉致問題を明記させて解除を阻止することで、拉致問題に向き合わない限り指定解除はないし、アジア開銀からの融資も不可能だという状況をつくり出せば、拉致問題解決のために大きな武器となると判断したのだ。

必死で練った対米働きかけ戦略

「拉致はテロだ、テロは全世界の敵だ、米国も拉致というテロに対して共に戦って欲しい」という平成十三年（二〇〇一）一二月の家族会・救う会の対米働きかけスローガンはこうして決まった。

すると、同年九月、九・一一テロが起き、時のブッシュ政権はテロとの戦争を宣布して、世界に対して共に戦うことを求めた。その訴えを見て、私は当然、日本を含む世界はブッシュ政権と共にテロと戦うべきだが、戦うべき敵はイスラム過激派だけでなく、多数の外国人を拉致している北朝鮮テロ政権も敵に据えるべきだと考え、同年二月に決めた対米働きかけ方針の正しさを実感した。

二〇〇二年一月、ブッシュ大統領が有名な「悪の枢軸」演説で、北朝鮮の核武装を阻止することをテロとの戦争の目標の一つとして設定した。つまり、ブッシュ政権がテロとの戦争の相手として、北朝鮮を名指しにしたのだ。この力を拉致被害者解決にどう活かすか、私たちは必死で戦略を練った。

そのとき、次のように考えた。

すなわち、九〇年代初めの第一次核危機を超える重大な危機が来る。わが国は当然、米国、韓国などと協力して核武装阻止のため、できる限りの制裁を北朝鮮にかけるべきだ。制裁をかけるときに、米国、韓国や中国、国連などに対して、わが国としては核問題とともに拉致問題のために制裁をかける、拉致が解決しなければわが国は制裁は解除せず対北支援はできないと明確に国家意思を伝えるべきだ。

そうすれば、当初は核問題解決を優先する米国などから一定の圧力を受けるだろう。それでも自国民保護は国家として絶対に譲歩できないと頑張れば、わが国からの大規模な経済支援を北朝鮮との交渉の餌として使おうとする米、韓、中などが、北朝鮮に対して核問題だけでなく拉致問題でも譲歩を求めるという構図ができる。これが二〇〇二年一月の救出戦略だった。米国に協力することは同盟国として当然だが、その際、わが国の個別の国益に関しても最大限主張、要求すべきだという考え方だった。

金正日が五人の拉致被害者を返した背景

ところが、外務省はそのような考えを採らなかった。その年、小泉政権は米国から「北朝鮮がパキスタンから技術を導入して核開発を続けている」という第二次核危機の到来を告げる通報をたびたび受けながらもそれを事実上無視して、田中均外務省アジア局長主導で日朝国交回復へ急速に向かいつつあった。

金正日は、米国が北朝鮮の核武装阻止を戦争の目標に掲げたことで強い危機感を持ち、田中局長との秘密交渉を進めた。わが国が核問題で米国の圧力に同調しないよう、拉致問題を一部譲歩して日米離間を謀《はか》り早期に日朝国交を結ぼうとする賭けに出た。これが、二〇〇二年九月十七日の第一回日朝首脳会談で金正日が拉致を部分的に認めて五人の被害者を返した背景だ。

田中局長ラインは、日朝首脳会談開催を直前まで米国に通報せず、首脳会談の席でも核開発問題をほとんど取りあげず、早期国交正常化と大規模支援を約束した。そこで米国は、小泉訪朝の直後にケリー特使を十月三日～五日訪朝させ、パキスタンから入手した証拠を突きつけて、北朝鮮がジュネーブ合意に違反し濃縮ウランを原料とする核開発を秘密に進めていることを追及した。ケリー特使に対して北朝鮮は濃縮ウランによる核開発を認めたのだが、その衝撃的なニュースは数日間公表されず、ちょうど五人の拉致被害者が帰国して三日目のタイミング（日本時間十月十七日）で大きく報じられた。拉致問題だけでなく核問題にも真剣に取り組めという、米国政府からわが国へのメッセージがその公表のされ方には込められていた。

テロ政権の核武装という当時のブッシュ政権が戦争をしても防ごうとしていた悪夢に、当時の日本外務省は手を貸そうとしていた。ブッシュ政権は田中局長の動きに強い疑念を抱いた。ブッシュ政権内では田中局長を「疑わしき人物」と呼んでいるという情報すらあった。田中局長は北朝鮮への制裁発動に公然と反対し、「まず互いの共通利益をつくり、その上で協議や交渉をし、国際関係をつくって結果を出す」と語っていた。「金正日政権との共存」論だ。テロとの戦いという観点から見ると、田中局長は金正日政権の時間稼ぎに加担して問題解決を遅延させ、将来負担すべきコストを増大させる危険な存在となる。

そのような田中局長が主導する日本の北朝鮮外交に危機感を抱いたブッシュ政権は、日本人拉致問題を利用しようとした。当時、日本の世論は家族会・救う会の運動を強く支持していた。連日のようにマスコミは私たちの運動を報じ、日本全国で多くの支持者が生まれた。それを見て、米国は拉致問題を使って日本政府が核問題で北朝鮮に譲歩することを防ごうとした。

米政府高官との連携

家族会・救う会の求めを受け入れたアーミテージ国務省副長官は、小泉訪朝の翌年平成十五年二月、テロ支援国指定の理由として拉致問題を明示した。

同年二月四日、上院外交委員会・北朝鮮問題公聴会でアーミテージ国務副長官はこう語った。

北朝鮮は、もちろんテロリスト・リストに載っています。北がテロリスト・リストに載っている理由は、赤軍派をいまだにかくまっているためであり、また、日本人の拉致被害者をめぐる他に類例をみない非常に悲劇的な状況があるためです。

（英語原文）

It is true, quite true, that North Korea is on the terrorist list. And the reason that they're on the terrorist list is because they have not provided or given up the Red Army faction, who has been hiding in Pyongyang,the international community has a lot of questions about that; and the unique and very tragic situation of the abductees from Japan.

この重大発言をたまたま、その日、家族会・救う会訪米の先遣隊としてワシントンＤＣに来ていた島田洋一・福井県立大学教授がテレビ中継で聞いていたから、私たちはそれを知ることができた。しかし、ワシントン駐在の日本のマスコミ特派員らはこの重要性を理解できず、まったく報道をしなかった。また、在米日本大使館もこの重大発言を私たちが問い合わせをするまで確認できていなかった。

そして、同年三月には、家族会・救う会・拉致議連の大規模訪米団と面会したアーミテージ国務省副長官は同じ内容を以下のように明言して、私たちを励ました。

三月五日午前九時三〇分からの、アーミテージ国務副長官と家族会・救う会・拉致議連代表との会談において、横田滋団長は、アーミテージ氏が、二月四日、上院外交委員会・北朝鮮問題公聴会での発言において、北朝鮮を「テロ支援国リスト」に入れている理由に、日本人拉致問題を挙げたことに対し、謝意を述べた。その間、アーミテージ氏は、頷きながら聴いていた。その後、アーミテージ氏自らが、再度公聴会での発言に触れ、「私が明らかにしたとおり、拉致は許し難いテロだ」（救う会記録）と明言した。

三月の家族会・救う会・拉致議連訪米団に対して、米国はたいへん温かい対応をしてくれた。イラク戦争直前の多忙の中、アーミテージ国務副長官が一時間程度の時間を割いて面会し、上記発言をしたのがよい例だ。

米国が日本人拉致を支援する理由

アーミテージ国務副長官だけでなく、下院議長、下院国際関係委員長、共和・民主両党の上院院内総務など、外務大臣が訪米しても面会が容易でないと言われる大物が続々と私たちと会って励ましてくれた。なお、上院議長は副大統領が兼ねているので、上院の実質的トップは私たちが面会した共和・民主両党の院内総務だ。平成十七年（二〇〇五）には感動的な「ブッシュ・横田早紀江面会」も実現した。米国がここまで家族会・救う会を優遇した背景を、米国政治に詳しい島田教授は次のように私に説明してくれた。

同時多発テロ以降の米国はテロとの戦争を戦っているが、テロとは民間人を不意打ちする卑怯な暴力であり、それと戦うことは、恐怖との戦いという側面がある。拉致家族は愛する肉親を人質に取られている中で、自国政府に対して制裁発動という強硬策を求めている。この要求は人質に危険が迫るかもしれないという恐怖に打ち勝った、卑劣なテロとは妥協せず正面から戦うという勇気ある姿勢の表れで、同じテロとの戦いの中にいる米国人を感動させる。

その上で、米国は拉致運動を使って、米国の国益に反する日朝国交交渉を止めようとし、私たちは日本の国益である拉致被害者救出のため米国のテロ支援国指定制度を利用しようとしていた。この時点で、お互いの国益を最大限にするために相手を利用し合うという関係が日米に成立していた。いや、米国ブッシュ政権と日本の家族会・救う会の間にそのような関係が成立していた。これは、民間団体が戦略をもって国際関係を自国に有利なように動かした希有なケースではないかと自負している。

後ろから弾を撃たれたような外相発言

ところが、アーミテージ副長官の、拉致がテロ支援国指定理由だという歴史的発言を引き出して帰国した家族会・救う会に面会した川口順子外務大臣は、日本にはテロに関する法令上の定義がないことを理由に、拉致はテロだと断定できない、という驚くべき発言をした。民間がつくった米国との拉致解決のための戦略的枠組みをまったく理解していない官僚答弁だった。率直に言って、後ろから弾を撃たれたと思った。

米国でも、話し合いによる解決を優先する国務省官僚らは、テロ支援国指定と拉致問題を結びつけることに抵抗を続けた。核問題で北朝鮮が譲歩してきたとき、米国と直接関係のない拉致問題で外交の手を縛られることを嫌ったのだ。米国国務省は毎年、「国際テロリズム年次報告書」を公開することが義務づけられている。通常四月頃に公開される同報告書では、テロ支援国として指定している国の状況や指定理由に関する記述がなされる。アーミテージ副長官発言があった直後に出た「二〇〇二年版報告書（二〇〇三年公表）」では、拉致問題は指定理由に挙げられていなかった。その主要部分を紹介しておく。

北朝鮮が一九八七年以降テロ行為を支援したとの記録はない。北朝鮮は、あらゆる形態の国際テロに反対することを繰り返す一方で、しかしながら、いくつかのテロ組織に武器を販売した。また北朝鮮政府は、一九七〇年に日本航空機をハイジャックし北朝鮮に渡った事件に関与した日本赤軍のメンバー数人に、隠れ家を提供している。

家族会・救う会はわが国外務省に、アーミテージ副長官が議会で証言した内容を国務省の報告に反映させるよう、外交活動をせよと強く求めた。翌二〇〇四年に公表された二〇〇三年版報告書では、ついに、日本人拉致問題が記入された。しかし、その記述は北朝鮮側の主張をそのまま書くのみで、左記のように、多くの日本人が不当に抑留し続けているという現在進行形の拉致に関する記述はなかった。

金正日国防委員会委員長は、二〇〇二年九月に平壌で行われた、日本の小泉首相との首脳会談で、北朝鮮の「特殊機関」が日本人の拉致に関わったことを認め、その責任者はすでに処罰された、と述べた。北朝鮮政府は、拉致被害者のうち五人の生存者を日本へ帰国させており、北朝鮮に残っている彼らの家族の日本帰国をめぐって日本政府と交渉を行っている。また北朝鮮は、一九七〇年の航空機ハイジャック事件に関与した日本赤軍のメンバー数人に隠れ家を提供した問題に関しても解決を試みており、ハイジャック犯の家族数人を日本へ帰還させた。

ついに米国政府と米国議会を動かす

国務省は少しずつ拉致に関する表現を修正し、二〇〇六年四月二十八日に発表された「国際テロリズム年次報告書二〇〇五年版」では、北朝鮮が死亡と通報した八人の被害者の存在や日本人以外の外国人拉致にも言及して次のように書いた。

朝鮮民主主義人民共和国は一九八七年の大韓航空機爆破事件以降、テロを行ったことは知られていない。平壌は二〇〇三年［原文ママ］五人の生き残った日本人拉致被害者を日本に帰し、二〇〇四年ほとんどが子供である彼らの八人の家族を日本に帰した。それ以外の被害者の安否の問題が日本と北朝鮮間のいまも続く争点として残っている。十一月に北朝鮮は日本に死んだとされた二人の日本人拉致被害者の遺骨とされるものを返還した。この争点は二〇〇五年末まで争われ続けた。海外のさまざまな場所から日本人以外の複数の国籍の人間が拉致されたという信ずるに足る報告がある。韓国政府は一九五〇年から五三年の朝鮮戦争以降、おおよそ四八五人の民間人が拉致されたか抑留されたと判断している。一九七〇年に航空機をハイジャックした四人の日本赤軍メンバーが北朝鮮に残っており、五人のその家族が二〇〇四年日本に帰国した。

ブッシュ大統領に「就任以来もっとも衝撃的な会見」と言わせた早紀江さん

また、この報告書が公表された四月二十七日には、米下院国際関係委員会公聴会で拉致被害者家族である横田早紀江さんらが証言し、翌二十八日、ブッシュ大統領が横田早紀江さんと面会した。面会後、大統領は記者らに「私の大統領としての仕事に就任して以来もっとも衝撃的な会見の一つでした」「ある国が拉致活動を促進しているとはとても信じがたい」「北朝鮮は愛する人々を引き裂き、北朝鮮の行為の結果生じたこのお母さんのことをまったく思いやりもしない実に心無い国です」などと述べた。この時点で、二〇〇一年から家族会・救う会が展開してきた「拉致はテロであり米国もともに戦うべき」という働きかけが絶頂を迎えていた。

家族会・救う会は米政府だけでなく、米議会へも働きかけを続けた。

当時の下院外交委員会のヘンリー・ハイド委員長（共和党）は、私たちが訪米するたびに面会に応じるなど、協力姿勢を見せた。平成十七年（二〇〇五）四月、家族会・救う会訪米団に面会したハイド委員長は、北朝鮮による日本人、韓国人の拉致を「テロ行為であり重大な人権侵害」と非難する議会決議をすることを約束し、五月に決議をまとめ、七月に下院でそれを通した。同決議は、日本人・韓国人拉致問題が解決されない限り、米政府は、北朝鮮を「テロ支援国リスト」からはずしてはならない、と明確に述べていた。

https://www.govtrack.us/congress/bills/109/hconres168/text

二〇〇七年、慰安婦問題で韓国や中国の反日団体はハイド委員長を動かして日本を非難する下院決議を通した。しかし、その二年前に家族会・救う会は拉致問題で同じ下院決議を実現させていた。米国はきちんとした働きかけをすれば、動くという実例であるし、逆に、慰安婦決議は外務省がきちんとした働きかけを米国に対して行ってこなかった負の結果だと言えるだろう。

ところが、その後、国務省は拉致問題で外交を縛られることを嫌う従来からの路線を強化していった。二期目のブッシュ政権でアーミテージ副長官が国務省を去り、ライス国務長官、ヒル国務次官補のラインで進められた米朝交渉は、核問題解決を最優先課題とし、同盟国日本の最優先課題である拉致問題は後ろに追いやられた。北朝鮮が六者協議を通じて核開発を中止すると約束すると、国務省はそれを信じ、テロ支援国指定解除を見返りとして約束し、二〇〇八年十月十一日、ついに指定を解除するに至った。

横田早紀江さんと面会して深い同情を示していたブッシュ大統領は、解除に当たり麻生総理に電話してきて「拉致問題についていては強い気持ちを抱いている。また、日本国民が強い懸念と不安を持たれていることを理解している。被害者家族への深い同情と、この問題を解決するための誠実な気持ちをお伝えしたい」と弁解した。

そのニュースを日本の新聞、テレビは大きく報じた。日米同盟の信頼性が弱まったという論評や、自国の力で解決すべき拉致問題で米国に頼った家族会・救う会の戦略への批判もあった。しかし、そもそも当初、テロ支援国指定は拉致問題と関係づけられていなかった。それを関係づけるように働きかけたのは民間である家族会・救う会だった。その努力がなければ、指定解除は米国と北朝鮮の関係としてだけ扱われ、日本では関心を呼ばなかったはずだ。

テロ支援国指定という米国の制度をめぐり、家族会・救う会は二〇〇一年にそれを北朝鮮への牽制として使おうという戦略を立て、二〇〇三年アーミテージ国務副長官がその意図を理解し、拉致を理由に追加したのだ。それがあったからこそ、日本で指定解除が拉致問題への米国の姿勢後退だと批判された。ブッシュ大統領が電話で弁解をしてきたのもそのせいだ。民間団体が米国の制度を利用して北朝鮮に圧力をかけ、少なくとも二〇〇三年から二〇〇八年まで五年以上、それに成功した。結果的に指定は解除されたが、米国に対しては相手の制度を理解し、事実をきちんと説明すれば、それなりの反応を得ることができるということを証明した戦いであったと、私たちは総括している（二〇一七年十月二十日、米国トランプ政権は九年ぶりに再び北朝鮮をテロ支援国に指定した。トランプ政権への働きかけについては、本書第11章で詳しく論じた）。

平成二十年（二〇〇八）七月四日、私も企画委員として参加している国家基本問題研究所（櫻井よしこ理事長）は、指定解除に反対する提言を出し「拉致問題の解決はわが国が主体的に行わなければならない。同盟国の支援はきわめて重要ではあるが、問題解決の責任はあくまでも日本政府にある。わが国は北朝鮮の拉致というテロに断固、対峙し続けるとともに、北朝鮮の核武装に対して非核三原則の見直しを含む独自抑止力の強化策を検討すべきときである」と主張した。

http://jinf.jp/suggestion/archives/113

「日本版テロ国家指定」「日本による北朝鮮テロ国家指定」創設

救う会・家族会は、平成十九年（二〇〇七）米国が指定解除を検討し始めたとき、日本版テロ支援国指定をつくって北朝鮮の狙いを阻止すべきだと考えた。それが、日本が主体的に拉致解決に取り組む道だからだ。同年三月、私は中川昭一自民党政調会長兼自民党拉致問題対策本部長に求められて、以下のような制裁提言メモをつくった。

日本版テロ国家指定制度をつくるべきだ。

金正日政権は現在、米国にテロ国家指定を解除するよう求めており、米国は作業開始を約束した。

米国のテロ国家指定制度は、正確にはテロリズム・スポンサー・ネーション指定であり、一九八八年大韓航空機爆破事件などを契機に法律によって定められた制度。指定は年一回、国務省が大統領などの承認を得て行う。指定されると米政府はその国に対して人道支援以外の経済協力ができず、そればかりか世界銀行、アジア開発銀行、など米国が出資する国際金融機関がその国に融資しようとする場合、米国は自動的に反対し、結果として融資は不可能となる。解除されると、北朝鮮への国際金融機関融資に米国が反対しなくなる。

拉致はテロであるから、米国の解除には断固反対すべきだ。

だが、米国にばかり依存するのでなく、日本が独自に北朝鮮をテロ国家指定すべきだ。万一、米政府が指定解除しても、日本が指定を続けている間は、国際金融機関から北朝鮮への融資をできなくする。多額出資国の日本が反対すれば融資は不可能になる。

具体的には、北朝鮮人権法を改正して、拉致は憎むべき国家テロであるので、拉致の解決がない場合は、日本は北朝鮮をテロ国家とみなし、日本が出資している国際金融機関からの融資に反対するなど、法律で明記することだ。

自民党政調会は、私の提言を受け、葉梨康弘《はなしやすひろ》衆議院議員を責任者にして北朝鮮人権法改正作業に入った。一方、当時の第一野党民主党も同党の拉致問題対策本部長である中井洽《なかいひろし》衆議委員議員（後の拉致担当大臣）を中心にして同法の改正案をまとめる作業に入った。私もそれに対しても意見を求められ、上記提言の趣旨を伝えた。

当初、外務省は、外交は行政府の専権事項であって、立法府が法律でその裁量を縛るのは問題だと反対していた。私の目の前で中川政調会長が外務省幹部に「条約批准は国会の権限だ。国会は外交に権限がある」と、どなりつける場面を目撃した。それらの調整を受けて、改正案では新たに「施策における留意点等」という条文を第七条として追加することになった。

北朝鮮への支援と融資の凍結を義務付けた法改正

次に障害となったのは衆議院法制局だった。私は繰り返し「国際金融機関からの融資に反対する」という条文を入れなくては意味がないと主張したが、国際金融機関という用語は法律用語としてはなじまない、などとして反対意見が出され、「外国政府及び国際機関に適切な働きかけを行う」という条文案が示された。それに対して再度、私が、北朝鮮が米国のテロ支援国指定解除を求めている狙いは、まさにアジア開発銀行など国際金融機関からの融資を得たいからだ。だからこそ、改正案でたとえ米国が指定解除しても拉致問題が解決しない限り日本が融資に反対するという意思表示をすることが大切だ、と主張した。

それを聞いた中川会長は法制局職員を政調会長室に呼び検討を指示した。その結果、現行法規の中に「国際開発金融機関」という用語が使われているという事例を発見し、この語なら使用可能と結論づけた。最終的に、改正案は以下のようにまとまった。

（施策における留意等）

第七条　政府は、その施策を行うに当たっては、拉致問題の解決その他北朝鮮当局による人権侵害状況の改善に資するものとなるよう、十分に留意するとともに、外国政府及び国際連合（国際連合の人権理事会、安全保障理事会等を含む）、国際開発金融機関等の国際機関に対する適切な働きかけを行わなければならない。

「適切な働きかけ」の中には、当然、国際金融機関の対北朝鮮融資に反対することが含まれるという理解だった。与党の公明党政策責任者、野党の民主党の中井本部長、超党派の拉致議連平沼赳夫会長らもこの改正案に同意した。それを受けて年金問題などで与野党が激しく対立していた平成十九年六月二十九日の国会で、北朝鮮人権法（拉致問題その他北朝鮮当局による人権侵害問題への対処に関する法律）の上記改正案が自民・民主・公明三党の合意のもと、議員立法で成立した。共産党と社民党は反対した。

ここでいう国際開発金融機関とは、アジア開発銀行など北朝鮮が融資を狙っている国際機関のことだ。つまり日本は「拉致問題が解決されない限り経済支援をしないだけでなくアジア開発銀行などの融資に反対する」ことが法律で事実上明記された。また、国連の人権理事会や安保理事会への「適切な働きかけ」を義務づけた改正条項は、第二次安倍政権になり、日本が国連を舞台にして推進した北朝鮮人権外交を法律で後押しするものとなった。その意味でもこの改正条項は、拉致問題を日本が主体的に解決するために、大きな意味を持ったと言える。

第11章　安倍政権とトランプ政権の拉致解決への取り組み

開戦直前だった二〇一七年秋の米朝関係

平成二十九年（二〇一七）秋、米朝関係は戦争直前だった。当時から私を含む少数の専門家が指摘してきたとおりだが、米紙ワシントンポストのボブ・ウッドワード副編集人の著『RAGE（怒り）』（二〇二〇年九月刊行、日本語訳は同年十二月刊行）がその生々しい状況を明らかにしている。トランプ大統領との十七回のインタビューをもとに出版された同書から当時の状況を知ると、当時の日本の総理大臣が安倍晋三氏でよかったと心から思う。

米朝間の軍事緊張は最高度に高まり、戦争が起きる可能性がかなりあったときに、安倍首相が日米同盟に基づきトランプ政権を強力に支持し、日米が北朝鮮と一戦も辞さずの姿勢をとったことにより、金正恩に完成直前まできていた米本土まで届く核ミサイル開発を中断させ、米国との対話に舵を切らざるを得ないところに追い込んだのだ。

北朝鮮はすでに日本全土を射程に入れた核ミサイルを実戦配備しているが、日本は米国の拡大核抑止（日本を核攻撃すれば米国が核で報復する）によって安全を確保しつつ、ミサイル防衛システムで抑止力を高めている。

しかし、北朝鮮が米本土まで届く核ミサイルを持てば、米国は自国が核攻撃を受ける危険を冒してまで、日本のために核報復をしないのではないかと彼らが認識してしまう危険がある。それは日本の重大なる危機だ。だからこそ、日本としても米本土まで届く核ミサイルの完成を全ての手段を使って防ぐことが核心的国益だったし、今もそうなのだ。ウッドワード氏の著書をもとに安倍首相がいかに日本の国益を毅然として守ったのかを振り返ろう。

核八十発発射の可能性も

ウッドワード氏は『RAGE』で、二〇一七年九月以降、米朝間の軍事緊張が最高度に高まり、米軍は核使用を含む軍事作戦を検討していたとして、次のように書いている。

（米国ネブラスカ州）オマハにある米軍戦略司令部が北朝鮮の攻撃に対する対応として、北朝鮮政権を変えるための作戦計画五〇二七を真剣に検討した、それには八十個の核兵器を使う方案も含まれていた。

（The Strategic Command in Omaha had carefully reviewed and studied OPLAN 5027 for regime change in North Korea-the U.S. response to an attack that could include the use of 80 nuclear weapons.）

ここで八十個の核兵器を使う主体が北朝鮮なのか、米国なのか、この英文の解釈について韓国で論争が起きた。韓国の朝鮮日報は二〇二〇年九月十三日付ワシントン発で、米国が北朝鮮への反撃として核八十個を使うことを検討していたと報じた。それに対して韓国政府は「それは誤訳だ。北朝鮮が八十個の核を使った場合の反撃を検討したという意味が正しい。作戦計画五〇二七には核兵器使用は含まれていない」と反論した。

朝鮮日報は九月十八日付で同じワシントン特派員が次のように書いた。

一つの文章だけを見ると、核の使用主体が北朝鮮だと考えることもできる。しかし、前後の文脈はすべてジェームズ・マティス米国防長官＝当時＝が核兵器使用の可能性をめぐって苦悩する内容だ。「文脈上」核兵器の使用主体は米国だった。日本の「読売新聞」も十六日、『RAGE』の内容のうち、核兵器関連部分を報道する際、本紙と同じ内容で報道した。米国務省の元官僚も本紙の翻訳は正しいと言った。

記事を執筆した朝鮮日報記者がウッドワード氏本人に問い合わせた結果、「ウッドワード氏は『本を読めば、米国の核使用だということは明確なのに、なぜ別途説明しなければならないのか』と考えている」という側近の回答を得たという。

正恩の地下施設も標的に

そもそも、北朝鮮の攻撃に対する対応策を検討していたという米軍戦略司令部は、空軍と海軍に分散していた核戦力の統合運用のために一九九二年につくられた司令部だ。そこで対応を検討していたということからだけでも、核による対応攻撃を検討していたことが分かる。

作戦計画五〇二七は、北朝鮮が武力攻撃をしてきた場合に米韓軍の反撃を想定した作戦計画として知られている。当時、文在寅大統領は朝鮮半島での米軍の武力行使は韓国の承認が必要だという趣旨の発言を繰り返していた。

それに対して米軍は、在韓米軍に属さないグアムの基地に配備されている戦略爆撃機B－1Bを繰り返し朝鮮半島付近に送り、北朝鮮を威嚇していた。日本の沖縄や三沢から爆撃機を飛ばすと、非核三原則の縛りにより核兵器を積んでいないはずだと金正恩が安心する危険性があった。しかしグアムからでは当然、核攻撃もあり得る。グアムからの爆撃機の飛来は、文大統領には知らせずとも北朝鮮を核攻撃できるという示威であった。

一部で、国土の狭い北朝鮮に対して八十発の核攻撃は多すぎるという指摘がある。しかし、核搭載地中貫通弾であれば、八十発使用も十分あり得る。低威力で精密攻撃が可能な小型核兵器で、金正恩や与正《ヨジョン》らがいると思われる複数の地下施設と核兵器が隠されていると思われるすべての地点を一斉に攻撃するのであれば、八十発という数は決して多くはない。

米朝のチキンレース

なおウッドワード氏は同書で、トランプ大統領が「誰も持ったことがない」新しい核システムを持った、と発言したと書いている。それが低威力で精密攻撃が可能な小型核兵器であるかもしれない。元韓国国情院次長の金正奉《ジョンボン》氏はこの新型核兵器は超精密打撃が可能な極小型核ミサイルB61-12だと断定した。ただし、公開情報ではB61-12は二〇一七年段階では開発中だった。

当時、核搭載地中貫通弾のB61-11は実戦配備されていたが、新しい核システムではない。極超音速ミサイル「スーパー・デューパー」、潜水艦発射のトライデント五ミサイルに搭載するW76-2核爆弾という説も出ている。トランプ大統領が最近完成したB61-12のことを当時から持っていたかのように話したのかもしれない。

トランプ大統領は、北朝鮮に米本土を核攻撃する能力を持たせない。そのためには核使用を含む武力攻撃も辞さないという姿勢を貫いていた。一方、金正恩は平成二十八年（二〇一六）から一七年にかけて四十発の弾道ミサイルを発射し、三回の核実験を行って、金日成時代からの宿願であった米本土まで届く核ミサイルを保有する直前まできていた。米朝は軍事衝突に向かうチキンレースをひた走っていたのである。

グアム射程に入れた北朝鮮核ミサイル

二〇一七年七月以降の米朝の動きを概観する。

七月四日に北朝鮮が平安北道亀城方峴飛行場近くのミサイル発射施設で金正恩参観の下、大陸間弾道ミサイル（ICBM）火星14の発射実験をした。ロフテッド軌道（通常よりも高い射角で発射され高度に達したミサイルが描く山なりの軌道。射程距離は短くなるが落下速度が速く防御がより困難）で日本海に落ちたが、軌道を計算すると火星14は米本土西海岸を射程に入れたICBMだった。

翌七月五日、在韓米軍が南北軍事境界線近くの日本海側海岸から日本海に陸軍地対地ミサイル（ATACMS）を発射した。発射地点から落下地点までの飛行距離は、同じ発射地点から金正恩がICBM発射を参観した施設までの距離一八六マイル（約二九九・三三㎞）と正確に一致していた。方向を変えれば金正恩をミサイルで殺せるという示威だった。しかし「米軍ミサイルが容易に発射場と金正恩を照準できるという事実を北朝鮮が悟ったということを示す情報は収集されなかった」と、ウッドワード氏は書いている。

七月二十八日に北朝鮮は火星14のロフテッド軌道での発射実験を再度行った。八月二十九日に北朝鮮は中距離弾道ミサイル火星12を発射した。通常軌道で北海道を飛び越えた。グアムまで届く射程だった。北朝鮮は実験を意味する「試射」ではなく「朝鮮人民軍戦略軍の中・長距離戦略弾道ロケット発射訓練」と発表した。

ミサイル開発は軍ではなく国防科学院が行う。国防科学院が行う発射実験は「試射」と呼ばれる。開発が終了し軍に引き渡され実戦配備された後の発射は「発射訓練」と呼ばれる。この時点で火星12はその段階に入った。つまり、グアムまで届くミサイルが実戦配備されたということだ。

ウッドワード氏によると、マティス国防長官はこのとき、北朝鮮の港への限定爆撃を検討したが全面戦争へ発展する憂慮があるため断念したという。

九月三日、北朝鮮が六回目の核実験を行った。北朝鮮はＩＣＢＭ装着用の水爆弾頭の実験だと主張した。日本防衛省の推計によると爆発規模は一六〇キロトン、広島に落とされた核爆弾の約十倍だった。防衛省は水爆である可能性もあると判断した。ちなみに、それまで五回の核実験の最高威力は二〇一六年九月の十一～十二キロトンだったから、六回目の実験が大成功だったことが分かる。

過去六回の核実験の防衛省推計威力は以下のとおりだ。

①二〇〇六年十月＝〇・五～一キロトン
②二〇〇九年五月＝二～三キロトン
③二〇一三年二月＝六～七キロトン
④二〇一六年一月＝六～七キロトン
⑤二〇一六年九月＝一一～一二キロトン

⑥二〇一七年九月三日＝一六〇キロトン

九月十五日、北朝鮮は再び、中距離弾道ミサイル火星12を発射した。八月二十九日と同じように「朝鮮人民軍戦略軍の中・長距離戦略弾道ロケット発射訓練」と発表された。通常軌道で北海道を飛び越えた。九月二十二日に北の李容浩《リヨンホ》外相が「太平洋上での歴代最大級の水素爆弾の実験をする」と威嚇した。

翌九月二十三日に米軍は北朝鮮の目の前の海上で演習を行った。グアムを飛び立った戦略爆撃機B－1Bが、F－15Cなど戦闘機十数機に守られて日本海の海の休戦ライン（NLL）を超えて元山《ウォンサン》沖で模擬空襲演習をした。

北朝鮮からはレーダー波が飛んでこず、北朝鮮空軍のスクランブル発進もなかった。北朝鮮の防空体制に大きな穴があいていることが判明した。もし米軍がすぐ戦争をするつもりなら、このことを秘密にしておく。しかし、それがニュースになった。米軍が意図的に演習の実施と北朝鮮がそれに気づいていない可能性があることをリークしたのだ。これも心理戦だ。

二十四日午後には、文在寅大統領が国家安全保障会議（NSC）全体会議を開いた。

米軍機を捕捉できぬ北の旧式レーダー

私は当時、北朝鮮内部につながる筋から次のような内部事情を聞いた。

金正恩は、米軍機が元山沖まで飛来したのになぜレーダーで捉えられなかったのかと、防空司令部を叱責したところ、レーダーが古くてステルス性能を一定程度持つB－1B戦略爆撃機は捉えられないことが分かったという。

なお、元山には金正恩の豪華別荘がある。護衛司令部の別荘管理担当幹部のスマホから位置確認装置が見つかり、同司令部司令官、政治委員ら最高幹部が二〇一八年に処刑された事件が起きている（詳しくは『Ｈａｎａｄａ』令和二年六月号掲載の拙稿参照）。米軍筋は当時、自分たちは金正恩の所在情報を把握していると語っていた。さまざまな情報から、私は、金正恩が当日、元山に来ていて、米軍はその所在情報をつかんで演習を行った可能性があると見ている。

平成二十九年（二〇一七）九月二十三日の元山沖の模擬空襲演習の後、金正恩は核実験、ミサイル実験を止めた。そして十月七日に労働党中央委員会総会を開いて妹の金与正《キムヨジョン》を党政治局員候補に昇格させた。内部情報によると、自分の関わる日程、行事すべてを管轄し、保秘と安全確保を担当する権限を与正に与えたという。米国が自分の命を狙う斬首作戦を実行するのではないかと恐れてのことだったという。

同年十一月二十八日、北朝鮮は米国東海岸まで届くＩＣＢＭ火星15をロフテッド軌道で「試射」したが、大気圏に再突入したとき、弾頭が三つに割れてしまったことが判明した。したがって、同ミサイルの大気圏再突入実験は成功していない。それなのに北朝鮮は米国まで届く核ミサイルを完成したと一方的に発表した。

十一月二十九日の朝鮮中央通信は「金正恩委員長は、新型の大陸間弾道ロケット火星15の成功裏の発射を見守りながら、今日ついに国家核戦力完成の歴史的大業、ロケット強国偉業が実現されたと誇り高く宣布した」と伝えた。

同通信は、十二月十二日に「米本土全域を打撃できる超大型重量級核弾頭の装着が可能な新型の大陸間弾道ロケット火星15試射の大成功はわが人民が一日千秋の思いで渇望していた国家核戦力完成の歴史的大業」と報じている。

その後、北朝鮮は核実験とICBMの発射実験を中止した。米国の軍事圧力に恐怖を抱いた金正恩が完成直前にまで来ていた米本土まで届く核ミサイル開発を中断したのだ。国内向けに米国が怖くて開発を止めるとは言えないから「完成した」と発表したと考えられる。そして、翌二〇一八年に米国との交渉に乗り出し、米朝首脳会談が実現する。

米国は九月二十三日に元山沖でB-1Bの空爆演習をしたとき、北朝鮮空軍がスクランブル発進をしてくることも当然、念頭に置いていたはずだ。そこで軍事衝突が起きていれば、北朝鮮空軍の老朽した戦闘機は全部撃墜できたはずだ。ただ、そのとき金正恩が自分自身を守るため、核ミサイルか、休戦ラインに配置している多連装ロケット砲や長距離砲でソウルや米軍基地を攻撃する危険もあった。その兆候があれば米軍は、八十発の核装着バンカーバスターを含む対応で被害を最小化することも考えていたのではないか。米朝間で核を使う戦争が起きる可能性があったということだ。

「米の判断支持」明言した安倍氏

ウッドワード氏によると、当時マティス国防長官は北朝鮮への核攻撃をする決断を下すことについて苦悩していた。マティス長官は「誰も数百万人の人を焼却（incinerate）する権利はない」と語ったという。

「マティス氏は北朝鮮の脅威のため、大統領に核兵器の使用を勧めなければならない状況が来たときに備えて、自分自身に『そうしなければならなくなったたら、どうするだろうか？お前は数百万人を焼却することになるだろう』と苦悩した」「（核兵器）使用は正気の沙汰ではないと彼（マティス氏）は分かっていたが、米国を守るために、考えられないことを本当に考えなければならなかった」とウッドワード氏は前掲書で述べている。

このような緊迫した状況であることを当時の安倍首相は当然、十分理解していた。その上で平成二十九年（二〇一七）に安倍氏は繰り返し、「『全ての選択肢はテーブルの上にある』とする米国の立場を一貫して支持します」と語った。軍事力行使をトランプ氏が決断した場合にもそれを支持すると明言していたのだ。

安倍氏は首相退任直後の令和二年（二〇二〇）九月二十三日付「読売新聞」で「（トランプ大統領との）信頼関係は会談だけで築かれるものではない。集団的自衛権の限定行使などの平和安保法制を施行して日米同盟を強化し、『助け合う同盟』にすることができたことが大きい」と語っている。

安倍首相の意を受けて、当時の小野寺五典《おのでらいつのり》防衛相は国会で、北朝鮮が弾道ミサイルでグアム米軍基地を攻撃した場合、集団的自衛権を発動して自衛隊のイージス艦のミサイルで迎撃すると答弁した。

小野寺防衛相は、平成二十九年（二〇一七）八月十日の衆院安全保障委員会の閉会中審査で、グアムへの攻撃に関して「日本の安全保障にとって米側の抑止力、打撃力が欠如するということは、日本の存立の危機に当たる可能性がないとも言えない」「わが国に対する存立危機事態になって（武力行使の）新三要件に合致することになれば、対応できる」と明確に答弁した。その前日の九日には、グアムの米空軍基地について「日米でさまざまな対応を取るとき、特に北朝鮮有事のときに抑止力の重要な役目を持っている」と答弁していた。

安倍政権が世論の反発の中で断行した集団的自衛権に関する憲法解釈の変更と平和安保法制によって「存立危機事態」になれば、自衛隊はわが国が攻撃されなくても自衛権を行使する、つまり、武力を行使できるようになったのだ。

トランプ大統領の信頼を勝ち取る

日本政府は、北朝鮮は日本を射程に入れたノドンミサイルをすでに実践配備していると認識している。令和二年版『防衛白書』は「北朝鮮は核兵器の小型化・弾頭化を実現し、これを弾道ミサイルに搭載してわが国を攻撃する能力を既に保有しているとみられます」（一〇四頁）と書いた。

北の核攻撃をどのように防ぐのか。拡大核抑止、すなわち米国の核による報復で抑止することが基本方針だ。その上で、ミサイル防衛システムで核ミサイルを核爆発前に迎撃するという二段構えの抑止戦略だ。北朝鮮がノドンミサイルを同時に多発発射したり、最近彼らが開発している低高度誘導ミサイルで核攻撃を仕掛けたりする場合は、現在のミサイル防衛では完全には防げない。だからこそ、米国による核報復、拡大核抑止が基本戦略として必要なのだ。

拡大核抑止を強固にするためには、米国が必ず日本のために報復核攻撃をすると相手に思わせることが必須条件だ。

その意味で、安倍首相が集団的自衛権の限定行使を法制化した上で、防衛相にグアムの米軍基地を自衛隊のイージス艦のミサイル迎撃システムで守ると明言させたことは重大な意味を持つ。小野寺氏の答弁からトランプ大統領は「シンゾーが口だけではなく、本気で米軍の軍事行動をサポートすると明言した」と理解したはずだ。

安倍首相は米軍の核攻撃を含む対北軍事制裁を支持し、その過程で北朝鮮がグアムの米軍基地を攻撃してきたときには、自衛隊を使ってそれを防ぐと明言したのだ。その結果、日米同盟はかつてないほど強化された。

安倍首相でよかった

令和二年版『防衛白書』は、北朝鮮が米本土まで届く核ミサイルを持ったら拡大抑止に重大な穴が空くと次のように訴えた。

他方、［北朝鮮が：西岡補］より長射程の弾道ミサイルの実用化に必要な技術を獲得しているかについては、引き続き慎重な分析が必要です。

今後、北朝鮮が弾道ミサイル開発をさらに進展させ、ＩＣＢＭに核兵器を搭載できる技術を獲得するなどした場合は、米国に対する戦略的抑止力を確保したとの認識を一方的に持つに至る可能性があります。仮に、そのような抑止力に対する過信・誤認をすれば、北朝鮮による地域における軍事的挑発行為の増加・重大化につながる可能性もあり、わが国としても強く懸念すべき状況となり得ます。

（一〇四頁）

ここで、「抑止力に対する過信・誤認」と書いている部分は重要だ。北朝鮮が米本土を攻撃できる核ミサイルを持った場合、米国の核の傘は穴が空くことは間違いない。かつてフランスのドゴール大統領は、ソ連が米本土に届く核ミサイルを持ったとき、米国はニューヨークやワシントンＤＣを犠牲にしてパリを無条件で守るとは言えないとし、独自の核武装に踏み込んだ。日本の今の状況は、フランスが置かれた当時の状況に似てはいないか。

二〇一七年に米国が核攻撃を含む武力行使をしてでも、北朝鮮が米本土まで届く核ミサイルを保持することを阻止しようとしたことは、日本の安全保障にとっても重大な意味があった。そのことを安倍氏はきちんと理解していた。危機に立ったとき、安倍氏のような大政治家をわが国が首相に戴いていたことは本当にありがたかった。

安倍政権の対北朝鮮政策は成功だった

安倍晋三首相の退陣前後に、その北朝鮮政策を批判的に総括する議論がいくつか出た。北朝鮮問題を長く扱ってきた学者やジャーナリストが、トランプ政権とともに強い圧力をかける政策を実行してきたことを、そのために首脳会談に北朝鮮が応じず、拉致問題が進展しなかったなどと批判していたのだ。

しかし、安倍首相の北朝鮮政策は成功している、その成功を土台に拉致問題で大きな成果を上げる機会が来ていると、私は考えている。

その証拠に、安倍首相がトランプ大統領をリードしながら進めてきたマクシマムプレッシャー（最大限の圧力）政策は成功しつつある。金正恩政権の弱点である朝鮮労働党39号室の統治資金の枯渇をターゲットにした経済制裁が成功して、金正恩政権は今、存亡の危機を迎えている。

一方、安倍首相は北の核ミサイル廃棄と拉致被害者の帰国が実現しない限り、制裁を緩めず、経済支援もしないという国際包囲網を完成させた。金正恩は、二〇一九年二月のハノイでの米朝首脳会談での取り引き失敗後、自力更生を叫んで国内の引き締めを図っているが、コロナウイルスの感染蔓延と度重なる水害が経済制裁で疲弊した経済に打撃を与え、政権を支える平壌市民、軍、治安機関への配給ができなくなる危機を迎えている。

したがって、全拉致被害者の一括帰国を金正恩が受け入れざるを得ない環境づくりは成功した。あとは金正恩に日本との首脳会談を決断させることだけだ。

四つの柱からなる北朝鮮経済

日本の北朝鮮専門家は労働党39号室資金について、この間、まったく論じないか、論じても重要視しない態度を取ってきた。そのため、安倍政権の功績を理解できないのだ。そこでこの間、私たちが安倍氏らと議論してきた39号室資金をターゲットにした制裁の効果ついて簡単に紹介しよう。

この問題を理解するためには北朝鮮経済の全体像を知ることが必要だ。北朝鮮の経済は大きく四つに分けられる。

第一経済は政府が立てる計画にしたがって動く計画経済だ。軍需産業を除くすべての事業所、協同農場などがここに属している。社会主義の国では、本来は国内の全ての産業が計画に従って動いているはずだ。

ところが、北朝鮮ではその常識が通じない。一九七〇年代前半に、正恩の父、金正日が主導して計画経済の外に軍需産業を置き、それを管理する第二経済委員会という政府とは別の組織をつくったからだ。これが二つ目の経済だ。第二経済委員会は党の軍事工業部の統制を受けている。

しかし、軍需産業を維持するにも外貨が必要だ。また、金一族の贅沢な暮らしを維持するにもやはり外貨が必要だ。核ミサイル開発や韓国への政治工作にも外貨は欠かせない。やはり金正日が一九七〇年代前半に自分直属の外貨管理組織をつくった。それが統治資金を管理する労働党39号室だ。

マツタケからニセ札まで

39号室には朝鮮総連からの秘密送金や韓国左派政権からの支援金、外交官や貿易関係者をはじめ全人民から毎年徴収する忠誠資金に加え、武器、マツタケなど金目になる輸出品で得た資金や、麻薬、ニセ札、ハッキングなど犯罪で得た資金などが集められ、金正日、金正恩が自由に使ってきた。

米国の情報機関は39号室の資金規模を一九八〇年代に四十億〜五十億ドル程度と見積もっていた。一方、「日本経済新聞」のソウル支局長を務めた山口真典氏は、平成二十五年に出した『北朝鮮経済のカラクリ』（日経プレミアシリーズ）で三百億〜五百億ドルと見ている。

四つ目がヤミ経済、人民経済だ。一九九〇年代半ば以降、第一経済が破綻して大多数の人民らへの配給が止まり、三百万人以上が餓死した。その後、人民は皆、計画経済の外で自分の才覚でヤミ商売、露天食堂、ヤミ畑耕作、売春、犯罪などで食べていくようになった。

全国に自然発生的なヤミ市ができ、それを当局が後追い的に「チャンマダン（市場）」として公認し、そこから営業税を取るようになった。そこで小金を貯めた者らが運送業、流通業、家内制手工業、サービス業などを行うようになり、その中から、かなりの金を持った「トンジュ」と呼ばれる新興富裕層が生まれてきた。

39号室に制裁の狙い絞り成果を上げる

以上の北朝鮮経済全体構造を理解した上で、私を含む日韓の少数の専門家らは、北朝鮮に核開発を止めさせ、拉致被害者を取り返すためには、39号室資金にターゲットを絞った制裁を課すべきだと九〇年代から議論してきた。

私は安倍氏に対し、首相になる前から機会あるごとに、総連からの秘密送金が独裁政権を支える39号室資金になっているから、それを遮断すべきだと問題提起してきた。安倍氏はそれをよく理解し、日本の対北制裁のターゲットを39号室資金に絞って諸政策を組み立てた。

平成十八年（二〇〇六）、第一次安倍政権の発足直後に打ち出した「拉致問題の解決に向けた方針」の中には「現行法制度の下での厳格な法執行を推進する」という項目が明記された。この方針に従って警察や国税庁などが、それまで事実上容認されていた総連の不法行為を厳しく取り締まり始めた。

その結果、第10章で書いたように九〇年代初めには内閣調査室の調べで年間千八百億〜二千億円相当の資金と物資が総連から北朝鮮の39号室に送られていたが、それをほぼゼロにすることができた。

マツタケの輸入禁止は拉致と核を理由にした日本の独自制裁だが、総連議長の息子が北朝鮮産マツタケを中国産と偽って密輸し、逮捕されるまでに至った。朝銀信組からの不正融資を媒介にした送金も、今は不可能になった。過去の不正融資を暴いて厳しく取り立て、総連中央本部ビルを競売にかけるところまで行った。

また、総連系企業の税務申告を朝鮮商工会が代行して大幅な脱税を行ってきた悪しき慣行も完全に正された。これらはみな安倍政権が定めた厳格な法執行方針による成果だ。その上、二〇一七年に国連安保理事会が決議した強力な経済制裁で、北朝鮮は輸出で得ていた外貨の九割を失った。

二〇二〇年に入ってからは、最後の頼みの綱だった中国人観光客がコロナウイルスを恐れて誘致できなくなり、中朝国境も封鎖されて物流が止まった。39号室は大きな打撃を受けている。本書執筆中に、私は39号室の状況をよく知る第三国の関係筋から驚くべき情報を得た。令和三年（二〇二一）夏現在で39号室資金はほぼ枯渇し、金正恩の執務室の整備工事や中国人観光客を呼び込むための温泉リゾート建設費用についても支払いに充てる外貨がなく、金塊を使って決済をしたという。

トランプ大統領ほど拉致問題の解決に真剣だった大統領はいない

米国トランプ大統領に対して日本では「差別主義者」「人権無視」などと批判する一部専門家がいる。しかし、日本の抱える重大な人権問題である北朝鮮による日本人拉致問題について、歴代の米国大統領の中でトランプ氏ほど、親身になって家族の苦しみに耳を傾け、北朝鮮に対して直接、解決を迫った人はいなかった。その意味でトランプ大統領は、日本人にとって人権問題に誠実に取り組んでくれた恩人といえる。なぜ、そのことがもっと強調されないのか不思議でならない。

トランプ大統領は二〇一七年九月、国連総会で、核実験とミサイル発射で軍事挑発を続ける北朝鮮を激しく批判する演説を行った。その中で横田めぐみさん拉致について「日本の十三歳のかわいらしい少女が海岸から拉致され、北朝鮮工作員に語学を教えることを強いられた」と言及して、拉致問題に取り組む私たちを力づけてくれた。

また、その二か月後の十一月に訪日した際には、拉致被害者家族会と面会して被害者救出への決意を語った。

北朝鮮はトランプ大統領の、戦争も辞さないという強い軍事圧力と外貨の枯渇を狙った厳しい国連制裁に負けて対話に舵を切った。二〇一八年六月には初の米朝首脳会談がシンガポールで持たれたが、そこでトランプ大統領は北朝鮮の独裁者、金正恩に直接、日本人拉致被害者を返せと要求した。金正恩はそのとき、話題を変えてごまかしたという。

二〇一九年二月にトランプ大統領はハノイで持たれた二回目の金正恩との会談で、なんと二度も日本人拉致問題の解決を迫った。最初は会談冒頭の一対一の会談だったが、そこでも金正恩は話題をそらして回答をしなかった。そこで続いて行われた少人数での夕食会でトランプ大統領は再度、拉致問題の解決を迫った。そのとき金正恩は「意味のある回答」（米政府高官）をしたという。その回答の具体的中身は安倍首相に詳細に伝えられた。

ハノイ会談で金正恩は老朽化している寧辺の核施設だけの廃棄を見返りに、ほぼすべての経済制裁の解除を求めたが、トランプ大統領は寧辺以外の核施設についても廃棄を求め、それを金正恩が拒否するや席を立って会談を決裂させた。

もしそのとき、金正恩が寧辺以外の核施設の廃棄にまで踏み込んでいれば、拉致問題を主要議題とする日朝首脳会談がすぐにも開かれた可能性が高い。トランプ大統領は核問題と拉致問題の解決をセットで金正恩に強く迫ったからだ。

ハノイ会談後の令和元年（二〇一九）五月、令和時代の最初の国賓として来日したトランプ大統領は二度目となる家族会との面会で、「拉致問題は私の頭の中に常にある。安倍晋三首相と共に解決に向かって努力したい」と語った。

その後もトランプ大統領の拉致問題への熱意は冷めなかった。翌六月には自筆で拉致被害者、有本恵子さんのお父さんに「あなたはきっと勝利する」と書いた手紙を送った。令和二年（二〇二〇）六月に横田めぐみさんの父である横田滋さんが逝去すると、やはり自筆のお悔やみの手紙を送ってきた。そこでトランプ大統領は「めぐみさんを必ずご自宅に連れて帰るという、この重要な任務を続けます」「早紀江さんと滋さんの弛まない活動によって、北朝鮮による拉致問題は日本と米国にとって優先課題であり続けています」と書いて、横田早紀江さんをはじめとする関係者みなを感動させた。

残念ながら新型コロナウイルス蔓延下での異常な大統領選挙の結果、トランプ大統領は再選できなかった。日本でもトランプ大統領に拉致問題の深刻さを繰り返し説いた安倍首相が退陣し、菅義偉新政権が発足した。菅政権も安倍政権を継承して拉致問題解決を政権の最重要課題に掲げていた。菅政権は、米国の新政権に対してトランプ大統領が示した拉致問題解決への熱意を引き継がせるための働きかけを全力で行ったが、一年後に退陣した。それらについては、次章で詳しくみる。

第12章　拉致被害者救出の最後の勝負
――内部矛盾高まる北朝鮮と日本がなすべきこと

全拉致被害者の即時一括帰国への道を実現せよ

安倍晋三首相は、約八年続いた第二次政権の任期において、最優先課題としていた拉致被害者救出を実現できなかった。その戦略を引き継いで、やはり最優先課題として取り組んだ菅義偉首相も本書出版の直前の令和三年九月に退陣した。

一部の引退政治家や学者、ジャーナリストらが、安倍政権と菅政権の拉致政策は失敗だったという議論を展開している。彼らは、主として北朝鮮側の公式媒体報道や対日窓口の発言を根拠にしている。

しかし、私の見方はまったく異なる。安倍、菅両政権の拉致被害者救出戦略は成功しつつあった。だから、岸田文雄首相がその戦略を引き継げば「全拉致被害者の即時一括帰国」を実現する好機がくると認識している。

本章では、そのことを明らかにするため、まず、安倍首相と菅首相の「先圧力、後交渉」戦略を確認し、次に最高度の圧力の結果、北朝鮮が体制の危機を迎えていることを概観し、最後に岸田政権がこの機会を利用して結果を出すためには何が必要なのかを論じる。

「先圧力、後交渉」という救出戦略

これまで、さまざまなところで論じてきたが、安倍首相と菅首相の戦略、そして家族会・救う会の戦略は「先圧力、後交渉」だった。

①北朝鮮の体制維持が困難になるくらい圧力をかける。その際、米国をはじめとする国際社会は核ミサイル開発を制裁の理由にするだろうが、拉致問題をはじめとする人権問題も制裁理由に明記するよう努力する。

②その上で、圧力に耐えられなくなって北朝鮮が交渉に出てくることを待つ。

③国際社会に拉致解決への協力を求めるが、特に軍事圧力の主体である米国政府に拉致問題の深刻さと日本にとっての重要さを理解させ、米朝交渉でも日本人拉致被害者の帰国実現を議題にするよう外交努力をする。

④北朝鮮が日本との交渉に応じた場合、全拉致被害者の即時一括帰国を最優先で求め、その実現なしには圧力を緩めたり、経済支援をすることはしないという立場を堅持する。

⑤北朝鮮が日本より先に米国との交渉に応じた場合には、米国にも④の立場を堅持するように働きかける。

①の圧力には大きく分けて二種類ある。第一は軍事圧力、第二は経済制裁だ。その二つが二〇一七年に最高度に達した。軍事圧力を見ると、第11章で見たとおり、同年秋、米朝は戦争直前だった。北朝鮮が米本土まで届く核ミサイル開発を強行し、その完成と実戦配備が間近になったので、米国トランプ政権は金正恩暗殺作戦を含む軍事行動をとってそれを阻止する準備をし、安倍政権は集団的自衛権の行使をしてその行動を支援する構えを崩さなかった。

金正恩はトランプ大統領の軍事圧力に屈して、ICBMの大気圏再突入実験に失敗した状態のまま、二〇一七年十一月に「国家核戦力完成」と一方的に発表し、それ以降、核実験もICBM実験も行わず、翌二〇一八年から米国との対話に出てきた。

また、二〇一七年末に経済制裁も史上最強になった。日本独自の制裁が先行し、朝鮮総連からの巨額の対北朝鮮送金を止めた。第一次安倍政権発足直後の平成十八年（二〇〇六）九月に拉致問題に対する政府方針を決めたが、そこに「厳格な法執行」が明記された。非合法活動によって送られていた送金を止めることが、「厳格な法執行」の隠された意味だった（非合法送金の手法については拙著『テロ国家・北朝鮮に騙されるな』参照）。対北朝鮮貿易全面禁止、北朝鮮船舶入港全面禁止、北朝鮮人の入国原則禁止などの世界一厳しい制裁を次々に実施していった。二〇一七年に、安倍首相とトランプ大統領が協力して、国連安保理でかつてない厳しい対北経済制裁を決めた。二〇一七年十二月の安保理制裁決議により北朝鮮は輸出によって得ていた年間三十億ドル程度の外貨収入の九割を失った。

第11章に書いたように北朝鮮の個人独裁体制は、労働党39号室が管理する数十億ドルの外貨によって維持されていた。私を含む一部専門家はそれを「統治資金」「金正恩の個人資金」「宮廷経済資金」などと呼んできた。日本の独自制裁と国連制裁は39号室の外貨を枯渇させることが目標だった。多くの北朝鮮専門家らは公式文献に出てこない39号室資金を無視するか軽視してきた。だから彼らは制裁の効果が分からない。先にも書いたが、二〇二一年に入りついに39号室資金がほぼ枯渇したという内部情報を得た。制裁が効いたのだ。

戦争をも覚悟した厳しい軍事圧力と外貨を枯渇させることを目標にした経済制裁は、多大な効果を上げた。二〇一八年に入り金正恩政権は、米国と首脳会談をするという大きな政策転換をした。

「先圧力」段階は成功し、「後交渉」段階に入ったのだ。

すなわち圧力をかけて対話に引き出す戦略は成功し、交渉の中で全拉致被害者帰国と核ミサイル廃棄という戦略目標を金正恩に決断させる段階に入ったということだ。

日米双方が次々と後交渉を開始

金正恩政権は交渉の相手として日本ではなく、米国を選んだ。それを想定して安倍首相はトランプ大統領に対して拉致問題を含む対北朝鮮政策で日米が基本的立場を一致させるよう繰り返しはたらきかけた。前記戦略の③である。

金正恩を拉致解決のための日朝交渉に引き出すことが次の課題となった。そこで、平成三十一年（二〇一九）二月、家族会・救う会は金正恩委員長へのメッセージ「全被害者即時一括帰国実現すれば日朝国交に反対しない、帰国被害者から秘密を聞き出して反朝鮮運動に使わない」を出した。私たちはその時点で「先圧力」段階は終わった、これからはいよいよ「後交渉」段階だと判断したのだ。

第11章に書いたが、同じ二月にトランプ大統領はハノイでの金正恩との会談で二回も日本人拉致問題解決を迫った。一回目は会談冒頭の一対一の会談だったが、そこでは金正恩は話題をそらして回答をしなかった。そこで続いて行われた少人数での夕食会でトランプ大統領は再度拉致解決を迫った。そのとき金正恩は「意味のある回答」（米政府高官）をしたという。その回答の具体的中身は安倍首相に詳細に伝えられた。

それらを受けて五月に安倍首相が条件抜きでの日朝首脳会談を提案した。「先圧力」段階が終わり「後交渉」段階に入ったという判断がその提案の背景にあったはずだ。また、安倍首相は数年前まで「拉致問題を解決しなければ北朝鮮に明るい未来はない」と語っていたが、平成三十年に入った頃から「解決すれば明るい未来がある」という表現に変えた。圧力最大化が完成したから、日朝首脳会談の条件が整ったと判断したのだ。

菅義偉首相も同じ姿勢を維持していた。就任直後の令和二年（二〇二〇）九月二十六日にリモートで行った国連総会演説で菅首相はこう述べた。

拉致被害者御家族が御高齢となる中、拉致問題の解決には一刻の猶予もありません。日本として、日朝平壌宣言に基づき、拉致、核、ミサイルといった諸懸案を包括的に解決し、不幸な過去を清算して、国交正常化を目指す考えに変わりはありません。日本の新しい総理大臣として、私自身、条件をつけずに金正恩委員長と会う用意があります。日朝間の実りある関係を樹立していくことは、日朝双方の利益に合致する。

拉致と核ミサイル問題を解決しなさい、そうすれば国交正常化して制裁を解除し韓国に対して行ったのと同じような多額の経済協力をする準備があるぞ、というメッセージだ。

金正恩を襲う政権崩壊への六重苦

それでは、現在の北朝鮮情勢について見ておこう。結論を先に書くと、金正恩政権は六重苦により崩壊の危機を迎えている。

①経済制裁による外貨の枯渇
②コロナの蔓延
③梅雨前線による大雨と台風による大水害
④幹部と人民の不満高揚と活発化する反体制派の活動
⑤金正恩の健康不安

⑥ 中朝関係悪化

①、②、③については金正恩が自ら認めた。二〇二〇年十月十日、深夜に行われた閲兵式で金正恩は約三十分間の長い演説を行った。涙を拭きながら人民への感謝を語った異例の内容だったが、その中に次の一節があった。

いまこの惑星に、苛酷で長期的な制裁のため、あらゆるものが不足している状況のもとで、非常防疫も行い、ひどい自然災害も復旧しなければならないという途方もない挑戦と困難に直面している国はわが国だけです。

①「制裁」、②「（コロナのための）非常防疫」、③「ひどい自然災害」を認めたのだ。このままでは、三百万人以上の餓死者が発生した一九九〇年代後半の「苦難の行軍」と呼ばれた大飢饉が再び起きるのではないかと、多くの北朝鮮人民がささやき合っている。

実は「苦難の行軍」時期に、金正日はいくら人民が大量に死んでも自分には軍と治安機関と平壌市民がいるから安心だと言ったといわれている。つまり、一般人民が主食の配給が止まったことによりバタバタ死んでいっている中でも、その三つへの配給は続いていたということだ。

ところが、二〇二〇年頃から、その三つに対する配給が滞るようになった。むしろ、人民は苦難の行軍の後、チャンマダン（市場）での商売で生き残ったので、現在も苦しい中でなんとか食いつないでいるという。ところが、これまで配給で食べていたその三つの人々（軍・治安機関・平壌市民）が飢え始めているのだ。体制の危機だ。

その根本的原因は経済制裁が効果を上げていることだ。

経済制裁は漢方薬のようにゆっくりと確実に効果を上げる。特に、北朝鮮に対しては、経済制裁が効果を上げる、その根拠が北朝鮮経済の特殊性だ。第11章でも書いたが、北朝鮮経済は四重構造からなっている。

一、計画経済（内閣）

二、軍需経済（第二経済委員会）

三、金正恩の統治資金（労働党39号室）

四、一般住民のチャンマダン（市場）経済、だ。

そのうち経済制裁は三の金正恩の統治資金をターゲットにしている。北朝鮮の外貨源を断つ、39号室の外貨を枯渇させることが経済制裁の目標なのだ。

二〇一七年の三つの国連安保理制裁で年間約三十億ドルあった北朝鮮の輸出は九〇％削減され三億ドル程度になったし、海外労働者からの外貨送金も大幅カットされた。その結果、二〇二一年になり39号室資金がほぼ枯渇した。

外交官に送る外貨もない。二〇二〇年十月頃から海外に派遣されている外交官と工作機関要員、治安機関要員への給料が完全に停止した。家賃を払えずホームレスになりそうになる外交官が出現していると聞いた。

外貨不足で金正恩が命じた病院建設もできない。二〇二〇年三月、金正恩が同年十月までに完成せよと、直々に命令して始まった平壌総合病院の建設も、建物はできたが、中に入れる医療機器を買う外貨がなくて二〇二一年九月末現在オープンできないでいる。

党幹部への支給も止まる史上最悪の事態へ

現在の経済危機は、九〇年代の大飢饉とは様相が異なっている。当時は配給を待っていた人民や一般党員ら三百万人以上が餓死した。「労働者農民が餓死して何が社会主義か」と言って労働党の最高幹部黄長燁氏が亡命した。今回は、人民は自力で食べている。そのときから現在まで、人民への配給は正常化しないままだからだ。配給以外の方法で食べることができる者だけが生き残ったのだ。彼らは今も苦しいながらもなんとかチャンマダン（市場）での商売や、山に入って焼き畑をするなどして食いつないでいる。

苦しいのはこれまで配給で食べていた、平壌市民、人民軍、党と治安機関だ。平壌の配給事情もすさまじい。二〇二〇年四月から十二月まで平壌市の大部分の地域で主食配給が止まった。平壌には十九区域、四郡あるが、そのうち中心部の六区域（中《チュン》区域、普通江《ポトンガン》区域、牡丹峰《モランボン》区域、船《ソン》橋《ギョ》区域、大同江《テドンガン》区域、万景台《マンギョンデ》区域）だけで主食配給が続き、それ以外の十三区域、四郡では二〇二〇年四月から六月まで配給が止まり、七月に半月から一か月分が出て、八月からまた止まっている。

二〇二一年（令和三年）に入り、中心部六区域でも一般住民の主食配給は止まる。居住地域での配給はなくなり職場単位で主食配給が本人の分に限って出ている。出ている機関は、中央党、人民軍、保衛省、安全省、それから政府機関の中の力の強い省だという。

二〇二一年三月から幹部にだけ与えられていた主食以外の物資支給（「供給」と呼ぶ）が止まった。中央党課長まで止まっている。食用油、小麦粉、魚、肉、醬油等の食料や靴、石けん、医療品なども全て止まっている。平壌に住む幹部らの生活難が深刻化している。これは史上初めてだ。その結果、平壌の幹部、インテリの不満が高まるだけ高まっている。

金正恩自らが食糧危機を表明

二〇二一年になっても食糧危機は続いている。二〇二一年六月十五日から十八日まで開かれた党中央委員会総会で金正恩は、人民の食糧状況が緊張していると述べ、同会議の第五議題は「当面する食糧危機を克服するための緊急対策を立てることについて」だったことが判明した。北朝鮮が「食糧危機」が起きていることを認めた。これは異例だ。

中央テレビによると、金正恩は第五議題「当面する食糧危機を克服するための緊急対策を立てることについて」において、次のように危機感あふれる演説をした。この内容も中央通信ではかなり抽象的な表現に変えられ、ただ単に人民の生活を心配しているという程度にごまかされていた。中央テレビ報道から書き起こしたその部分を拙訳で紹介する。

総書記同志におかれては、いま人民生活を向上させるにおいて切迫した当面課題は食糧供給から造成される緊張を解消するための対策を立てることだ、とおっしゃりながら、（略）今回の全員会議において現時点で人民らが第一に関心を持ち望んでいる切実な問題を至急に解決するための決定的な執行措置を執ろうとする、とおっしゃって、国家的に糧穀が保障されれば輸送と加工を迅速に行い人民たちに食糧が届くまでの全ての事業を責任を持って行わなければならない、と強調されました。

総書記同志におかれては困難なときであればあるほど人民たちの生活上の困難を一つでももっとなくしてやりたいという切実な心と強い決心を込めて、真に悄然とする特別命令書を発令されました。全員会議全体の参加者たちは国の全人民の運命と生活について全的に責任を負われ守ろうとされる偉大な父の心情が込められた措置に熱の籠った拍手で同意しました。

〔傍線：西岡、以下同〕

傍線部分を中心に解説したい。金正恩は「切迫した当面課題は食糧供給から造成される緊張を解消するための対策を立てることだ」と語っている。食糧供給が緊張している、つまり満足に食糧が供給されていないことを認めたのだ。

そして「問題を至急に解決するための決定的な執行措置を執ろうとする」「国家的に糧穀が保障」「特別命令書を発令」と語り、映像を見ると自身が署名した命令書なるものを掲げて参加者に見せ、参加者が全員立ち上がって万雷の拍手を浴びせた。

中央テレビでも命令書の中身については伝えていないが、内部情報によると戦争備蓄食糧を放出するという「特別命令」だったという。

平壌につながる複数の情報源によると、二号倉庫放出と各部隊が保管する戦争備蓄食糧の放出が命じられたという。前者は、戦時に住民に食べさせる食糧で、党の二号事業所が管理しており、その前年も放出された。一方、後者は建国以来初めて下される命令だった。

つまり、金正恩は軍の各部隊が戦時に備えて備蓄している門外不出の戦争備蓄食糧を人民に配れという命令を公開の席で下したのだ。そこまで追い込まれていたということだ。その結果、平壌で二十日分、地方ではそれより少ない量が配られるという話が中央委員会総会終了後、拡散した。

異例ずくめの政治局会議

ところが、内部情報によると食糧配給は思ったように行われていない。特別命令まで出して人民に食糧を届けると明言した金正恩のメンツは丸つぶれになった。

それを知った金正恩が激怒して軍の最高幹部二人を二千人の幹部らの見る前で叱責して降格

する事件が起きた。六月二十九日、突然、労働党拡大政治局会議が開催され、政治局委員一人が会議場で逮捕連行され、軍の序列一位と二位が糾弾され降格したのだ。

拡大政治局会議は異例ずくめだった。

そもそも、六月十五日から十八日まで党中央委員会総会が開かれてからわずか十一日しか経っていないのに、政治局会議が開かれることが異例だった。その上、政治局会議とは政治局常務委員、政治局委員、政治局委員候補で構成される党の最高幹部会議で、その時点でのメンバーは常務委員五人、政治局委員十四人、同候補十人の合計二十九人だが、なんと約二千人の党、軍、国家機関の幹部らが傍聴人として集められたことも異例だ。ちなみに、六月の党中央委員会総会は中央委員と同候補合計で約三百人、それに政府や地方の幹部らの傍聴者を加えて五百人程度が出席していたから、拡大政治局会議の二千人出席の異常さがよく分かる。

金正恩が怒りをあらわにして会議招集の目的を次のように語った。

国家の重大事を受け持った責任幹部が世界的な保健危機に備えた国家非常防疫戦の長期化の要求に応じて組織・機構的、物質的および科学技術的対策を立てるべきだという党の重要決定の実行を怠ることによって、国家と人民の安全に大きな危機を醸成する重大事件を生じさせた。

党大会と党総会が討議、決定した重大課題の貫徹にブレーキをかけ、妨げる重要因子は、幹部の無能と無責任感である。

幹部の中で現れる思想的欠点とあらゆる否定的要素との闘争を全党的にいっそう力強く繰り広げる。

わが党と革命の前進を妨げる基本障害物、歯止めが何かをことごとく暴き、幹部陣容の現実態に警鐘を鳴らして全党的な集中闘争、連続闘争の序幕を開くところに今回の会議の真の目的がある。

ここで金正恩が語った「重大事件」の具体的内容については北朝鮮の公式メディアは報じなかった。だから一部で、中国武漢発コロナウイルスの大規模蔓延が起きたのかという推測も出た。しかし、「重大事件」はウイルス蔓延ではなかったことが本書執筆の時点（令和三年八月）で明らかになった。

戦争備蓄用の食糧はすでに放出されていた

金正恩が何人かの最高幹部が自分の命令を忠実に実行しなかったことを「重大事件」だと激怒して、一人の政治局委員を会議場で逮捕して連行し、人民軍序列一位と二位を二千人の参加者の前で糾弾し降格させ、それ以外の軍最高幹部の降格も断行された。

会議では幹部の思想の問題点が繰り返し指摘叱責された。金正恩が怒りにまかせて演説するだけでなく、幹部の思想統制を担当している組織書記である趙甬元《チョヨンウォン》政治局常務委員が「党の決定と国家的な最重大課題の遂行を怠った一部の責任幹部の職務怠慢行為」について詳細に報告した。

その後、何人かの政治局メンバーとそれ以外の幹部が次々登壇して、「責任幹部が党中央の構想と指導の実現に害毒の結果を及ぼすようになった思想的根源について党的原則から政治的に鋭く分析、批判した」という。

朝鮮中央通信は登壇した幹部十二人の顔写真を一人一人大きく報じた。政治局のメンバーでは前掲趙甬元、李日煥《リイルファン》勤労団体部長、金才龍《キムジェリョン》組織指導部長、金亭植《キムヒョンジク》法務部長、鄭京擇《チョンギョンテク》国家保衛相（上将）、李永吉《リヨンギル》社会安全相（大将）らだった。

そして六人目に、玄松月《ヒョンソンウォル》宣伝扇動部副部長が、十一番目に金与正副部長が登壇したことも目を引いた。玄松月は元歌手、モランボン楽団団長として有名だったが、現在は金正恩の日程管理に責任を持ち、行事のたびに金正恩に随行して扉を開けたり椅子を整えたりする随行秘書の役割を果たしている。情報によると、金正恩の愛人の管理まで任されている私生活の面での最側近だ。しかし、その随行秘書が党の幹部の無責任を批判する演説をしたことは前代未聞だ。批判された幹部の屈辱感は大きかっただろう。

なお、玄よりも後に、最後から二番目に登壇した金与正は韓国を訪問したときのような自信に満ちた顔つきではなく、少し疲れて焦燥した顔つきで演説をしていた。私が入手した情報によると与正は壇上で自己批判をしたという（その後、自己批判はしたが、それは正恩の健康悪化で彼女が事実上のナンバーツーになっていることを隠すための偽装だったという内部情報を聞いた）。

十二人の演説が終わった後、政治局委員の崔相建《チェサンゴン》が立たされて趙甬元の叱責を受けている場面があった。

金正恩が総括演説をして出席者全員から起立拍手を受けた後、人事が議題となった。政治局常務委員、政治局委員、候補委員と党書記、国家機関幹部の解任と任命が提案され、挙手で採決があった。そのとき、壇上で異変があった。まず、先ほど立たされていた崔相建の席が空席となっており崔は姿を消していた。そして、それ以外の壇上の政治局員が挙手で賛成の意思表示をしているのだが、政治局常務委員の李炳哲《イビョンチョル》中央軍事委員会副委員長（人民軍元帥）と政治局委員の朴正天《パクジョンチョン》総参謀長（人民軍元帥）が顔を下げて挙手をしないで座っていたのだ。

実は、人民軍の戦争備蓄食糧の倉庫に全人民に配るだけの食糧がなかったのだ。金正恩が食糧危機を解決するための特別命令書を発令したわずか十一日後に拡大政治局会議を開いて、幹部らが自分の命令に従っていないと激怒したのはそのためだった。

軍内の深刻な食糧不足と兵士らの栄養失調続出のため、人民軍は金正恩に報告しないで戦争備蓄食糧を兵士らのために少しずつ放出していた。そのため、軍隊によってはすぐに住民らへ戦争備蓄食糧を放出することができなかった。

人民軍の最高首脳である軍首脳は金正恩の特別命令が発令された直後に、人民軍後方総局で

2021年６月29日、朝鮮労働党拡大政治局会議で幹部の人事に関する議題の採決の場面。壇上の政治局常務委員と政治局委員が挙手して賛成の意思表示をしている。
壇上の前列右端から２人目の李炳鉄元帥（中央軍事委員会副委員長）と後列右端から５人目の朴正天元帥（人民軍軍総参謀長）が挙手していない。２人は降格された。
後列右端から８人目が空席、そこに座っていた崔相建党書記（科学教育部長）はその場で逮捕連行された。[写真・連合ニュース]

各部隊が実際に保有する戦争備蓄食糧の量を確認して、現状では金正恩の特別命令を満足に実行できないことを把握した。

そこで、李炳哲の下にある天龍貿易会社を使って大連の倉庫などに保管されている、北朝鮮への輸出が決まっている食糧の一部を金正恩の承認を得ずに船で密輸しようとして発覚した。金日成一族である金チョグク組織指導部副部長（人民軍幹部人事担当）が、密告したという説がある。

幹部の粛清と降格

天龍貿易会社のドン・クムオク社長（女性）が逮捕された。彼女は核ミサイル開発に関わっていた国防科学院科学者出身だ。李炳哲が彼女を見込んで天龍貿易の社長にした。天龍貿易会社は、核ミサイル開発に必要な装備資材を調達する貿易会社だ。その代金を自社の貿易によって稼ぐと金正恩に承認をもらっていた。李炳哲は天龍貿易を自分の下に置き、利権を得ていた。

中央委員会総会からわずか十一日しか経たないのに突然、政治局拡大会議を開いて幹部を叱責して、政治局常務委員、政治局員、同候補、書記、部長などの更迭人事を断行した理由にはこのようないきさつがあった。

なお、会議場で逮捕されたという崔相建書記については、戦争備蓄食糧とは関係ないようだ。ただ詳しい事情はまだ漏れてきておらず、国防科学院からミサイル関連情報が海外の情報機関に流出したことと関係があるという情報しかない。

七月六日、以上の内部情報が裏付けられる出来事があった。金日成の命日に党、政府、軍の幹部らが金日成の遺体がある錦繡山《クムスサン》太陽宮殿を参拝したときの映像が朝鮮中央テレビで放映されたのだ。

それをみると、六月二十九日の拡大政治局会議で壇上にいた政治局委員は、全員参加しているが崔相建だけの姿がない。彼が粛正されたことは間違いないことが確認できた。現在、保衛省で厳しい取り調べを受けており、処刑される可能性が高いと聞いた。

また、李炳哲は前から三列目、政治局委員候補が並ぶ列に立っていた。他の政治局常務委員ら三人は金正恩と同じ最前列に並んでいたから、彼が常務委員から政治共委員候補に降格されたことは間違いない。李炳哲は軍服ではなく背広姿だったので、人民軍元帥という階級も剥奪された可能性が高い。

朴正天《パクチョンチョン》は前から二列目、政治局委員の列に立っていた。軍服を着ていたが、肩の階級章を見ると、人民軍元帥から次帥に降格されたことが判明した。

そして、拡大政治局会議の映像では、最後の挙手採決にも参加していて異変を感じさせなかった政治局委員の金正官《キムジョングァン》人民武力相がなんと前から四列目に立っていて、彼も降格処分を受けていたことが判明した。軍の最高幹部が三人降格されたことになる。現在、軍内の李炳哲、朴正天の部下ら数百人の逮捕連行が行われているという。

軍内では、処分された幹部らについて、「我々を食わせようと努力して金正恩の怒りを買った」として同情の声が拡散しているという。内部矛盾の深刻化はここまできている。その後九月七日、朴正夫は党最高幹部の政治局常務委員に再登用された。軍内の不満を意識した人事という。

複数の大学に貼られた「金正恩打倒」の壁新聞

六重苦の四番目に上げた「幹部と人民の不満高揚と活発化する反体制派の活動」について、ほとんど知られていないので詳しく説明しよう。

平壌に住む幹部らも地方の人民も一様に生活苦により体制への不満を高めていた。ハノイでの米朝首脳会談の前には「米国まで届く核ミサイルが完成したから米国大統領が膝を屈して元帥様と会談しに出てきた。首脳会談で制裁解除と経済支援が決まる。そうすれば経済が回復して生活も良くなる」という内容の政治学習が全国的に行われた。ところが、会談が決裂したので、制裁は続いた。

その上、二〇二〇年に入り、当局は、コロナ患者はいないと宣伝しているが「急性肺炎」とされて死ぬ者が多数出ており、例年は偏西風のため北朝鮮にはめったに上陸しない台風が三つも連続で直撃し、梅雨前線による大雨と合わせて穀倉地帯が大打撃を受けた。これだけ天災が続くのは「天が白頭山《ペクトサン》の家系を見捨てたからだ」という風聞が急速に広がり、国家保衛省が取り締まりを強化していた。二〇二一年にも大雨の被害があった。

二〇二〇年七月に平壌の複数の大学に「金正恩打倒」の壁新聞が一斉に貼られたという。「金正恩打倒」「青年に未来がない」というようなことが書いてあった。

金日成総合大学は、日本の東大に当たるところだ。金策工業総合大学は、日本の東京工業大学に当たるだろう。それ以外にもいくつかの総合大学で反体制壁新聞が貼られた。国家保衛省が血眼になって捜査をしたけれども、まだ捕まっていない。

北朝鮮の体制のシンボルのような大学に反体制の壁新聞が貼られた。これまで反体制落書きがされることはあったが、私の知る限り壁新聞が貼られたというのは初めてだ。複数の大学で同時に貼られたのだから、各大学の横の連絡がある反体制組織があるということだ。

韓国の情報機関で三十年あまり、北朝鮮分析をしてきた金正奉元国家情報院次長は、「住民の不満が暴動直前まで高まり金正恩は不安と焦りに見舞われている」と語っている。また、ある北朝鮮幹部は外国にいる知り合いに「北朝鮮の金正恩体制は、いまや全体的に滅亡直前だ」と吐露した。

金正恩一世一代の政治宣伝ショー

そこで金正恩が一世一代の政治宣伝ショーを行った。二〇二〇年十月十日、党創建記念日の閲兵式で長い異例の演説をした。金正恩は、自分は人民の苦しい生活をよく知っており、改善できないことを申し訳なく思っているが、人民は苦しい中でもコロナにもかかわらず自分を支持してくれているので感謝するという趣旨の異例のへりくだりを見せた。朝鮮語で「ありがたい」に当たる動詞は「カムサ（感謝）ハダ」「コマプタ（ありがたい）」の二つがある。演説の中で「カムサハダ」が六回、「コマプタ」が十二回も出てきた。

金正恩は人民軍への感謝の言葉から演説を始めた。

われわれの将兵はあまりにも多くの仕事を受け持ち、多くの苦労をしました。それであまりにもすまなく、この栄光の夜を彼らと共にできないので心が痛みます。

わが国家と人民に対する彼らの熱烈な忠孝心に最大の敬意を表し、全軍の全ての将兵に熱い感謝を送ります。

続いて、災害復旧作業に志願した平壌の労働党員、全国の全ての勤労者への感謝を述べ、大観衆に向けて「今日この席に立てば何から話そうかとあれこれと考えてみましたが、真に人民に打ち明けたい心のうち、真情は『ありがとうございます（コマプスムニダ）』の一言につきます」と語り、目を拭う仕草を見せた。そのとき、万雷の拍手が鳴った。

また、人民の生活を向上させることができていないことを率直に認め、「面目ない」と謝罪した。「天のようで海のようなわが人民のあまりにも厚い信頼を受けるだけで、ただの一度も満足に応えることができず、本当に面目ありません。私は、全人民の信頼を得て、金日成同志と金正日同志の偉業を継承して、この国を導いていく重責を担っていますが、まだ努力と真心が足りず、わが人民は生活上の困難を脱することができずにいます」。朝鮮語原文を見ると、傍線をつけた「私は」の一人称代名詞は、目下の人間が目上に対して使う謙譲語である「チェ」だった。通常、目上の人間が目下に対して語るときは「ナ」を使う。異例の言葉使いだ。

演説の最後では人民に対して尊敬語を使った。「終わりに、全人民が無病息災であってくれたことに対して今一度感謝の挨拶をささげます。そして、変わることなくわが党に信頼を寄せてくれる真情に、心から感謝をささげます」。傍線部分の「くれた」「くれる」は原語では「シ」という尊敬を表す語が使われている。これまで尊敬語の「シ」は人民が最高指導者に使うものであって、最高指導者が人民に使うことは私の知る限りなかった。驚くべきへりくだりだ。

この演説は一定の効果を上げたようだ。平壌市民らの中では「最高指導者がわれわれの苦しさを理解して謝罪し、感謝を献げてくれた」という感動の輪が広がったという。平壌出身の脱北者人権運動リーダーも私に「金正恩打倒を叫ぶ自分がこのようなことを言うのはおかしいのだが、演説を聞いて胸が熱くなった」と告白した。

金正恩の命を狙う組織

一方、地方では「平壌で誰が何を言おうとどのような新型兵器が出てこようと、自分たちの生活とは無関係だ。関心もない。とにかく一日一日家族を食べさせることだけで頭がいっぱいで、他のことを考えられない。核ミサイルがメシを食わせてくれるのか」という冷淡な反応が多かったと聞いた。高まる不満に危機感を持った金正恩は閲兵式の後、全国で「核ミサイルや新型兵器が完成したので米国も北朝鮮に手を出せなくなった。もうこれ以上、軍事に金を使わなくてもよくなったので、これからは人民生活改善に力を注ぐ。近く生活が良くなる」という内容の政治教育を始めたという。

ただ、閲兵式でも、反体制組織が自分の命を狙っていると金正恩が強い危機感を持っていることが分かる場面があった。ミサイルやロケット砲が出てくる前、五十四個の縦隊が行進した。

いちばん先頭は白馬に乗った騎兵部隊だったが、前線に配置されている軍団縦隊は六番目から出てきた。二番目から五番目までの四つの縦隊は全部、金正恩の身辺の安全を守る護衛部隊だった。

すなわち、二番目の党中央委員会護衛処縦隊、三番目の国務委員会警衛局縦隊、四番目の護衛局縦隊、五番目の護衛司令部縦隊だった。護衛司令部は、約十二万の兵力を持つとも言われる金正恩とその家族の安全を守る軍部隊だ。二〇一八年秋頃、司令官と政治委員が処刑された。党中央委員会護衛処、国務委員会警衛局、護衛局の三つは最近新設された。この四つの役割分担、また、新設された三つの指揮系統などは不明だ。だが、名誉ある先頭での行進を四つの警護部隊にさせたことから、金正恩がこの四つに大きく期待をかけていることは分かる。

私は、二〇一九年一月付の北朝鮮の内閣の機密文書を最近入手した。「敬愛する最高領導者金正恩同志におかれては主体一〇八（二〇一九）年新年辞で提示なされた戦闘的課業を徹底して貫徹することに対して」と題する二〇一九年の内閣経済部署の業務計画文書だ。驚いたことに、その最初に出てくる課題が金正恩の身辺の安全を守ることだった。

敬愛する最高領導者の安寧を徹底して保障し経済事業で党の唯一的領導体制を一層徹底して立てること。

省、中央機関と道人民委員会は敬愛する最高領導者同志の安寧と身辺安全をすべての方面から保障する事業を、すべての事業の最初の場所に置いて組織展開し、いつでも敬愛する最高領導者同志を自己の単位でもっとも安全にお迎えしてお喜ばせできるように準備していくこと。

国内の反体制勢力による金正恩暗殺未遂事件が頻発していることがこの背景にあると聞く。二〇二一年に入り、軍と地方で不穏な動きが頻発している。軍兵士や住民の不満が高まり、武装抵抗や暴動が起きている。

二〇二一年二月中旬、平安南道《ピョンアンナムド》平城《ピョンソン》市の軍訓練所で除隊を控えた千五百人の兵士らが、金正恩の命令で経済計画達成のため炭鉱と農場に配置されると知って、何のために軍隊で苦労してきたのかと激怒して銃を持って反抗した。応援部隊によって鎮圧され、全員が殺されるか政治犯収容所送りになった。

金正恩はその直後の二月二十四日に平壌で中央軍事委員会を開き、軍内の道徳確立が軍の存亡に関わると、危機感をあらわにした。

人民軍指揮メンバーの軍事・政治活動と道徳生活において提起される一連の欠点を指摘し、人民軍内に革命的な道徳規律を確立するのは単なる実務的問題ではなく、人民軍の存亡と軍建設と軍事活動の成敗に関わる運命的な問題であると述べ、この重大な問題の解決のためには何よりも新世代の人民軍指揮メンバーの政治意識と道徳観点を確立するための教育と統制を強化すべきであると語った。（朝鮮中央通信、二〇二一年二月二十五日）

二〇二一年三月三日から六日まで、地方の市・郡の党書記が平壌に集められて思想闘争のための講習会が開かれた。そこで金正恩と趙甬元が思想性を高めて経済計画を達成せよと演説し、地方幹部が自己批判、相互批判をさせられた。

地方で続発する暴動

その会議が開かれている時期に、咸鏡北道《ハムギョンブクド》茂山郡《ムサンクン》で住民二百人が警察署を襲って焼き討ちする事件が発生した。市場で禁輸の中国製品を売っていた三十人程度の婦人商人が商品を全て没収され、安全員に捕まり警察署に連行され暴行を受けた。その夫らが警察署に押しかけたが党の方針に逆らった者は許せないと門前払いをされ、それまで警察に恨みを持っていた者らも合流して約二百人がスコップやツルハシを持って警察に乱入し、夫人らを取り戻し、建物を壊し火をつけた。安全員何人かが殺され、けがを負った。道の安全部や軍が出動して鎮圧した。

同じ三月上旬、咸鏡南道《ハムギョンナムド》剣徳《コムドク》鉱山《サン》に配置された除隊軍人とすでにそこで一～二年働いていた除隊軍人らが党書記の事務所に押しかけ、生活環境改善を訴えた。すでに一年程度、食料や生活必需品配給が止まっていた。書記が訴えを退けると、書記事務所内で暴れてものを壊す騒動が起きた。鎮圧に出動した安全部と乱闘になり、安全員に死傷者が出た。

咸鏡北道会寧《フェリョン》でも除隊軍人が待遇改善を求めて騒動を起こした。

両江道恵山《リャンガンドヘサン》でも、密輸の取り締まりに反発した証人とその夫らが安全員と衝突する事件が起きた。そのため三月に入り両江道を完全封鎖した。前年（二〇二〇）の恵山で起きた金塊密輸（一五〇キロ）事件首謀者を近く公開処刑するという準備をしていたが、突然、民心が不穏だという理由で処刑が延期になった。恵山に派遣された党中央と国家保衛省の検閲班の一人が何者かに刃物で刺されて殺されるという事件が起きた。殺されたのは七、八人で検閲班の中の党中央から派遣された幹部だったという。犯人は捕まっていない。検閲班を殺して逃げるなど、独裁統治が末端まで機能していた少し前までならあり得ない衝撃的な事件だ。

大々的に行われた反体制ビラの散布

二〇二一年五月に北朝鮮の首都平壌で反体制ビラがまかれる事件が起きた。韓国から風船で飛ばされたビラではなく、北朝鮮の反体制組織が行ったビラ散布と見られ、北朝鮮当局は極度の緊張状態におかれている。

第一報は、五月十七日の米国政府系の対北ラジオ局「自由アジア放送」のホームページに掲載された「北朝鮮当局、平壌市で出所不明のビラが発見され当惑」というニュースだった。同放送は北朝鮮に送信したニュースの朝鮮語原文と英訳版をホームページに掲載している。このニュースでは、北朝鮮住民が電話で話す肉声を、音質を加工して流していた。ニュースを伝えたのは同放送のソウル支局の金ジウン記者だ。放送を聞くとイントネーションから北朝鮮出身者だと分かる。主要部分を拙訳で紹介する。

平安南道のある住民消息筋は十四日、「数日前に平壌で当局を非難するビラ事件が発生し、司法当局が一斉調査を行っている」とし、「当局はビラを拾った住民にその内容については一切口を閉ざすよう指示しましたが、ビラ散布のニュースは住民の中に広まっている」と、自由アジア放送に伝えました。

消息筋は「今月十日、平壌市郊外の寺洞《サドン》区域で不審な事件が発生し、平壌市内は非常に騒然としている」とし、「その日の朝、夜が明けるにつれ発見されたビラは、将泉協同農場の畑や住民居住地域の住宅街に大量に散布され、白く散らばっていた」と証言しました。

住民の証言「三日前に平壌で、ビラがまかれたのは寺洞区域。そちらにあるじゃないですか、将泉。寺洞で……どれだけたくさんまいたのか真っ白に落ちて三日間、一枚一枚全部回収して燃やしました。どれほど痛快に書いたのか、金正恩時代は終わった、滅びた。上の幹部たちは嫌でしょう。一般住民には現実的に正しいのですが……」［以上は変声された肉声：西岡補］

消息筋はまた、「夜通しまかれたビラを回収するために、寺洞区域の安全部と近隣部隊の軍人まで動員された」とし、「一部ビラは農場員が住む一戸建ての屋根の上に散らばっており、兵士が屋根に上がってビラを回収するのに大騒ぎになった」と説明しました。

これと関連し、平壌のある幹部消息筋は「今回、平壌市内に散布されたビラは、以前南朝鮮がまいたビラとは違い、ビニール紙ではなく低質の朝鮮紙に印刷されたものなので、さらに大きな波紋を呼んでいる」とし、「外部（韓国）から飛んできたビラはビニールが貼られた（コーティングされた）高級紙に印刷されていたが、今回まかれたビラはビニールが貼られていない一般の紙で印刷状態もやや粗くなっている」と話しました。

消息筋は「保安部、保衛部など司法当局が総動員され、ビラの出所を突き止めるために集中的に調査を行っている」とし、「ビラの内容は『金正恩時代は終わった』『金正恩のために働かず自分自身のために働こう』『我が国は開放してこそ豊かに暮らせる』『金与正は悪種』など、非常に敏感で体制を脅かすスローガンが主流になっている」と指摘しました。

韓国の専門家や脱北者人権活動家に聴いても、これまで反体制落書きや韓国から風船で飛ばされたビラが発見されることはあったが、平壌で大規模な反体制ビラ事件が起きたのはこれが最初ではないかという。

続々と集まる情報

寺洞区域は、平壌の中心部から少し東に離れた郊外だ。そこでは今、大々的な住宅建設工事が行われている。二〇二一年三月、金正恩が起工式で演説を行い、五年間で五万戸、年間一万戸の住宅を建設すると宣言した。全国各地から労働者が突撃隊として集められ、軍の工兵部隊とともに連日、突貫工事を進めている。国を挙げて行っている工事現場で反体制ビラがまかれたとすれば、まさに金正恩体制への正面からの挑戦だ。

寺洞地区でのビラ散布については、続々と情報が集まってきた。私も五月十九日に次のような情報を入手した。

五月十五日頃、平壌市寺洞区域で反体制ビラが大規模にまかれた。三日間かけて回収したから数万枚から数十万枚以上と推定されている。防水加工されていないので韓国からの風船ビラではない。普通のA4用紙。北朝鮮の紙より良質。外国（中国）から持ち込まれたと推定されている。「我々の代で金氏家門の三代世襲を断ち切ろう」「改革開放だけが生きる道だ」。

脱北者人権活動家の康明道《カンミョンド》氏は五月二十三日に自身が主宰するユーチューブで、自由アジア放送のニュースに接して自分の情報源に確認したとして、こう伝えた。

寺洞地域一万戸住宅建設現場に数千枚の印刷されたビラがまかれた。「我々は奴隷ではない」「金正恩が国を壊している」「金与正は悪魔だ」「労働党は母なる党ではない」。

以上の情報から、少なくとも寺洞地域で五月上旬に金正恩と与正と現体制を直接非難する反体制ビラが大量にまかれる事件が起きたことは、ほぼ間違いないと確認できた。

ところが、六月に入り、ビラは寺洞区域だけでなく平壌市内の複数の場所でまかれたという有力情報が出てきた。

六月二日、政治犯収容所出身の著名な脱北者人権活動家の姜哲煥《カンチョルファン》氏がユーチューブなどで、次のような情報を伝えた。

五月に寺洞地域の反体制ビラ事件とは別の反体制ビラ事件が起きていた。西平壌（西城区域・西平壌駅付近）、東平壌（力浦《リョクポ》区域・東平壌駅付近）、龍城《リョンソン》区域各地域の三カ所で同時にまかれた。三カ所でまかれたビラがそれぞれ違った。多くが印刷されていた。用紙も北朝鮮のものより良質だった。小学生のような筆跡の肉筆ビラもあった。それで保衛省が小学生まで筆跡鑑定をしている。

「金正恩が死んではじめて人民は生きていける」「金正恩は殺人者だ」「張成沢《チャンソンテク》は無念にも殺された。誰が背倫者か」

ビラの半分以上が北朝鮮内部ではなく外部で制作されたものだと結論が下った。北朝鮮内の地下組織が外国の情報機関か自由朝鮮のような反体制組織と連係してビラがまかれたと、保衛省は判断している。

私も六月上旬にほぼ同じ内容の情報を入手した。そして、私は平壌につながるある韓国の情報源からビラは四か所で同時にまかれたという次のような具体的な情報を得た。

五月七日から八日にかけての明け方、ミソン洞護衛司令部幹部アパート（大城《テソン》区域）でいちばん多い枚数、黎明通り高層アパート（大城区域）で数百枚、寺洞区域住宅建設現場で数十枚、西平壌一帯で同時に反体制ビラがまかれた。「金正男暗殺の背後人物は誰か」「三代にわたりわれわれはだまされてきた」「指導者は世界的な馬鹿」「人民は栄養失調」などという刺激的な内容。ミソン洞では「人民は決起せよ」という扇動ビラもまかれた。保衛省では大きな規模で資金力がある内部反体制組織が動いていると判断。

護衛司令部は金正恩とその家族を守る部隊で最も忠誠心が高いとされたが、二〇一八年に司令官と政治委員を含む幹部らが処刑され、多数が粛清される事件が起きている。そのときの処分に対して恨みを持つ者らがビラ散布に関与したのではないかと疑われ、ミソン洞の護衛司令部アパートに住む幹部と家族が多数取り調べを受けているという。

金正恩健康不安説の真相

六重苦の五番目の「金正恩の健康不安」については、二〇二〇年四月に心臓発作が起きステント（体内の管状の部分を内側から広げる）手術を受け、次の発作に備えて妹の与正を「権力の代行者」にしたという、私が入手した内部情報を、まず書いておく。

次に二〇二一年八月現在の最新情報を書きたい。

金正恩が五月の約一か月、表に出なかった間に激やせした。韓国の国家情報院の推計では一〇〜二〇キロ程度痩せた。

金正恩の体重変化（韓国・国家情報院の分析）

身長　一七〇センチメートル

体重	二〇一一年末	八〇キロ
	二〇一二年八月	九〇キロ
	二〇一四年	一二〇キロ
	二〇一六年	一三〇キロ
	二〇二〇年十一月	一四〇キロ
	二〇二一年六月	一二〇〜一三〇キロ

金正恩が権力の座に就いたときには、八〇キロだった。それが八か月で九〇キロになった。最初は、若くてカリスマ性がないので、おじいさんの金日成に体型を似せさせるということで意図的に太ったようだ。その後一二〇キロ、一三〇キロと太っていった。

彼は病的に自制心がなくて、栄養分の高いチーズを夜たくさん食べて、ワインを十本とか二十本飲んでいるという生活を続けて、どんどん太っていった。ワインを一晩に十本飲めるのかと思われる方もいるかもしれないが、藤本健二という日本人料理人が金正恩と酒席を共にして、それを目撃したことを本に書いている。

一時体重が増えすぎて膝を痛めて手術したということもあって、足を引きずっている姿も見えた。二〇二〇年十一月に一七〇センチで一四〇キロとなった。

ところが、二〇二一年五月に約一か月姿を見せなかった間に急に痩せた。これはファクトだ。さまざまな映像で確認できる。

その理由については諸説ある。

第一に、ダイエット説だ。これは韓国のメディアが報道して、その後二〇二一年七月八日に韓国の国家情報院が韓国国会で「金正恩の体重が十キロから二十キロ減った。しかし会議を何時間も主宰し、元気に歩いていることから、健康状態には問題ないとみている」と説明をした。

私はその見方に否定的だ。

彼は自制心がないのにダイエットできるかと思うからだ、彼はたばこを止められない。会議中にたばこを吸っている映像が出ている。厳しい運動と食事制限を自ら受け入れて急に痩せたとは思いにくい。

第二の説は、北朝鮮の住民の見方だ。北朝鮮の中でも金正恩が痩せたという噂が広まっている。テレビで映像が出ているからだ。六月二十五日の「朝鮮中央テレビ」で平壌市民の男性が一人出てきて「敬愛する同志の」、これは金正恩のことだが、「やつれた姿を見て胸が痛かった。涙が自然に出てきたと誰もが語っている」と話した。

第三は、健康悪化説だ。私が聞いている内部情報ではひどい糖尿病で血糖値が四〇〇を超えており、インスリンが効かないという。糖尿病の合併症で痩せることはある。しかし、それはかなり病状が悪いことになる。私はそのように聞いた。

第四の説が、糖尿病合併症の悪化を防ぐため、体重を強制的に落とすことを目的にして胃の切除をしたという情報だ。

調べてみたらそういう治療法はある。肥満で自分の力ではもう体重を落とすことができず、糖尿病になってインスリンが効かなくなった人のために、最近はお腹を切らないで、内視鏡で胃のかなりの部分を取ってしまうとか、あるいは胃の中にバルーンを入れて胃の容積を小さくするとか、胃をバイパスして食道と腸を結んでしまうとかいろいろな手術がある。それは金正恩のように自制心がない人に、無理やりに体重を落とさせるために、食事がたくさん取れなくするという手術だ。本書執筆の令和三年（二〇二一）八月段階では、これを支持する内部情報が多数私のところに届いている。

金与正が主導したと言われているのだが、本人も了解の上、手術を受けたということで、少し寿命が延びたのかもしれない。ただ健康体ではない。

二〇二一年の一月の党大会で党規約が改正されて、総書記の権限を代行する第一書記という地位が初めてつくられたのも、彼の糖尿病がひどくて、しばらくの間決済ができなくなったりするときに誰かを立てるというためのものだったと思われる。

悪化する中朝関係

六重苦の六番目の「中朝関係悪化」についても、あまり報じられていない。

コロナ禍のため、令和二年（二〇二〇）一月下旬から北朝鮮が国境を閉鎖したことはよく知られている。それでも国産できない建設資材やガソリンなどの輸入は続いていたし、北朝鮮産石炭の密輸も活発化していた。

ところが、二〇二〇年八月二十五日頃、中国側が丹東の税関を閉鎖し、モノと人の出入りをほぼ止めた。北朝鮮のハッカーが中国銀行から数億ドル相当の仮想通貨を盗んだことが発覚し、二百人の犯人の引き渡しを中国が北朝鮮に求めたが、拒否されていることが一つの原因だという。

実際に北朝鮮に入る中国のトラックの数が激減した。現地での目撃情報によると、中国・丹東から北朝鮮・新義州へ入る中国トラックは、コロナ以前は一日二百～三百台、週（五日）千～千五百台だったが、コロナ後の二〇二〇年四月以降一日三十～四十台、週百五十～二百台まで減っていた。九月に入り、週二～三日だけ十台のみが入って行く、つまり週二十～三十台に激減した。

その後、九月二十日に中国は丹東の閉鎖をより厳格化し、トラックも貨物列車も人も一切出入り禁止になった。密輸も厳しく取り締まっている。現地情報では、ハッカー引き渡しを求められた北朝鮮は、張成沢処刑の直後に中国で姿を消した張成沢系列の幹部十五～十六人の引き渡しを逆に要求して険悪な雰囲気になっているという。北朝鮮は中国がそれらの幹部を使って金正恩政権を倒して親中政権を立てるつもりではないかと疑っているという。

同年十月十日の閲兵式に金正恩は中国共産党に高位級代表団派遣を求めたが拒否されたという。一方、中国側は平壌での閲兵式で次々と新式兵器がお披露目され、行進した軍人らが持つ銃も最新型になっていたのを見て、中国から相当量の軍需品、素材、機器などが密輸されていると見て、政治警察である安全局が北朝鮮と貿易をしている中国人を全員呼びつけて北朝鮮への軍需品の密輸を捜査している。

金政権唯一の脱出口

令和三年（二〇二一）に入っても九月末現在まで、北朝鮮は中国との人と物の出入りをほぼ全面的に止め続けている。その理由は公開されていないが、自身の健康に自信がない金正恩が変異株の流入を異常に恐れて、住民の生活が困窮することを知りながら、鎖国政策を続けているのではないかと見られている。

この六重苦の金正恩政権にとって唯一の脱出口は、米国、韓国、日本に接近して制裁を解除させ、大規模な経済支援を得ることしかない。ここに、拉致問題を劇的に解決できる条件がある。

金正恩政権は日本の経済支援をもらいたいが、対米妥結なしではそれが実現不可能と認識して、「先アメリカ（との交渉）、後日本（との交渉）」戦略をとっている。しかし、以上見た体制危機が深化すれば「先日本」もあり得る。

そこでまず、米国への働きかけがどうしても必要になってくる。米国に対して日本にとって拉致問題は絶対に譲歩できない最優先課題だと強く打ち込むことだ。

北朝鮮が対日交渉の前に対米交渉を先行させることもあり得る。その場合に、全拉致被害者の一括帰国のないまま核問題で米朝が譲歩し合って制裁の一部を緩めてしまうことがないように、強く米国に牽制することが必要だ。

一方、北朝鮮が日本を先に交渉相手に選ぶこともあり得る。そのときには、米国に対して、人道問題であり主権問題である拉致問題は核ミサイル問題が動かない中でも日本としてどうしても動かざるを得ないという点について米国政権中枢の理解を得ることだ。国際制裁が禁じていない食料やワクチンを含む医薬品提供などを日本が被害者帰還の事実上の見返りに使うことを止めないように、事前に意思疎通を図ることが必要だ。

この点、菅政権はよくやってくれた。

スモールディール重視のバイデン政権をどう活用するか

バイデン政権の対北政策は、ビッグディール（大きな取引）ではない事実上のスモールディールを重視する「綿密、実質的な接近」という政策だ。これをどう活用するか。

まず悪いシナリオを防ぐことだ。拉致が動かない中で、核で小さな取引が成立して制裁が緩むこと、これが最悪だ。小さな取引の中にも必ず拉致を入れる。拉致なしで取引をすることに反対し続けるのだ。米国は対中包囲網で、日本を必要としている。

だから日本が最優先課題としている拉致問題を棚上げすることはやめて欲しいということを言い続けることだ。

そして、良いシナリオを実現するように努力する。バイデン政権はトップ会談を重視しないが、日本は条件なしのトップ会談をしようとしているので、米朝協議が進まない中、先に日朝首脳会談が実現することもあり得た。

日朝首脳会談では当然、全拉致被害者の即時一括帰国の実現が焦点となる。その場合、見返りが必要になってくる。

日本は国際制裁よりも強い制裁をしているから、独自制裁部分は拉致で使える。被害者が全員帰って来る、つまり向こうが人道的行動をとるのであれば、こちらも人道的行動、すなわち人道支援をすることはできる。また国交正常化後に大規模な経済支援をすることを約束することもあり得る。その動きをバイデン政権に認めさせることが必要だ。

だからなすべきことは、バイデン政権への拉致問題の打ち込みだ。その点で、令和三年（二〇二一）四月に行われた日米首脳会談は成功した。五月三日付の「産経新聞」のインタビューで菅首相がこう語った。

バイデン政権は菅政権が何を望んでいるか、研究に研究を重ねている。北朝鮮による拉致問題についても、少人数会合に同席したブリンケン国務長官、サリバン大統領補佐官、キャンベル・インド太平洋調整官らが拉致問題解決を願うブルーリボンバッジを上着につけていた。ブルーリボンは私を含む日本国民がいちばん喜ぶだろうと考えたのでしょう。

拉致問題の解決に向け、私は（バイデン大統領に）条件なしで金氏と会う決意だとあらためて話しました。そうしたら、それは当然だという感じで、反射的に拉致問題の即時解決を求める米国のコミットメントが示されました。実は最初の電話会談でも（拉致問題は）向こうから言及してきましたよね。

ブルーリボンをつけて菅首相との会見に臨んだバイデン大統領

菅政権が拉致問題を重視しているということがバイデン政権に伝わっていた。

そしてバイデン政権は菅政権の協力が必要だから、国務長官、補佐官、調整官など外交担当の幹部たちがブルーリボンバッジをつけて菅首相の前に出てきた。

菅首相の拉致解決の熱意がバイデン政権に伝わっていた。これは大きな成果だった。

次に日本がなすべきは、金正恩政権が対日交渉を選択するように繰り返し働きかけることだ。表と裏のすべてのルートで、北朝鮮に対して同じメッセージを送り続けることだ。日本は拉致被害者が全員帰ってきて、核ミサイル問題が解決したら必ず約束を守って大規模な経済支援を行う。しかし、親の世代の拉致被害者家族、横田早紀江さんや有本明弘さんが元気な間でなければ大規模な支援は日本国内の世論のために不可能だ。日本国民は親の世代の家族が被害者と抱き合うことを求めている。もし親の世代が亡くなってから被害者が帰ってきても国民は喜ばず、むしろ北朝鮮への反感が高まる。だから、金正恩に早く全拉致被害者を返すという決断を下せとメッセージを送り続けることだ。

ただ、ここで気をつけるべきことがまだ残っている。日朝首脳会談が実現しても、全被害者の即時一括帰国がすぐ実現するわけではない。北朝鮮の工作機関統一戦線部（統戦部）は必ず、二〇〇二年九月に金正日の命令で「死亡」と通報した横田めぐみさんたち八人については再度、「死亡」と通報しようと準備していることは間違いない。その壁を打ち破らなければならない。

統戦部はどのような説明を準備しているのだろうか。そのヒントが韓国に亡命した元北朝鮮英国公使の太永浩氏の手記（『三階書記室の暗号　北朝鮮外交秘録』）にある。

太氏は二〇〇二年九月、小泉純一郎総理が訪朝して金正日と会談した頃、北朝鮮の外務省に勤めていた。そこで、横田めぐみさんの偽遺骨について、次のような興味深い説明を聞いたという。手記からその部分を引用する。


日本に渡した横田めぐみさんの遺骨が偽物だと判明すると、国際世論は再び激しく揺れた。北朝鮮は、日本が「偽遺骨説」をでっちあげ、流布したと非難したが、外務省内では「どうして本物か偽物かも区別できない遺骨を送還して恥をさらすのか。真偽のほどが確かでなければ送るべきではなかった」という批判が相次いだ。すると外務省の日本担当課の職員はこう説明した。

「横田めぐみは精神疾患により四九号病院で死亡した。拉致問題が日朝会談の争点として取り上げられると、党はその遺骨を探せと指示してきた。しかし四九号病院には彼女についての正確な記録がなかった。死亡者が発生しても病院の裏山に葬儀もせずに埋葬していた時期だった。病院側としても苦しい立場だった。関係者の記憶にだけ頼って彼女を埋葬したと思われるあたりを探し、遺骨を一体発掘した。横田めぐみのものと確信し日本に送ったが、ＤＮＡ鑑定の結果、偽物だと判定された」

日本を騙すために偽物だと知りながら送ったわけではないという説明だった。（一八四〜一八五頁）

まず、誤解を避けるために確認しておきたい。北朝鮮の外務省は拉致被害者の生死についてはまったく情報を持っていない。だから、ここで紹介されている外務省の日本担当課職員による死亡説も、工作機関からそのような説明を聞いていたというだけの話で、事実だという根拠はない。そもそも、めぐみさんのものとして日本に提供された遺骨は火葬されていた。「葬儀もせず埋葬」されたものではなかったのだ。その点でこの説明はウソと分かる。また、めぐみさんについては北朝鮮が死亡したとしている時期の後に確実に生存していたことを示す複数の生存情報があるので、死亡説はウソである。

逆に、ここで分かるのは、北朝鮮は当時、日本に渡した遺骨は本物であり、日本政府がめぐみさん以外の人間のＤＮＡが検出されたというウソをついていると対外的に主張していたが、国内の対日担当部署には違う説明をしていたということだ。

北朝鮮のウソと欺瞞を打ち破るために

この説明は当然、対日工作を担当する統戦部が意図的に流したものだ。彼らはこの次、対日交渉をするときに備えてこのようなウソを新たにつくっていたのだ。そのことが分かるという意味でこの手記はとても興味深い。最近も韓国高官がこの説明を語っていることを私は確認している。

二〇一八年、シンガポールで第一回米朝首脳会談がもたれた直後から、日本国内の一部で「拉致被害者の消息については北朝鮮の説明は受け入れられないから日朝合同調査委員会をつくって調べればよい。時間がかかるから東京と平壌に連絡事務所を置こう」という提案が浮上してきた。田中均・元外務省局長が主張し、国会議員の中でも石破茂氏などは、この提案を二〇一八年と二〇二〇年の自民党総裁選挙における自分の公約にしていた。

北朝鮮が、日本が保管している偽遺骨が本物だと言い張り続けるなら、合同調査委員会などつくっても何の意味もない。しかし、病院の裏山のどこかにめぐみさんの遺骨が埋まっているのだが、前回は間違って他人の遺骨を掘り出してしまったと回答を変えれば、時間をかけて合同で調査しようという提案で日本を騙すことができると、統戦部は考えているのだ。

この謀略を打ち破って岸田首相が金正恩に向き合って、全被害者の即時一括帰国を求めるためには、確実な生存情報、いや、現時点でどこにいるのかという所在情報をどれくらい集めておけるかにかかっている。統戦部はいま、日本側がどの程度情報を持っているのか必死で探っている。

実は、平成十六年（二〇〇四）に日本政府は横田めぐみさんの生存情報を漏洩させて北朝鮮の謀略を助けるという大失態を演じたことがある。当時、帰国した被害者は極秘で、私を含むごく少数の人間に「めぐみさんは北朝鮮が死亡年として発表した平成五年（一九九三）三月には確実に生きていた。九四年まで自分たちと同じ地区に住んでいた」と伝えていた。それを外務省幹部が「毎日新聞」に漏らし、同紙がその貴重な情報を記事に書いてしまった（外務省はそれを認めていないが、毎日でその記事を書いたのは、外務省記者クラブ所属の記者である）。その記事を読んだ北朝鮮は、偽の遺骨を渡す前に、記憶違いだったという苦しい弁解をしてめぐみさんの死亡年を九四年に変更したのだ。

もう二度とこのような失態を繰り返してはならない。

政府の拉致対策本部事務局は、平成十八年（二〇〇六）に発足して以来、各省庁の選りすぐりの情報のプロを集め、年間数億円の予算を使って認定被害者と未認定被害者の情報を集めてきた。かなりの量と質の情報が蓄積されているはずだ。しかし、それを家族に対しても漏らさないでいる。最後の勝負に使うためだ。そのときが近づいている。ぜひ、この勝負、是が非でも勝たなければならない。

だからわが国がなすべきことは、拉致被害者の情報を最大限とることだ。来たるべき日朝首脳会談で北朝鮮側がまた、全被害者の一括帰国ではなく、一部だけを出してきて二〇〇二年に死んだとしためぐみさんらについては再び死んだと通報する可能性は十分ある。そのような新たなウソをつくことを事前に想定して、拉致被害者の情報をできる限り集めておく必要がある。すでに北朝鮮が死亡といった時期以降に生存していたという生存情報はかなり集まっているはずだ。しかし、今現在どこで何をしているのかという最新の情報がどうしても欲しい。あらゆる手段を使って情報を取ることだ。

最後の勝負の秋はすぐそこに

最後に、再度、今は拉致被害者救出の好機だということを強調する。繰り返しになるが現状をまとめると、経済制裁の効果によって北朝鮮の内部矛盾はかつてないほど深化している。制裁と国際連携の圧力で金正恩を日朝交渉に引き出すことが、救出戦略だ。その枠組みはできた。

金正恩政権はこのような内部矛盾を打開するため、どのような動きを見せるだろうか。その選択肢は次の三つだ。

一つ目は、現状のまま孤立を続け、自力更生を強調して強行突破をはかることだ。たしかに現在、対外関係を動かす雰囲気はない。金正恩は二〇二五年までの事業計画を再度立てよ、という指示を通じて下達したという。現在の対外孤立状態を五年間維持するので、それを前提に計画を立て直せという意味だ。幹部らの不満はいよいよ高まり、反体制組織が力をつけるかもしれない。

二つ目は、米国のバイデン政権との間で交渉をして制裁解除を狙うことだ。中国や韓国から支援を得ようとしても、米国が二次制裁、つまり、北朝鮮を支援する第三国の企業や銀行に対してドル取引を停止するという強力な制裁をかけるので、それができなかった。だから、米国の望む核ミサイル問題で交渉を進めるという選択肢だ。バイデン政権も核問題の外交的解決を望んでいる。

しかし、トランプ大統領と二回の首脳会談を持っても核ミサイル問題で米国を満足させる提案を金正恩は出せなかった。トランプに提示した以上の大幅な譲歩を核ミサイル問題で行うのか、それは金正恩政権として容易ではないだろう。

一方、日本との交渉を先に進めるという選択肢も残っている。その場合、日本のコロナ状況が変数だ。金正恩政権はコロナ問題が解決しない限り一切の外部行事に参加しないという立場を堅持している。ただ、過度の孤立状態が続く中で、突破口を開くため、びっくりショー的な対日接近はあり得る。

本書の校正を点検していた九月初め、菅義偉総理大臣が突然自民党総裁選挙に出馬しないと発表した。拉致被害者救出が最後の山場にさしかかっている重大なときに菅首相が代わるのか、これから拉致問題はどうなるのか、と強いショックを受けて、数日、立ち直れなかった。

総裁選挙の結果、岸田文雄氏が次の総理大臣に決まった。新しい首相も拉致問題は最重要課題だと明言した。問題は、どのような救出戦略を持っているかだ。言い換えると、安倍政権と菅政権が実行してきた救出戦略を継承するのか、あるいはそれを変えるのかが焦点だ。

繰り返して書くが、北朝鮮は今困っていて、北朝鮮内部で日本からの経済支援について、その魅力度が高まっている。平成十四年（二〇〇二）に一度、「死んだ」と言って隠した、横田めぐみさんたち八人を含む全被害者を返さないと、日本は動かないのではないかという意見が、北朝鮮権力中枢部の中でも出てきている、あるいは多数派になりつつあるという複数の情報を私は入手している。

金正恩政権への働きかけという点で菅政権は、大きな仕事をしたのだ。

最後に、岸田政権に望むことを申し上げたい。

第一に、現状の国際制裁と独自制裁による最強圧力を維持することだ。

二番目は、日朝首脳会談で全被害者の即時一括帰国を求めるという安倍政権、菅政権の路線を維持することだ。

三番目に、合同調査委員会や連絡事務所などに乗らないことだ。もちろん、首脳会談のための接触は必要だが、実務レベルでいくら拉致について交渉し合意しても最高首脳の決断なしには事態は進まない。そもそも拉致被害者が何人どこにいて何をさせられているのかなどの真相を知っているのは最高指導者だけだからだ。

四番目に、菅政権が行って一定程度成功した米国バイデン政権への「日本にとって拉致が最重要だ」という働きかけを継続することだ。

北朝鮮で助けを待っている被害者を思うと、私たちができないことについて一喜一憂してもしょうがない。今の与えられた条件の中で何ができるのか、何をすべきなのかを考えるしかないと思っている。

私たちは、この地上でなすべきことが神様によって備えられている、という聖書の教えが私の信念だ。

あとがき

五十年近くにわたる私のコリア研究では多くの師匠や同輩、後輩たちにお世話になった。その中でも、すでに故人となっている三人の師匠、田中明・元拓殖大学教授、佐藤勝巳・元現代コリア研究所所長、李命英《リミョンヨン》・元（韓国）成均館大学教授と一人の研究仲間、ジャーナリストの恵谷治氏の名を記して感謝を献げたい。

また、やはり故人である拉致被害者家族会の横田滋・元代表、そして今もともに拉致被害者救出運動を続けている家族会・救う会のメンバーがいなければ、私の拉致問題の取り組みもなかった。感謝したい。

国家基本問題研究所の櫻井よしこ理事長、田久保忠衛副理事長をはじめとする主要メンバーにも多くのことを学んできた。歴史認識問題研究会の髙橋史朗、島田洋一、勝岡寛次、江崎道朗、ジェイソン・モーガン氏らからもたくさんの刺激を頂いている。それ以外にも教えを受けた方々の名前を挙げたらきりがない。

この書をまとめることができたのは、私を教授として迎えて研究に没頭できる環境を与えて下さった公益財団法人モラロジー道徳教育財団の廣池幹堂理事長をはじめとする関係者の皆様のおかげだ。編集実務にあたって下さった同財団出版部の加島亮伸さんにも助けていただいた。ここに心からの感謝の意を表したい。

最後に私事になるが、キリスト教信仰の師である小笠原孝牧師、私の研究を支えてくれた両親、妻のご両親、そして妻眞弓に感謝したい。

西岡　力

著者略歴

西岡 力（にしおか・つとむ）

昭和31年、東京生まれ。国際基督教大学卒業。筑波大学大学院地域研究科修了（国際学修士）。韓国・延世大学校国際学科に留学。昭和57年から59年、外務省駐韓日本大使館に専門調査員として勤務。平成２年から平成14年まで、月刊『現代コリア』編集長。東京基督教大学教授を経て平成30年から公益財団法人モラロジー道徳教育財団教授・歴史研究室長（現在）。麗澤大学客員教授。「北朝鮮に拉致された日本人を救出するための全国協議会(救う会)」会長。歴史認識問題研究会会長。第30回「正論大賞」受賞。

著書に『日韓誤解の深淵』（亜紀書房）『コリア・タブーを解く』（同）『金正日が仕掛けた「対日大謀略」拉致の真実』（徳間書店）『よくわかる慰安婦問題』（草思社）『横田めぐみさんたちを取り戻すのは今しかない』（PHP研究所）『でっちあげの徴用工問題』（草思社）『日韓「歴史認識問題」の40年』（同）など多数

わが体験的コリア論　覚悟と家族愛がウソを暴く

令和３年11月20日　初版発行

著　者　西岡　力
発　行　公益財団法人モラロジー道徳教育財団
〒277-8654　千葉県柏市光ヶ丘2-1-1
電話04-7173-3155（出版部）
https://www.moralogy.jp/
発　売　学校法人　廣池学園事業部
〒277-8654　千葉県柏市光ヶ丘2-1-1
電話 04-7173-3158
印　刷　株式会社 太平印刷社

ISBN978-4-89639-277-7